CATEQUESES
PRÉ-BATISMAIS

Dados Internacionais de Catalogação na Publicação (CIP)
(Câmara Brasileira do Livro, SP, Brasil)

São Cirilo de Jerusalém
　　Catequeses pré-batismais / São Cirilo de
Jerusalém ; tradução Frei Frederico Vier, O.F.M., Frei Fernando
A. Figueiredo, O.F.M. – Petrópolis, RJ : Editora Vozes, 2022. –
(Coleção Clássicos da Iniciação Cristã ; 1)

　　Título original: Procatechesis
　　ISBN 978-65-5713-349-1

　　1. Batismo – Igreja Católica 2. Catequese – Igreja Católica –
Ensino bíblico I. Frei Frederico Vier, O.F.M. II. Frei Fernando A.
Figueiredo, O.F.M. III. Título IV. Série.

21-81525   CDD-268.82

Índices para catálogo sistemático:
1. Catequese : Igreja Católica : Cristianismo   268.82

Aline Graziele Benitez – Bibliotecária – CRB-1/3129

SÃO CIRILO DE JERUSALÉM

CATEQUESES
PRÉ-BATISMAIS

Tradução de Frei Frederico Vier, O.F.M. e
Frei Fernando A. Figueiredo, O.F.M.

EDITORA VOZES

Petrópolis

Tradução realizada a partir do original em grego intitulado:
Προκατήχησις [Procatechesis]. In: MIGNE J.P. (ed.). Patrologia Graeca.
Vol. 33. Paris, 1857, col. 331ss.

© desta tradução:
1978, 2022, Editora Vozes Ltda.
Rua Frei Luís, 100
25689-900 Petrópolis, RJ
www.vozes.com.br
Brasil

Todos os direitos reservados. Nenhuma parte desta obra poderá ser
reproduzida ou transmitida por qualquer forma e/ou quaisquer meios
(eletrônico ou mecânico, incluindo fotocópia e gravação)
ou arquivada em qualquer sistema ou banco de dados
sem permissão escrita da editora.

CONSELHO EDITORIAL

Diretor	**Conselheiros**
Gilberto Gonçalves Garcia	Francisco Morás
	Ludovico Garmus
Editores	Teobaldo Heidemann
Aline dos Santos Carneiro	Volney J. Berkenbrock
Edrian Josué Pasini	
Marilac Loraine Oleniki	**Secretário executivo**
Welder Lancieri Marchini	Leonardo A.R.T. dos Santos

Editoração: Maria da Conceição B. de Sousa
Diagramação: Sheilandre Desenv. Gráfico
Revisão gráfica: Alessandra Karl
Capa: Editora Vozes

ISBN 978-65-5713-349-1

Este livro foi composto e impresso pela Editora Vozes Ltda.

Sumário

Introdução, 7

Catequese preliminar, 45

Catequese 1 Introdução aos batizandos, 61

Catequese 2 Sobre a penitência, a remissão dos pecados e o adversário, 67

Catequese 3 Sobre o batismo, 83

Catequese 4 Sobre os dez dogmas de fé, 97

Catequese 5 Sobre a fé, 125

Catequese 6 Sobre a monarquia de Deus, 137

Catequese 7 Sobre o Pai, 167

Catequese 8 Todo-poderoso, 179

Catequese 9 Criador do céu e da terra, 185

Catequese 10 Sobre Cristo: um só Senhor, 197

Catequese 11 Filho de Deus unigênito, 215

Catequese 12 Que se encarnou e se fez homem, 235

Catequese 13 Crucificado e sepultado, 265

Catequese 14 Ressuscitou dos mortos, subiu aos céus e está sentado à direita do Pai, 303

Catequese 15 E há de vir para julgar os vivos e os mortos, cujo reino não terá fim, e sobre o anticristo, 331

Catequese 16 Sobre o Espírito Santo no AT, 361

Catequese 17 Sobre o Espírito Santo no NT, 389

Catequese 18 Sobre a Igreja una, santa, católica; sobre a ressurreição da carne e a vida eterna, 421

Índice teológico, 449

Introdução

Rosemary Fernandes da Costa

Você tem em mãos um dos tesouros da vida da Igreja, uma preciosidade, que brota do chão da cidade de Jerusalém, através de um grande pastor, místico e teólogo: Cirilo. É razão para se colocar em atitude de reverência, de escuta profunda e de se deixar conduzir pelas mãos desse mistagogo. Sim, dê a ele suas mãos, escute sua voz, suas palavras, perceba sua pedagogia e cuidado pastoral em cada catequese, entre em sintonia com seu tempo histórico; com seu contexto, com seus dilemas, sonhos e propostas para a comunidade eclesial e aqueles que estão no processo de iniciação à fé cristã.

A caminhada da Igreja dos primeiros séculos é lugar teológico, é a teologia nas suas origens; por isso chamamos de teologia fontal. Nela está presente a história da comunidade cristã, e também do tempo e cultura em que ela se desenvolveu. É uma teologia que se constrói a partir dessa inspiração, de contextos que nem sempre são acolhedores, mas também com desafios com os quais as comunidades necessitam dialogar como, por exemplo, resistências e incompreensões. Ela é também uma teologia eclesial, porque nasce no seio vivo de uma comunidade no caminho do discernimento e vivência da fé cristã[1].

As catequeses[2] de Cirilo são como água pura, que brota da fonte. Bebamos nessa fonte e nos deixemos inspirar por Cirilo, para que possamos cultivar, também em nosso tempo, um caminho catecumenal-mistagógico.

Sobre o autor e seu contexto

Para compreendermos o caminho catecumenal que Cirilo imprime às suas catequeses, é fundamental nos situarmos no quadro histórico e teológico em que ele se movimenta. Não apenas Cirilo, mas outros

---

1. FORTE, B. *A teologia como companhia, memória e profecia.* São Paulo: Paulinas, 1991, p. 85.
2. A obra consignada de Cirilo de Jerusalém é um conjunto de homilias catequéticas. Neste trabalho, sempre que nos referirmos a esse conjunto como um todo usaremos apenas o termo catequeses.

Padres da Igreja estão atentos e sintonizados com seu contexto histórico, com a caminhada da Igreja e com a comunidade local. Nessa trajetória podemos citar principalmente os Padres de língua grega, entre eles, os principais foram Justino, Taciano, Atenágoras, Teófilo de Antioquia, Orígenes, Clemente de Alexandria, e Tertuliano de Cartago. A partir do século IV destacaram-se Eusébio de Cesareia, Gregório Nazianzeno, Gregório de Nissa e João Damasceno[3].

Estamos no período entre os séculos III e IV, considerado o século de ouro da Patrística. É um período marcado por grandes reflexões teológicas, fruto das muitas questões apresentadas pelas heresias e da necessidade de esclarecimento dos temas próprios do cristianismo, em processo de fundamentação de sua dogmática. Lembremos que estamos em um mundo recém-nascido como cristão, mas com a presença de diversas religiosidades, enfim, a antiga Palestina e Jerusalém foram caracterizadas pela pluralidade religiosa[4]. São os anos de 325 a 451, nos quais temas sobre Deus, sobre Jesus e sua natureza, sobre a Trindade, estão presentes e os grandes concílios, de Niceia e Calcedônia, dedicam-se a estes

---

3. Cf. DROBNER, H. R. *Manual de Patrologia*. Petrópolis: Vozes, 2003, p. 76-79.
4. Cf. DRIJVERS, J.W. *Cyril of Jerusalém:* Bishop and City. Boston: Brill, 2004, p. XV.

grandes temas, e chegam ao Símbolo Niceno-constantinopolitano; ou seja, ao credo cristão: o Símbolo que configura a identidade da Igreja, definindo a ontologia divina e a própria natureza da Revelação[5].

Como podemos observar, é um tempo de muitas mudanças, e também tempo de fundamentar a identidade cristã e sua missão pastoral. Como consequência, o processo de iniciação cristã pede uma atenção muito especial, e essa é uma das preocupações centrais nas catequeses de Cirilo de Jerusalém; ou seja, o processo catecumenal: a acolhida, o acompanhamento e a introdução de novos membros na comunidade cristã.

Suas catequeses estão entre os documentos mais preciosos da antiguidade cristã. Trazendo as palavras do pesquisador protestante, Plitt, "apenas duvidaria em afirmar que, de todos os documentos da Antiguidade que têm chegado até nós, quase nenhum o supera em mérito"[6].

---

5. O Concílio de Niceia fixou em seu Credo a identidade de natureza (*homoousía*) do Filho com o Pai: o Filho é *homooúsios* com o Pai, "da mesma natureza" que o Pai, consubstancial ao Pai. O Concílio de Constantinopla I (381), na linha de continuidade de Niceia, desenvolve o Credo, especialmente com referência ao Espírito Santo, à Igreja, ao Batismo, à ressurreição dos mortos e à vida eterna. Pela continuidade e relação entre estes dois concílios, o Credo aprovado em Constantinopla foi chamado de niceno-constantinopolitano e, desde então, é assumido por toda a Igreja.
6. CIRILO DE JERUSALEN. *Catequesis*. Introducción, traducción y notas de Jesús Sancho Bielsa. Madri: Ciudad Nueva, 2006, p. 8.

Vejamos um pouco da biografia deste grande pastor da Igreja. Conhecer sua pessoa e seu contexto é fundamental para compreendermos seu jeito próprio e exemplar de conduzir o processo catecumenal através de sua prática pastoral e, especialmente, de suas homilias.

Muitos são os estudiosos de sua biografia, porém há um consenso de que Cirilo nasce próximo a Jerusalém, por volta de 315, ou seja, muito próximo ao edito de Milão, que ocorreu em 313. Neste Edito, recordemos que Constantino concedeu a paz aos cristãos, depois de longo período de perseguições. É também neste mesmo período que surgem algumas questões heréticas, como, por exemplo, o arianismo, com a negação da divindade do Verbo e, com isso a incompreensão do mistério da Trindade.

Cirilo se tornou presbítero por volta do ano de 345, e tudo indica que pregou as catequeses por volta do ano de 348, antes de ser nomeado bispo. Logo em seguida, recebe sua ordenação episcopal do bispo Acácio, de Cesareia. É possível, que Cirilo tenha pronunciado suas catequeses no período quaresmal em que substituiu o Bispo Acácio, na Basílica do Santo Sepulcro, durante a preparação dos catecúmenos para os sacramentos. Contudo, outros estudos apontam o ano de 350 para as suas homilias catequéticas[7].

---

7. Cf. HAMMAN, A. *Guida pratica dei Padri della Chiesa*. Milão: Ancora, 1968, p. 207. • QUASTEN, J. *Patrologia*. Madri: BAC, 1977, p. 405.

Ao longo de seu episcopado ocorreram muitas tensões entre Cesareia e Jerusalém –, ou seja, entre o Bispo Acácio, e o próprio Cirilo – tanto com relação à doutrina cristã como nas relações políticas. Ambas as tensões criaram uma animosidade ao longo do episcopado de Cirilo, que o conduziram até mesmo a suspeitas de heresias e afastamento de sua diocese por três vezes (em 357, 360 e 366) num total de 13 a 14 anos de exílio[8]. No entanto, os padres conciliares, contemporâneos de Cirilo, o reabilitaram das acusações que o conduziram ao exílio.

Um dos fatores determinantes para compreendermos a ação de Cirilo como bispo e pastor é observar seu cuidado pastoral na organização das catequeses, tanto no emprego de termos teológicos, como na própria linguagem que utiliza. Como participante ativo das discussões doutrinais, Cirilo compreende o conteúdo doutrinal como processo de discernimento interno do Magistério, e prioriza uma pedagogia catequética no caminho catecumenal. A mediação bíblica se torna seu principal fundamento. É uma atitude pedagógica e prudente, diante de um momento de interpelações e construção da identidade cristã.

---

8. Para aprofundar as questões doutrinais e políticas durante o episcopado de Cirilo de Jerusalém, consultar trabalho da própria autora: COSTA, R.F. *A mistagogia em Cirilo de Jerusalém*. São Paulo: Paulus, 2015, p. 25-33.

Os estudiosos do tempo patrístico no qual Cirilo viveu, indicam seu falecimento em 18 de março de 387, com a idade de 70 a 72 anos, depois de 37 a 38 anos de episcopado. No século V foi canonizado pela Igreja oriental, e em 1882, o Papa Leão XIII o proclama doutor da Igreja.

No período da Reforma e Contrarreforma, seja por parte dos protestantes, como dos católicos, Cirilo foi considerado grande catequista, consagrado por sua originalidade na experiência catecumenal como também de compreender a comunidade eclesial como ministerial, como sacerdócio comum dos fiéis.

Centrado na formação dos iniciantes na fé e na adesão a Cristo numa perspectiva sacramental, integral, mistagógica, Cirilo é nomeado por muitos como "catequista por excelência"[9], reconhecido pelos padres conciliares contemporâneos como um homem de Deus, comprometido na catequese dos estrangeiros, pagãos, iniciantes, e combatendo em todas as circunstâncias as posições arianas.

---

9. Cf. BONATO, A. *La dottrina trinitária di Cirilo de Gerusalemme*. Roma: IPA, 1983, p. 20. • RIGGI, C. Introd., tradução e notas da 2ª edição. In: CIRILLO DI GERUSALEME. *Le catechesi*. Roma: Città Nuova, 1997, p. 18.

Sobre o conteúdo das Catequeses pré-batismais

Já vimos um pouco do contexto no qual Cirilo vivencia sua caminhada pastoral e vejamos agora um pouco de seu pensamento teológico e também pastoral, já que sua missão é selada pela preocupação com a compreensão da fé cristã e com o caminho de iniciação.

A melhor forma de conhecer Cirilo e afastar quaisquer dúvidas sobre a autoria das catequeses ou sobre sua postura com relação ao magistério eclesial é ter em mãos parte de sua obra que foi preservada. Esta tem sido analisada por especialistas e estudiosos que também podem nos ajudar na compreensão e interpretação de suas homilias catequéticas.

São atribuídos à autoria de Cirilo os textos a seguir: as *Catequeses pré-batismais,* as *Catequeses mistagógicas,* a *Carta ao imperador Costanzo* e o *Sermão do Paralítico*[10].

---

10. A *Carta ao Imperador Costanzo* (PG 33, 1165-1176) narra a aparição da cruz luminosa, em Jerusalém, a 7 de maio de 351, da qual Cirilo foi testemunha ocular. Considerada como uma confirmação, vinda dos céus, do apoio divino ao imperador e às suas campanhas contra os inimigos. A carta é um louvor a Costanzo e à centralidade de Jerusalém para o cristianismo. O segundo texto, em discussão quanto à autoria, é a *Homilia sobre o Paralítico* (PG 33, 1131-1154), no qual o autor trabalha sobre o Evangelho de João (5,1-18), insistindo sobre o poder de Cristo como médico da pessoa, corpo e alma. Cf. MIGNE, J.P. *Patrologiae cursus completus.* Paris: Series Graeca, 1857-1866.

Podemos encontrar estudos nos quais se analisa a legitimidade da autoria de Cirilo sobre parte dos textos acima, especialmente, o *Sermão do paralítico* e as *Catequeses mistagógicas*[11]. No entanto, após muitas análises, podemos afirmar que sua obra reflete o pensamento da Igreja de Jerusalém ao fim do século IV e a elaboração teológica e habilidade no ministério eclesial, próprias de Cirilo, enquanto bispo, doutor da Igreja e grande pastor[12].

As *Catequeses pré-batismais* foram pronunciadas por Cirilo, mas não foram encontradas por escrito, nem mesmo notas sobre elas. Entretanto, isso não reduz a autoria delas, pois foram preservadas devido a fiéis que faziam pequenas anotações enquanto ele pregava e foram recuperadas através de alguns dos códices encontrados ao longo dos anos[13].

---

11. Para o estudo específico das *catequeses mistagógicas*, indicamos a obra *A mistagogia em Cirilo de Jerusalém,* fruto de minha pesquisa doutoral. Nesse trabalho você encontrará um capítulo específico sobre as catequeses mistagógicas. Cf. COSTA, R.F. Op. cit.
12. Cf. BARBISAN, E. In: CIRILLO DI GERUSALEMME. *Le catechesi*. Versão, introdução e notas de E. Barbisan. São Paulo: Paulinas, 1966, p. 18.
13. Uma variedade de palavras de Cirilo foi recuperada, por meio de códices e em muitas linguagens (grego, siríaco, armênio, copta). Os principais manuscritos encontrados e analisados pelos estudiosos são: 1) *Monacensis gr. 394* (séc. X); 2) *Ottobonianus 86* (séc. X ou XI), cópia *Vaticanus gr 602* (séc. XVI); 3) *Neapolitanus-Vindobonensis 8* (séc. XI); 4) *Vindobonensis 55* (séc. XI ?); 5) *Bodleianus Thos. Roe 25* (séc. XI); 6) *Ottobonianus*

Na obra que você tem em mãos, estão consignadas a *Introdução* e as dezoito *Catequeses pré-batismais* dirigidas aos candidatos para o batismo por ocasião da Páscoa próxima.

Em sua primeira catequese, chamada *Preliminar* ou *Introdução* às *Catequeses pré-batismais*, Cirilo fala das disposições necessárias para a preparação batismal e orienta os fiéis a experimentarem o jejum, a penitência e a confissão dos pecados, expressando o verdadeiro compromisso e vontade de mudar sua situação existencial. Prossegue com a preparação catequética, com dezoito homilias, nas quais Cirilo se dedica à fé cristã e suas fontes – A Sagrada Escritura e a Tradição –, transcorrendo temas centrais da fé cristã e detendo-se pormenorizadamente nos artigos do Símbolo da Fé, o Credo[14]. Nas duas primeiras, Cirilo fala sobre o compromisso que será assumido, sobre a renúncia ao pecado e a necessidade da penitência. Na terceira, trata do batismo e seus efeitos. Na quarta, ele faz uma exposição complexa sobre a doutrina cristã, expondo as principais verdades dogmáticas. Estas serão retomadas, mais detalhadamente, nas

---

446 (séc. XV); 7) *Coislinianus 227* (séc. XI); 8) *Marcianus gr. II* (séc. XII); 9) *Monacensis gr 278* (séc. XVI); 10) *Ottobianus 220* (séc. XVI-XVII).

14. Cf. FIGUEIREDO, F. Introdução. In: CIRILO DE JERUSALEM. *Catequeses Mistagógicas.* Trad. F. Vier, introd. e notas F. Figueiredo. Petrópolis: Vozes, 2004, p. 12-13.

homilias seguintes, que versam sobre o Símbolo da Fé. Da quinta à décima oitava catequese, Cirilo trabalha sobre estes artigos, sempre fundamentando cada passo na Sagrada Escritura, explicitando a linha de continuidade entre Antigo Testamento e Novo Testamento.

Para compreendermos melhor os textos das catequeses, é importante, além de nos situarmos quanto ao contexto do final do século III e início do século IV, também quanto à própria instituição catecumenal em seu processo inicial de organização e sistematização.

Como já consideramos anteriormente, o contexto no qual Cirilo orienta sua comunidade é pleno de debates filosóficos e teológicos. Uma das questões presentes é a postura filosófica diante do gnosticismo: um pensamento que defende um conhecimento superior e que firmava o dualismo radical entre corpo e alma. Cirilo não separa fé e o conhecimento, mas os integra através da própria Palavra de Deus. É na Palavra, nas Sagradas Escrituras, que estão as bases sólidas do verdadeiro conhecimento.

Já vimos que é um momento no qual o catecumenato está dando seus primeiros passos para uma sistematização e que, ao mesmo tempo, a Igreja também está firmando as bases da fé cristã em tempos de diálogo com culturas e filosofias. Em suas catequeses, Cirilo coloca as bases da fé, dialoga com os argumentos próprios de seu tempo, provenientes de culturas pagãs, das religiões politeístas, das heresias com as quais se convive. Portanto, Cirilo é um pastor com embasamento teológico e sabe bem o chão no qual está pisando, percebe o que é essencial para o processo de iniciação cristã e, além disso, possui uma mística profunda, expressa na sua articulação entre teologia-pastoral-espiritualidade-vida.

As catequeses de Cirilo estão entre os principais documentos que refletem o processo de sistematização do catecumenato[15]. Nelas é possível observarmos um fator que indica a constituição do catecumenato naquele período: a integração entre catequese, liturgia e Palavra de Deus. Além dessa integração fundamental, percebemos também qual o modelo eclesial no qual este processo se dava e, consequentemente, a dimensão comunitária das ações catequéticas e pastorais.

Ouvir Cirilo, através de suas *Catequeses pré-batismais* é escutar não apenas um pastor atento, zeloso e um grande pedagogo da fé, mas também o místico e

---

15. Além das Catequeses de Cirilo estão entre os principais documentos que atestam a sistematização do catecumenato: as *Homilias catequéticas*, de Teodoro de Mopsuéstia (± 388-428); as *Catequeses batismais*, de João Crisóstomo (± 388-397); os *Tratados sobre os sacramentos e os mistérios*, de Ambrosio de Milão (± 380-397); os *Discursos catequéticos*, de Gregório de Nissa (± 388-396) e *A instrução dos catecúmenos*, de Agostinho (± 413-426).

o teólogo. Suas palavras brotam de uma teologia que integra a dimensão litúrgica, a comunitária e uma pedagogia própria, que conhecemos como mistagogia.

Cinco chaves para sua leitura

Ao percorrer a leitura de suas homilias catequéticas, nos coloquemos como os catecúmenos, acolhendo profundamente suas palavras e orientações, e poderemos encontrar os elementos-chave através dos quais Cirilo conduz os fiéis no processo de iniciação cristã. Elencamos abaixo os principais:

1) A acolhida e o diálogo com a realidade do catecúmeno;

2) A mediação bíblica – centrada na linguagem narrativa e alegórica da História da Salvação;

3) A centralidade do Símbolo Apostólico;

4) A dimensão de conversão das práticas – pessoais, familiares, sociais;

5) A mistagogia como teologia e como pedagogia.

1 A acolhida e o diálogo com a realidade do catecúmeno

Essas catequeses eram dirigidas para aqueles que buscavam a iniciação cristã, aos catecúmenos que se preparavam para o batismo, chamados de *iluminandos*[16]. Seu primeiro contato é um convite, anunciando que é Deus mesmo quem convida, quem chama, e chama de dentro de cada um. A voz de Deus é quem principia o chamado e, por isso mesmo, a acolhida na fé é resposta a essa voz interior, nessa resposta, tudo ganha novo sentido e nova orientação.

Em sua primeira Catequese, chamada *Preliminar* ou *Introdução* às *Catequeses pré-batismais*, Cirilo fala das disposições necessárias para a preparação batismal e orienta os fiéis a experimentarem o jejum, a penitência e a confissão dos pecados, expressando o verdadeiro compromisso e vontade de mudar sua situação existencial.

> Considera com quanta dignidade Jesus te agraciou. És chamado catecúmeno. Quando fora, foste envolvido por sons: ouvindo a esperança e não a vendo; ouvindo mistérios e não os compreendendo; ouvindo as Escrituras sem ver sua profundidade. Já não ouves os sons fora, mas eles ressoam no teu interior. Na verdade, o Espírito que habita em ti fará de tua alma uma morada divina (*Prel.* 6).

---

16. Neste trabalho estaremos muitas vezes utilizando o gerúndio. Ele é intencional. Assim como o catecumenato identifica os catecúmenos como "iluminandos", por indicar processo, trajetória, caminho, nós também nos inserimos nessa compreensão, de que a iniciação cristã não se dá de um momento para o outro, de forma definitiva, mas denota exatamente a ideia de caminho, de movimento, de percurso pedagógico, atento, amoroso e compassivo.

Cirilo anuncia aos "iluminandos" a imensa dignidade e profundo mistério em que consiste o caminho em direção ao batismo e que, a partir dessa resposta, estão se preparando, junto com a comunidade, para assumir a vida nova pelo batismo.

> Quão grande é a dignidade que o Senhor vos confere, elevando-vos da ordem de catecúmenos à de fiéis, mostra-o Paulo ao dizer: Fiel é Deus, por quem fostes chamados à comunhão de Jesus Cristo, seu Filho. Se Deus é chamado fiel, tu também recebes o mesmo título e com ele grande dignidade. Como Deus é chamado bom, justo, todo-poderoso e criador do universo, assim também é chamado fiel. Considera, pois, a que dignidade és elevado. Tornas-te participante do título de Deus (*PCat.* V,1).

A forma como cada catecúmeno é acolhido na comunidade é fundamental para o processo de Iniciação, pois a comunidade é sacramental, ela é a resposta histórica e sacramental da acolhida maior à dinâmica da Revelação. Cirilo é cuidadoso, age como pai que acolhe, protege, orienta e acompanha. No decorrer da leitura de suas homilias, vamos descobrir que ele sabe que a acolhida da pessoa no seu contexto pessoal e histórico é fundamental para sua abertura ao processo de Revelação de Deus, já presente em sua vida, e à sua consequente reconfiguração existencial. Aquele que acolhe o projeto de Deus em sua vida é totalmente atingido e se sente implicado, até no mais profundo de seu ser, no pleno sentido de sua existência.

Lembremos que, naquele momento histórico, essa acolhida é para os adultos, ou seja, não é apenas uma configuração, mas uma reconfiguração, ou seja, a configuração processual em Jesus Cristo torna-se uma revisão de suas escolhas, muitas vezes já históricas e enraizadas, o que demanda acompanhamento pessoal e comunitário e uma corajosa reformulação de sua orientação fundamental.

> Escuta o que diz o salmista: Quão grande é, Senhor, a tua bondade! Teus pecados acumulados não superam a multidão das misericórdias do Senhor. Não ultrapassam teus ferimentos a experiência do sumo médico. Entrega-te tão somente com fé (*PCat.* II,6).

Para tanto, podemos observar as muitas dimensões presentes e articuladas de forma muito habilidosa nas homilias de Cirilo. Um traço marcante em suas homilias é a simplicidade e a habilidade na linguagem. É um orador simples, que sintoniza com o grupo cultural, com suas experiências de vida, com as questões próprias do meio ambiente cultural e social e até mesmo com as dúvidas que pairavam naquele momento de discernimento na formação da fé[17].

---

17. Cf. CROSS, F.L. In: CYRIL OF JERUSALEM'S. *Lectures on e Christian Sacraments*. Londres: SPCK, 1951, in-

O cuidado com a acolhida de cada catecúmeno e sintonia com seu contexto pessoal e cultural é um dos muitos sinais de que Cirilo de Jerusalém se sabe mediador do processo de encontro entre o catecúmeno e Jesus. Longe de propor um conhecimento intelectual, ele conduz ao encontro pessoal entre o catecúmeno e Jesus Cristo. E, como aprendiz do mestre Jesus, a pedagogia de Cirilo é fundada em uma mística e em um projeto: o seguimento. Para tanto, é preciso conhecer e dialogar com a realidade de cada pessoa[18].

Nas palavras do pesquisador Araújo: "Em suas catequeses, Cirilo tinha a pretensão de levar os catecúmenos ao envolvimento total e íntegro de si mesmo e de sua realidade histórica, política e sociocultural com o mistério pascal de Cristo [...]"[19].

Vejamos a linda confirmação que Cirilo faz aos catecúmenos:

> Vais receber uma armadura não corruptível, mas espiritual. Vais ser logo mais transplanta-

---

trod., p. XXXIII-XXXIV e p. 11. • RIGGI, C. Op. cit, p. 8. • HAMMAN, A. Op. cit., p. 212.

18. Para aprofundar o tema da mistagogia em Jesus, cf. COSTA, R.F. *Mistagogia hoje* – O resgate da experiência mistagógica dos primeiros séculos da Igreja para a evangelização e a catequese atuais. São Paulo: Paulus, 2014, p. 86-91.

19. ARAÚJO, J.M. Análise teológica das catequeses mistagógicas de São Cirilo de Jerusalém. In: *Fragmentos de Cultura*. Vol. 13, n. 4. Goiânia: UCG, 2003, p. 788.

do ao paraíso espiritual e receberás um nome novo que antes não tinhas. Anteriormente eras catecúmeno. Doravante serás chamado fiel. Serás em seguida transportado para uma oliveira espiritual, cortado de uma oliveira bravia e enxertado em oliveira nobre: do estado de pecado para justiça, das impurezas para pureza. Tornas-te participante da videira santa. [...] Todos possam pronunciar estas palavras: Eu sou como a oliveira frutífera na casa de Deus; confio na misericórdia de Deus para sempre: oliveira não visível, mas espiritual, cheia de luz. A Deus pertence o plantar e o regar, a ti, porém, o fazer frutificar. A Deus pertence conferir a graça, a ti recebê-la e conservá-la. Não desprezes a graça porque é dada gratuitamente, mas conserva-a religiosamente quando a receberes (*PCat*. I,4).

Mas não será por acaso que Cirilo faz uso dessa metodologia na linguagem catequética. As palavras de Cirilo, mesmo que não registradas por escrito pelo autor, são maduras, selecionadas para seus ouvintes, demonstrando conhecimento da comunidade que tem diante de si e dos desafios culturais e teológicos que vêm experimentando.

Essa é uma das características que alinhava todo seu trabalho, de alguém que tem um eixo pastoral-pedagógico e, ao mesmo tempo, profunda espiritualidade e compreensão da liturgia como experiência de diálogo entre Deus e seus filhos e filhas.

2 A mediação bíblica

A Sagrada Escritura é o eixo norteador de Cirilo, é o principal fundamento para o caminho de iniciação cristã e enraizamento no discipulado. O interessante, contudo, é observarmos de que forma Cirilo conduz esse processo. Ao contrário de exposições doutrinárias, Cirilo apresenta a Palavra através de narrativas e de alegorias[20]. Compreender a História da Salvação pelo fio narrativo é um caminho para construir as relações entre História da Salvação e História da Humanidade. Sua intenção é que o catecúmeno se perceba como elo de continuidade nesta estrutura de discipulado, e desenvolva uma atitude de reverência à comunidade que acolhe a Palavra e assume a missão não apenas do discipulado, mas de tradicionar a Palavra pelo mundo afora.

A escolha pela narrativa bíblica não é casual, ela integra pedagogia e pastoral, ela é uma categoria mistagógica. Observando o jeito pedagógico com o qual Cirilo apresenta as narrativas bíblicas, vemos que ele insere o catecúmeno na narrativa.

> Discípulos do Novo Testamento, partícipes dos mistérios de Cristo, agora apenas por chamado, logo mais também pela graça, criai

20. A Sagrada Escritura é trabalhada de forma narrativa não apenas em Cirilo, mas também em Ambrosio de Milão, Teodosio de Mopsuestia, João Crisóstomo e Agostinho de Hipona.

> em vós um coração novo e um espírito novo, para que haja alegria entre os moradores do céu... (*PCat.* I,1).

Entre os Padres da Igreja, a Sagrada Escritura é apresentada em forma narrativa. Cirilo se insere neste caminho teológico e catequético de seus contemporâneos. É um fazer pedagógico que constrói a unidade entre o Antigo e o Novo Testamento, assim como as noções de eleição, de aliança, de pertença ao povo de Deus, de missão e testemunho no mundo. Além disso, ele gera as atitudes de atenção, de contemplação, de intimidade com a Palavra de Deus. É Palavra para cada pessoa e para todos os tempos. Seu endereço é o coração de cada ser humano.

Vejamos uma das escolhas da narrativa bíblica que visa a compreensão dos caminhos da misericórdia divina:

> Cuida-te de não desconfiar sem razão do poder da penitência. Queres saber o que pode alcançar a penitência? Queres conhecer a poderosíssima arma da salvação e aprender o que realiza a confissão? [...] Tendo ele adoecido, disse-lhe Isaías: Põe em ordem tua casa, porque vais morrer e não viverás. O que lhe restava esperar? Que esperança de salvação havia se o profeta dizia: Vais morrer? Mas Ezequias não desistiu da penitência, lembrando do que está escrito: Se, convertido, gemeres, serás salvo. [...] Realmente, por amor de Ezequias o sol recuou; por amor de Cristo, en-

tretanto, ele se eclipsou, não recuando, mas eclipsando-se (*PCat.* II,15).

Outro fator importante para esta escolha pedagógica é que, na medida em que narra, ele conduz o ouvinte a, também ele, participar e fazer a sua experiência diante da Palavra de Deus. Ele orienta a atenção e escuta e, assim, a própria Palavra provoca a acolhida e a interpretação. Na comunidade, esta dinâmica fecunda a circularidade hermenêutica e uma mística fundada na fonte da Revelação.

As narrativas bíblicas evidenciam a habilidade pedagógica de Cirilo, além da já comprovada fundamentação teológica. A escolha das narrativas demonstra uma profunda sintonia entre o que deseja transmitir e a forma como cada narrativa pode favorecer a acolhida e a integração entre a fé e a vida. Ao relacionar a doutrina e a vida do povo da Bíblia e o povo atual, Cirilo não está apenas fazendo uma retrospectiva, mas também conduzindo uma releitura, que integra a História da Salvação e as histórias pessoais e de toda a humanidade. E ele ainda vai além. Pouco a pouco, passo a passo, narrativa a narrativa, ele vai configurando estes catecúmenos como ouvintes da Palavra e, configurando a comunidade, como uma comunidade constituída pela Palavra.

Se observarmos a ação pastoral-pedagógica de Cirilo nas catequeses que seguem a este grupo de *Catequeses pré-batismais*, conhecidas como *Catequeses mistagógicas*, veremos que Cirilo tem dois procedimentos: antes e depois da experiência sacramental. Nas *Catequeses pré-batismais*, Cirilo prepara os catecúmenos para o mistério que irão experimentar através do caminho da Sagrada Escritura. Ela é a mestra, é fonte que revela os conteúdos doutrinais a serem trabalhados. Ela é o eixo que dá consistência e orienta a linguagem, os exemplos e o diálogo com a realidade, na direção da inserção progressiva no mistério de Cristo e na Igreja. É o caminho mistagógico. Após os sacramentos da Iniciação, nas *Catequeses mistagógicas*, Cirilo desenvolve a catequese a partir da experiência litúrgico-sacramental. Trata-se da mistagogia na liturgia sacramental, momento de imersão da pessoa inteira no mistério pascal do qual participa.

Ainda gostaríamos de observar que este elemento-chave também nos revela uma compreensão de Igreja, para a qual Cirilo se dedica desde a acolhida de cada catecúmeno e por todo o percurso. Suas orientações vão conduzindo o catecúmeno como pertencente a um povo, o povo de Deus a caminho, em unidade com o povo da Bíblia, com a sua Igreja, em diálogo fecundo com um Deus que é, que fala, convoca, orienta, acompanha e estimula o caminho. Dessa forma, a comunidade reunida em torno deste eixo vai se tornando comunidade sacramental, onde a Palavra é fertilizada e produz os frutos da presença cristã no mundo.

3 A centralidade do Símbolo Apostólico

Um terceiro elemento-chave presente nestas *Catequeses pré-batismais* é o caminho de apresentação das verdades da fé cristã, ainda em processo de elaboração, mas já com afirmações transmitidas pelo magistério daquele tempo. Se observarmos com atenção, estamos diante das afirmações do Símbolo Apostólico.

Não é por pura casualidade que Cirilo escolhe o Símbolo Apostólico como o sumário desse anúncio-convite. Mais uma vez, encontramos Cirilo estabelecendo comunhão com a História da Salvação, como a caminhada da Igreja, e com as consequências do mergulho nas águas batismais. É a comunidade cristã confiando aos catecúmenos sua identidade e convidando-os a assumi-la em unidade com a Igreja em sua função sacramental e materna[21].

Desde as primeiras comunidades cristãs, a própria nomeação do Credo como *Símbolo Apostólico* já traz em si o significado sacramental que identifica seu lugar e

---

21. O tema da maternidade eclesial foi brilhantemente desenvolvido por M. Dujarier. Para consulta e aprofundamento, cf. La funzione materna della chiesa nella pratica catecumenale dell'antichità. In: CAVALLOTO, G. (org.). *Iniziazione cristiana e catecumenato*. Bolonha: EDB, 1996.

importância[22]. Os Padres do século III e IV vinculam o Símbolo da fé diretamente ao Sacramento do Batismo. É uma relação que aponta para a identidade, confirmada na adesão à fé explicitada no rito, assumida em comunidade e testemunhada na vida.

Nessa pedagogia, o Símbolo Apostólico é explicado por Cirilo não como um ensinamento doutrinal, mas com o duplo fundamento que integra a fé e a vida. Ele apresenta artigo por artigo, a partir de sua base bíblica. É a própria Igreja, pela tradição apostólica confiando o Símbolo aos novos fiéis. Esta solidez é percebida nas catequeses. Elas possuem uma força dogmática e um convite para o catecúmeno aderir à Profissão de Fé, que ele passa a compreender, acolher no seu coração e orientar sua própria vida.

> Recebe, pois, e guarda só a fé no ensinamento e na profissão. Fé que te é transmitida pela Igreja e que se funda em toda a Escritura. [...]

---

22. Apesar de sua origem grega – *symbolon* –, o termo aparece pela primeira vez aplicado aos credos do Ocidente latino. A expressão "símbolo dos apóstolos" – *symbolym apostolorum* – surge em uma carta enviada pelo sínodo de Milão de 390 ao Papa Sirício, para designar o sumário da fé próprio da tradição romana, legitimado pela autoridade dos apóstolos, testemunhas da vida, morte e ressurreição de Jesus Cristo. Tudo indica que o processo de elaboração e configuração do núcleo do símbolo foi complexo e diversificado. Cf. CURA ELENA, S. Símbolos da fé. In: PIKAZA, X. & SILANES, N. (dir.). *Dicionário Teológico*: O Deus cristão. São Paulo: Paulus, 1988, p. 827-836.

Como a semente de mostarda em pequeno grão contém muitos ramos, assim também esta fé, em poucas palavras, compreende todo o conhecimento contido no Antigo e Novo Testamento. Vede, pois, irmãos, e mantende as tradições que agora recebeis e gravai-as em vosso coração (*PCat.* V,12).

O Símbolo da Fé é transmitido de forma tão pedagógica, que convida cada catecúmeno a conhecer o que está por declarar, a construir os conceitos-chave presentes na Profissão de Fé, a fim de pronunciá-la com plena compreensão racional, espiritual e moral, integrando-se àquela fé que recebe da Igreja. Não se trata de se tornar um repetidor dos conteúdos, mas uma profissão desde dentro, a partir da experiência e do compromisso do catecúmeno. Mais. Essa proclamação brota da experiência transmitida, vivenciada e assumida comunitariamente. Os conteúdos essenciais da fé tornam-se referenciais para a trajetória cristã, não dada como pronta ou definitiva, mas como fidelidade, continuidade e horizonte escatológico.

Dessa forma, podemos dizer que ao transmitir essa "herança", Cirilo também está apresentando uma interpelação, tanto pessoal quanto comunitária, de apropriar-se pessoalmente do que é transmitido. O processo acaba por conduzir a uma relação fecunda entre pessoa e tradição, comportando consciência, interpretação e valorização da tradição[23].

> Por esta razão o Senhor concedeu, por sua benignidade, a penitência do batismo, para que lancemos fora todo o pecado e mesmo todo fardo e, recebendo o selo do Espírito Santo, nos tornemos herdeiros da vida eterna (*PCat.* IV,32).

Mas, observemos também que estamos diante dos principais artigos da fé cristã, e muitos destes estão em pleno tempo de elaboração definitiva. Contudo, diante da comunidade de iniciantes, Cirilo não necessita usar categorias teológicas ou mesmo entrar em discussões dogmáticas. Ele tem uma prioridade, que é a catequese, por isso seleciona o que é nuclear, apresenta, convida à escuta atenta, ao seguimento e à mudança de vida.

Outra nota pertinente é que ele não apresenta a dogmática como uma imposição doutrinal, mas como um caminho já percorrido anteriormente e, do qual, se tornam caminhantes a partir de agora. Convida à escuta, ao discernimento, ao diálogo com a realidade em que vivem, enraíza cada passo no testemunho bíblico. Cirilo trabalha a tradição viva da fé cristã e a dinâmica da Revelação presente na história. Convida à acolhida e

---

23. Cf. VELASCO, J. M. *La transmisión de la fe en la sociedad contemporánea.* Santander: Sal Terrae, 2002, p. 29.

integração progressiva no mistério de Deus. É o encontro com o evento pascal, em Jesus Cristo, a memória que firma os passos apostólicos, o caminho da Igreja e, de cada catecúmeno. A Tradição é transmitida como verdade vivida, como prática, como agir cristão inserido no mundo.

Caminhando pelas *Catequeses pré-batismais*, procuremos nos dar conta das muitas narrativas bíblicas que, lidas com atenção, nos conduzem com firmeza pelo caminho catequético de Cirilo[24]. No entanto, observemos que Cirilo não descuida desse aspecto, não fala a partir de si mesmo, mas sempre a partir do caminho já percorrido e legitimado pela Igreja[25]. Dessa forma, transmite a fé cristã em suas bases, o que decorre em uma apreensão firme, sólida, unida à espiritualidade e dialogante.

4 A dimensão de conversão das práticas

Na Igreja dos primeiros séculos a conversão é condição para a acolhida na comunidade e no processo de formação cristã. Cirilo de Jerusalém está em consonância com essa compreensão, ou seja, a exigência da conversão. O que significa, naquele tempo, de preparação para o Batismo, esse elemento-chave?

---

24. Cf. RIVAS, P.L.H. In: CIRILO DE JERUSALÉN. *Catequesis*. Buenos Aires: Paulinas, p. 5.
25. Cf. HAMMAN, A. Op. cit., p. 209.

Percorrendo as *pré-catequeses*, podemos verificar que há um processo de tomada de consciência da condição humana, limitada por escolhas que muitas vezes são opostas ao seguimento de Jesus. Cirilo fala de mudança radical, de passagem do homem velho ao homem novo, nascido em Cristo, fala da presença do mal como caminho antagônico àquele do qual os catecúmenos são convidados a participar.

> Deus não exige de nós nada a não ser a boa disposição. Não digas: Como me serão perdoados os pecados? Eu te digo: pelo querer, pelo crer. O que é mais fácil do que isto? Se teus lábios pronunciarem o querer e o coração não, saiba que aquele que julga é conhecedor dos corações. Deixa desde já toda obra má; que tua língua não fale palavras inconvenientes; que teu olhar já não peque mais e que teu espírito não se ocupe com coisas vás (*Prel.* 8).

A atitude de revisão de vida e de mudança dos aspectos que não estiverem de acordo com a vida cristã é apresentada como convite de dentro para fora, ou seja, como uma atitude de escuta à Palavra de Deus e ressonância na própria vida. Cirilo chama a responsabilidade e ao compromisso dos catecúmenos como respostas ao amor e misericórdia de Deus.

> Tempo de confissão é o presente. Confessa o que cometeste, tanto por palavra quanto por atos, tanto de noite como de dia. Confessa no

> tempo oportuno e no dia da salvação receberás o tesouro celestial. Submete-te aos exorcismos, vem às catequeses, fixa na memória o que foi dito, pois as coisas são ditas não só para serem ouvidas, mas sim para que seles pela fé o dito. Sem importância são as coisas que abandonas e grandes as que recebes do Senhor. Abre mão das coisas presentes e confia nas futuras (*PCat.* I,5).

Cirilo conduz o catecúmeno a colocar sua confiança no amor libertador de Deus. É ele quem fortalece diante de todo o mal e potencializa a sua superação. É importante observarmos que para Cirilo há uma dupla dimensão no pecado: a dimensão pessoal e a dimensão exterior. Ou seja, o mal chega e influencia, corrompe, mas o fiel está fortalecido no amor de Deus e potente para a resposta na fé cristã.

Sendo assim, pecado e salvação estão relacionados, "[...] são duas faces do mesmo mistério, no relacionamento entre o homem com Deus"[26]. Portanto, a mudança de vida é condição realmente; se torna uma exigência deixar para trás a vida anterior, modificar hábitos, costumes culturais, renunciar a tudo que afasta do projeto de Deus. Para nascer de novo,

---

26. MAESTRI, G. & SAXER, V. In: CIRILLO E GIOVANNI DI GERUSALEMME. *Catechesi Prebattesimali e mistagogiche.* Milão: Pauline, 1994, p. 79.

pelo Batismo, é necessário renunciar à vida do homem velho.

> Prepara, pois, o receptáculo da alma a fim de te tornares filho de Deus, herdeiro de Deus e coerdeiro com Cristo. Caso te prepares, receberás a graça do batismo. Deves aproximar-te com fé e espontaneamente despir o homem velho para receberes a confirmação da fé (*PCat.* III,15).

Enfim, mergulhar nas águas batismais é participar do caminho cristão em unidade com a comunidade que envolve toda a existência pessoal e social. Deus está presente, oferecendo seu amor salvífico e convidando à resposta humana na liberdade. Essa resposta é um caminho. É desse jeito que Cirilo e os Padres dos séculos III e IV compreendem a Iniciação, como uma trajetória humana, que vai se convertendo e dando testemunho. Não se trata da fé separada da vida, ao contrário, só há unidade nessa compreensão. A ação salvífica de Deus é performativa, orienta para a vida nova, fortalece o fiel e dá condições para sua resposta coerente com a fé em que está mergulhado. Possui, portanto, uma implicação direta na vida prática, cotidiana, a transforma no "verdadeiro culto que agrada a Deus"[27].

---

27. Cf. Sl 49,14-23; 50,18-19; Os 6,6; 8,11-12; Am 6,21-25; Dn 3,37-41.

5 A mistagogia como teologia e como pedagogia

Estes quatro elementos-chave estão alinhavados por um fio de ouro que fundamenta e orienta a compreensão que Cirilo de Jerusalém possui sobre a iniciação cristã. Poderíamos falar em duas mãos que estão unidas no trabalho de Cirilo, a teologia e a pedagogia. Mas há algo que as integra, que faz com que nenhuma das duas trabalhe sozinha e que oriente um diálogo incessante entre elas. Essa 'liga' é a mistagogia. Ela é o eixo referencial de Cirilo. Quando percebemos isso, é como se nossos olhos se abrissem para compreender todo o processo no qual Cirilo se movimenta com sua comunidade, com o contexto cultural e político, com os novos fiéis que se aproximam.

São muitos os momentos em que Cirilo exorta os catecúmenos a se perceberem participantes de um caminho de mistério que os antecede, ao qual são convidados a imergir e a se tornarem testemunhas vivas deste mistério.

> Habite em ti a fé, a firme esperança, calçado resistente, de modo que possas passar pelo inimigo e chegues junto ao Senhor. Prepara teu coração para receber as doutrinas e para participar dos sagrados mistérios (*Prel.* 16).
>
> Aprende, pois, que este Espírito Santo é uno, indiviso e todo-poderoso. Realiza muitas coisas, embora ele próprio não seja dividido. Co-

nhece os mistérios, perscruta tudo, mesmo as
profundezas de Deus. Desceu sobre o Senhor
Jesus Cristo em forma de pomba. Operou na
lei e nos profetas e agora, na hora do batismo,
selará a tua alma (*PCat.* IV,16).

É muito importante ressaltar algo que é um dife-
rencial na ação pastoral de Cirilo: a visão antropológica
e teológica que ele aponta através de suas homilias. Ele
não indica uma religiosidade dualista, uma separação
entre a fé e a vida, ou entre a oração e as ações. Mesmo
em tempos marcadamente influenciados pela filosofia
grega, com a antropologia dualista já deixando sua influência no universo cristão, Cirilo surge como alguém
que possui uma antropologia judaico-cristã, integrada,
não dualista. Sua fonte de saber teológico é a Sagrada
Escritura e o processo de revelação de Deus em Jesus
Cristo: Deus que orienta, acompanha seu povo passo
a passo. Por isso mesmo, ele conduz suas catequeses
convidando o ouvinte a fazer a experiência pessoal, a
responder livremente ao chamado que precede sua chegada à comunidade eclesial: o convite que arde em seu
coração, que é do próprio Deus.

E, se há um lugar de excelência para essa experiência, ele reside na liturgia. É na liturgia que o mistério
pascal se faz presente. Em Cirilo de Jerusalém, o evento
litúrgico ilumina todo o processo catecumenal. As ações

litúrgicas são princípios mistagógicos, pois mobilizam a pessoa e a assembleia tanto como mediações para o encontro com o mistério, como por tornarem presente à consciência e à realidade o mistério pascal.

> Recebereis as provas do Antigo e Novo Testamentos: primeiro sobre as cerimônias que precedem imediatamente o batismo; em seguida, como sereis purificados pelo Senhor com o banho de água na palavra; sobre o nome cristão de que a modo de sacerdotes sereis participantes; sobre o selo, que vos será dado como sinal da comunhão do Espírito Santo; sobre os mistérios no altar do Novo Testamento, que no Gólgota tiveram início; o que dele as divinas Escrituras tradicionaram, qual sua eficácia e como se aproximar deles; sobre o tempo e o modo como devem ser recebidos (*PCat.* XVIII,33).

Se prosseguíssemos na leitura das homilias de Cirilo, encontraríamos as cinco *Catequeses mistagógicas*, que selam todo o processo de Iniciação e nos dão uma maior compreensão do quanto sua teologia e pedagogia estão integradas na dimensão mistagógica de todas as suas orientações. Nas *Catequeses mistagógicas*, se torna ainda mais clara a centralidade da liturgia em todo esse processo.

E podemos dar mais um passo para essa centralidade mistagógica da liturgia: ela é princípio mistagógico não apenas por seu princípio ativo – o mistério pascal de

Cristo – mas porque, a partir deste princípio, ela mobiliza todas as demais dimensões para uma mistagogia viva: a escuta da Palavra, a integração da pessoa inteira no mistério da salvação, a integração das relações fundamentais da pessoa (consigo, com os outros, com o mundo, com Deus), a revisão e mudança de vida, a partilha, o testemunho comunitário e o envio à missão. É nesta experiência que o ser humano se identifica com Cristo em sua centralidade salvífica e inicia um processo de reconfiguração de toda a sua vida neste novo caminho.

Enfim, a ação de Cristo na liturgia, a inserção dos fiéis no mistério pascal, e seu agir missionário no mundo, não são realidades distintas, mas em profunda comunhão. A liturgia não é um momento de aprendizado ou de motivar uma intencionalidade cristã. As ações litúrgicas geram a vida nova, o seguimento de Jesus, a resposta missionária. Por outro lado, a missão reenvia à liturgia, em um processo de crescimento na direção da plenitude da vida em Cristo.

A mistagogia presente na ação pastoral e pedagógica de Cirilo nos remete a uma profunda espiritualidade, a uma intimidade com Deus que orienta toda sua vida, e o predispõe ao diálogo atento e fecundo consigo mesmo, com os catecúmenos, com sua comunidade, com seu contexto. É esse enraizamento místico que o conduz na seleção da linguagem, das narrativas bíblicas, na sensibilidade, no respeito à experiência de fé que se dá em cada catecúmeno. Cirilo se torna não apenas um pregador, mas se faz presença, orientação, impulso firme e exigente na direção da Boa-nova da qual é mediador.

Esta mesma perspectiva era fundamento na prática catecumenal de Cirilo de Jerusalém. A centralidade do anúncio querigmático, perpassa todas as suas catequeses, convidando à acolhida e participação no mistério de Cristo. Cirilo convida cada catecúmeno a seguir Jesus, como Senhor e Mestre; a despedir-se do homem velho e converter-se ao homem novo; a morrer e renascer em Cristo para uma vida nova, pelas águas do batismo.

Cirilo mistagogo

Podemos, para concluir, alinhavar estes cinco elementos-chave no próprio Cirilo de Jerusalém. Ele é um mistagogo. É alguém que tem na mistagogia o eixo referencial de todo o seu agir. O que significa isso? Significa que ele tem como pressuposto de seu agir, o primado da Revelação na experiência pessoal. A missão do mistagogo é secundária, no sentido de ser mediador e não iniciante neste processo. Ele é alguém que tem consciência profunda deste primado, experiência pessoal e capacidade pedagógica de se colocar neste caminho como missionário, de construir a relação mestre-discípulo onde o princípio e a meta do caminho são o próprio mistério.

Como pastor zeloso, ele sabe que a mistagogia é caminho, é processo, e por isso mesmo pede um acompanhamento pessoal. Esta relação precisa ser construída como relação de confiança, de paciência e discernimento pedagógico, a fim de orientar os passos do iniciante. Ela não é uma tarefa a ser cumprida, não é uma apresentação teórica ou objetiva da doutrina cristã, mas sim uma experiência pessoal e comunitária. Enfim, o papel de mistagogo, seja pessoal ou comunitário, partilha um saber já recebido, vivido e interiorizado. É transmissão de uma sabedoria do caminhar, mas que não nega o caminho em si e nem mesmo impõe o próprio como definitivo e único.

As *Catequeses pré-batismais* trazem o testemunho de um processo de iniciação cristã com grande riqueza doutrinal e fecundidade pastoral, centrado prioritariamente na Sagrada Escritura. Esta é a base das homilias de Cirilo, inclusive para a transmissão da Profissão de Fé. Sua pedagogia catequética reúne a contemplação dos fatos e mensagens da Sagrada Escritura, a reverência ao mistério no qual serão inseridos pelo Batismo, e o convite à acolhida livre e compromissada da dinâmica desse mistério de salvação na vida pessoal.

Referências

Cirilo

CIRILLO DI GERUSALEME. *Le catechesi*. Introdução, tradução e notas da 2ª edição, C. RIGGI. Roma: Città Nuova, 1997.

_____. *Le catechesi*. Versão, introdução e notas de E. Barbisan. São Paulo: Paulinas, 1966.

CIRILLO E GIOVANNI DI GERUSALEMME. *Catechesi Prebattesimali e mistagogiche*. Versão, introdução e notas de G. Maestri e V. Saxer. Milão: Pauline, 1994.

CIRILO DE JERUSALEM. *Catequeses mistagógicas*. Trad. F. VIER, introd. e notas F. Figueiredo. Petrópolis: Vozes, 2004.

CIRILO DE JERUSALÉN. *Catequesis*. Trad. do grego e introd. por P. H. Rivas. Buenos Aires: Paulinas.

CIRILO DE JERUSALEN. *Catequesis*. Introd., traducción y notas de J.S. Bielsa. Madri: Ciudad Nueva, 2006.

CYRIL OF JERUSALEM'S. *Lectures on e Christian Sacraments*. Versão, introd. e notas de F.L. Cross. Londres: SPCK, 1951.

MIGNE, J.P. *Patrologiae cursus completus*. Paris: Series Graeca, 1857-1866.

Outras fontes

ARAÚJO, J.M. Análise teológica das catequeses mistagógicas de São Cirilo de Jerusalém. In: *Fragmentos de Cultura*. Vol. 13, n. 4. Goiânia: UCG, 2003.

BONATO, A. *La dottrina trinitária di Cirilo de Gerusalemme*. Roma: IPA, 1983.

COSTA, R.F. *A mistagogia em Cirilo de Jerusalém*. São Paulo: Paulus, 2015.

_____. *Mistagogia hoje* – O resgate da experiência mistagógica dos primeiros séculos da Igreja para a evangelização e a catequese atuais. São Paulo: Paulus, 2014.

CURA ELENA, S. Símbolos da Fé. In: PIKAZA, X. & SILANES, N. (dir.) *Dicionário Teológico*: O Deus cristão. São Paulo: Paulus, 1988.

DRIJVERS, J.W. *Cyril of Jerusalém*: *Bishop and City*. Boston: Brill, 2004.

DROBNER, H.R. *Manual de Patrologia*. Petrópolis: Vozes, 2003.

DUJARIER, M. La funzione materna della Chiesa nella pratica catecumenale dell' antichità. In: CAVALLOTO, G. (org.). *Iniziazione cristiana e catecumenato*. Bolonha: EDB, 1996.

FORTE, B. *A teologia como companhia, memória e profecia*. São Paulo: Paulinas, 1991.

HAMMAN, A. *Guida pratica dei Padri della Chiesa*. Milão: Ancora, 1968.

QUASTEN, J. *Patrologia*. Madri: BAC, 1977.

VELASCO, J.M. *La transmisión de la fe en la sociedad contemporánea*. Santander: Sal Terrae, 2002.

Catequese preliminar

1. Já nos impregna, ó iluminandos[1], o odor da bem-aventurança[2]; já colheis as flores espirituais para tecer coroas celestiais; já do Espírito Santo a fragrância se aspira[3]. Chegastes já à antessala do palácio régio; oxalá sejais introduzidos pelo Rei. As flores das árvores

---

1. Parece ter sido Justino o primeiro dos autores cristãos a empregar o termo φοτισμός para indicar o batismo. Ele designa esta realidade sacramental da Igreja como a passagem visível do homem das trevas à participação da luz de Cristo. Iluminado no espírito pela verdade, o batizado é subtraído à dominação dos principados e poderes. Com o batismo o homem é libertado-purificado-iluminado para inserir-se na "nova raça" da qual Cristo é o "princípio" (*Dial.* 138,2).
2. Na Patrística o termo μαχαριότητος é utilizado para significar o sumo bem do homem; isto é, o homem redimido por Cristo: esta é a felicidade do homem, suas bem-aventuranças.
3. Alude o autor ao advento do Espírito Santo pela unção batismal (cf. Cat. 16,16), mas cuja ação já se faz sentir nos que se preparam para o batismo. O termo "aspirar-exalar" contém uma dimensão comunitária. Assim, Cristo foi ungido para exalar em favor da Igreja o perfume da incorrupção (cf. SANTO INÁCIO. *Aos efésios,* 17,1. Petrópolis: Vozes, p. 47).

apareceram: oxalá o fruto seja perfeito. Já destes vossos nomes. É o engajamento no exército. Trazeis as lâmpadas para ir ao encontro do Esposo. Sentis o desejo da cidadania celeste, e o bom propósito e a esperança que lhe seguem. É verdadeiro aquele que disse: "Deus faz concorrerem todas as coisas para o bem dos que o amam" (Rm 8,28). E Deus é munificente para fazer o bem. No entanto, espera a disposição sincera de cada um. Por isso o Apóstolo acrescenta: "dos que segundo seu desígnio são chamados" (Rm 8,28). O propósito sincero faz de ti um eleito. Embora estejas presente com o corpo, se a mente está ausente, não tiras nenhum proveito.

2. Também Simão Mago um dia se aproximou do batismo. Foi batizado (At 8,13), mas não iluminado. O corpo foi banhado pela água, mas o coração não foi iluminado pelo Espírito. O corpo, na verdade, desceu à piscina e subiu (Jo 5,4), mas a alma não foi consepultada com Cristo (Rm 4,4), nem corressurgiu (Cl 2,12). Recorda os exemplos de queda, a fim de que ninguém caia[4]. Todas essas coisas acontecidas a eles em figura[5] foram escritas para instrução dos que até hoje se aproximam (Hb 12,15) [do batismo]. Que ninguém de vós seja achado tentando a

---

4. Cirilo faz uma citação livre de Paulo (1Cor 10,12).
5. O exemplo de Israel no deserto é recordado como tipo e advertência ao novo Israel, que, apesar do batismo e da Eucaristia, pode cair.

graça [divina] (Dt 29,18); que nenhuma raiz amarga, germinando (Cat. 3,2), vos perturbe. Que ninguém de vós entre dizendo: "Vejamos o que fazem os fiéis; entrando vejo e fico sabendo o que realizam". Então, tu esperas ver e não ser visto? Crês poderes perscrutar as coisas que acontecem sem Deus perscrutar teu coração?

3. Alguém outrora procurou participar das núpcias nos evangelhos. Tendo-se revestido de uma veste indigna, entrou, reclinou-se e comeu. Permitira-o o porteiro. Mas fora mister que ele, vendo as vestes brancas de todos os demais, também se vestisse do mesmo modo. Mas não. Participando dos mesmos alimentos, foi completamente diferente deles nas vestes e na atitude. Entretanto, o noivo, embora generoso, não era displicente. Passando por entre os convivas, reparou (pois lhe importava não como comiam, mas com que decoro se comportavam) e viu que aquele estranho não tinha veste nupcial. Disse-lhe: Amigo, como entraste aqui? (Mt 22,12) com que cor? com que consciência? – Bem, o porteiro não proibiu, por amor da generosidade de quem fazia os convites. – Ignoravas com que veste devias entrar no banquete. Entraste, viste o fulgor das vestes dos convivas; não devias ter aprendido com as coisas que tinhas ante teus olhos? Não devias entrar convenientemente para poderes sair convenientemente? Agora, porém, entraste a contragosto e és enxotado. E ordenou aos ministros: Atai seus pés, que aqui ousadamente penetraram. Atai suas mãos que não souberam orná-lo com uma veste esplêndida. E atirai-o às trevas exteriores (Mt 22,13), pois é indigno de trazer as lâmpadas nupciais. Vês, então, o que lhe aconteceu. Cuida tu, seguramente, de tua situação.

4. Nós, ministros[6] de Cristo que somos, recebemos a cada um. Assumindo o ofício de porteiros, deixamos a porta franqueada[7]. É possível teres entrado com a alma manchada de pecados e com intenções indignas. Entraste; foste admitido, teu nome foi inscrito. Vês a beleza admirável desta igreja? Observas a ordem e a disciplina? Contemplas a leitura das Escrituras, a presença das pessoas eclesiásticas[8], a ordem na instrução? Sê movido pela reverência do lugar e deixa-te ensinar pelo que vês. Sai por ora oportunamente para que entres de modo mais oportuno amanhã. Se tinhas a alma

---

6. O termo empregado é "diácono", porém no sentido genérico de agente, ministro de Deus, como nós lemos também em Clemente de Alexandria (*Str.* I,1; M. 8.693B). São Basílio Magno usa-o no mesmo sentido (cf. *Bapt.,* 2.9.3; 2668A; M. 31.1616B).

7. O termo "franqueada" parece indicar o livre acesso para o estado de catecumenato (cf. tb. TEODORETO DE CIRO. *História Ecl.*, 5.18.7; M. 3.1047).

8. Esta palavra não se refere só ao clero, mas também a todas as pessoas consagradas ao serviço da Igreja: virgens, viúvas etc., as quais tinham uma função especial no tempo e contribuíam com sua presença e modéstia para a beleza do culto.

revestida com a veste da avareza, cobre-te com outra e volta. Tira a veste que tinhas para não seres envergonhado. Depõe a fornicação e a impureza e reveste o traje[9] esplêndido da pureza. Eu te advirto, antes que Jesus, o esposo das almas, entre e veja as vestes. Tens ainda muito tempo. Tens um período de quarenta dias de penitência. Tens muito tempo[10] para te despojar da veste e limpá-la, vesti-la e entrar de novo. Mas se perseverares nos maus propósitos, o que anuncia está livre de culpa. Neste caso, não esperes tu receber a graça (Cat. 17,36). A água realmente te receberá, mas o espírito não te admitirá. Se alguém está cônscio de suas chagas, tome o remédio. Se alguém caiu, que se levante (Cat. 3,4). Ninguém entre vós seja um Simão: nada de hipocrisia e curiosidade excessiva[11].

---

9. O termo στολήν tem um sentido mais vasto que simplesmente de traje ou estola. Serve para designar o corpo humano de Cristo ou sua natureza humana, e com isso todas as suas qualidades (cf. JUSTINO. *Dial* 63,2. M. 6.62C). Teríamos aqui implícita a imagem do homem revestido de Cristo ou do homem recriado em Cristo.
10. Cirilo utiliza a palavra προθεσμία para expressar o limite do tempo ou preparação para o batismo. Sugere também a expectativa da vinda escatológica do Senhor.
11. Curiosidade que os candidatos para o batismo poderiam ter de querer conhecer os segredos reservados aos iniciados. Com isso não se estaria confirmando a doutrina do "arcano", mas acentuando o valor de cada etapa do catecumenato. O segredo tem um sentido pedagógico: para se chegar a um mistério era

5. É possível teres vindo por algum outro pretexto. Pode acontecer que um homem queira agradar a uma mulher e venha por este motivo. O mesmo se pode dizer das mulheres. O escravo muitas vezes quer agradar ao patrão, o amigo ao amigo. Assumo o risco e te recebo, ainda que venhas com más intenções, com a firme esperança de que te salvarás. Talvez não soubesses aonde vinhas, nem que rede ia colher-te. Caíste nas redes[12] da Igreja. Foste capturado vivo. Não fujas. Jesus te cativou (Mt 13,47) não para que morras, mas para que, morrendo, vivas. Deves, pois, morrer e ressurgir. Ouviste o Apóstolo afirmar: Mortos para o pecado, vivos para a justiça (Rm 6,11.14; cf. 1Pd 2,24). Morre aos pecados e vive para a justiça. A começar com o dia de hoje: vive.

6. Considera com quanta dignidade Jesus te agraciou (Cat. 1,4; 5,1). És chamado catecúmeno. Quando fora, foste envolvido por sons: ouvindo a esperança e não a vendo; ouvindo mistérios e não os compreendendo; ouvindo as Escrituras sem ver sua profundidade. Já não ouves os sons fora, mas eles ressoam no teu interior. Na verdade, o Espírito que habita em ti (Rm 8,9.11) fará de tua alma uma morada divina. Quando ouves o

---

necessário que se sentisse um forte desejo de conhecê-lo (a concepção do "arcano" é uma invenção do século XVI).

12. Nesse parágrafo ocorre duas vezes a palavra rede. Na primeira (διχτύον) significa Evangelho; na segunda (σαγήνη) significa mais a pregação cristã e o trabalho missionário.

que se escreveu sobre os mistérios, então entenderás o que ignoravas. E não julgues que recebes algo de preço ínfimo: sendo homem miserável, recebes a adoção divina. Paulo fala: Deus é fiel (1Cor 1,9). Outra citação da Escritura diz: Deus é fiel e justo (Dt 32,4: 1Jo 1,9). Prevendo isto, o salmista falou a partir da pessoa de Deus[13] (uma vez que os homens iriam ser chamados de deuses): Eu disse: Sois deuses, e todos filhos do Altíssimo (Sl 81,6). Veja que, sendo chamado fiel, tua intenção não seja de um infiel. Entraste para a luta. Suporta a corrida. Não tens outra ocasião como esta. Se visses iminentes os dias das núpcias, não deixarias de lado todas as outras coisas para te ocupares totalmente da preparação do banquete? Estando para consagrar tua alma ao celeste Esposo, não largarás as coisas do corpo para elevar-te às espirituais?

7. Não é possível receber duas ou três vezes o batismo de modo que fosse possível dizer: O que se faz mal uma vez, endireitarei depois. Se erraste uma vez, poderás corrigir-te, pois um é o Senhor, uma a fé e um o batismo (Ef 4,5). Só os hereges são rebatizados, uma vez que o primeiro não foi batismo.

---

13. O autor se refere ao cristão que deve refletir em sua pessoa o Deus justo e fiel. Nesse sentido, ele recebe dele a adoção e pode deveras ser cognominado de deus.

8. Deus não exige de nós nada a não ser a boa disposição. Não digas: Como me serão perdoados os pecados? Eu te digo: pelo querer, pelo crer. O que é mais fácil do que isto? Se teus lábios pronunciarem o querer e o coração não, saiba que aquele que julga é conhecedor dos corações (Cat. 1,5). Deixa desde já toda obra má; que tua língua não fale palavras inconvenientes; que teu olhar já não peque mais e que teu espírito não se ocupe com coisas vãs.

9. Corram teus pés para as catequeses. Recebe os exorcismos[14] prontamente: caso sejas insuflado, exorcizado, isto resultará em salvação para ti. Imagina seres ouro impuro e adulterado, misturado com as mais diversas matérias, bronze, estanho, ferro e chumbo (Ez 22,18). Procuramos ter o ouro puro. O ouro não pode, sem fogo, ser purificado das matérias estranhas que lhe estão misturadas: assim a alma não pode ser purificada sem os exorcismos, estes divinos exorcismos, coligidos das Divinas Escrituras. Teu rosto foi coberto com um véu a fim de que todo o teu pensamento não estivesse disperso e, divagando o olhar, fizesse vagar também o coração. Tendo os olhos vedados, os ouvidos não ficam impedidos de receber a salvação. Assim como os peritos em ourivesaria, através de tubos finíssimos,

---

14. Tratam-se dos exorcismos pré-batismais, administrados aos catecúmenos durante o período de preparação para o batismo.

introduzem o ar no fogo e fundem o ouro posto no crisol (Cat. 16,18), do mesmo modo os exorcismos, como no crisol, insuflam pelo Espírito divino o temor, reanimando a alma ao corpo. Foge, então, o demônio inimigo. Permanece a salvação, a esperança da vida eterna e, finalmente, a alma, purificada dos pecados, possui a salvação. Permaneçamos, portanto, irmãos, na esperança. Doemo-nos e esperemos: que o Deus de todos, vendo o nosso propósito, nos purifique dos pecados, conceda-nos em tudo a boa esperança e nos dê a penitência salutar. Deus chamou. Tu és o chamado.

10. Vem com assiduidade às catequeses. Mesmo que nosso sermão seja prolixo, não desanimes, pois recebes armas contra os poderes adversos, contra as heresias, contra os judeus, samaritanos e gentios. Tens muitos inimigos. Toma muitas armas! Lutas contra muitos. É preciso aprender como vencer o grego, como combater o herege, o judeu e o samaritano. As armas estão prontas e o gládio do Espírito bem-preparado (Mt 26,41; Ef 6,17): é preciso exercitar a mão direita pela boa vontade, para combateres o combate do Senhor, para debelares as forças contrárias, para te mostrares invicto diante de todas as manobras dos hereges.

11. Lembro-te ainda: aprende o que ouves e guarda-o para sempre. Não creias serem estas homilias habituais. Também elas são boas e dignas de fé. Mas, se hoje as descuidamos, aprendê-las-emos amanhã. Os ensinamentos a respeito do batismo da regeneração são dados segundo uma ordem. Se os negligenciarmos hoje, como serão recuperados? Crê-me, é tempo de plantar árvores. Se não cavarmos profundamente a cova, como poderá ser plantado bem o que uma vez foi plantado mal? Crê-me, a catequese é como um edifício: se não aprofundamos e colocamos o fundamento, se não procedemos ordenadamente à construção da casa para que não haja greta e a construção não mostre fendas, a obra se torna ruinosa e se perde de todo o trabalho anterior. É preciso pôr pedra sobre pedra, fiada sobre fiada, tirando o supérfluo: assim se levantará um edifício harmonioso. Do mesmo modo trazemos-te as pedras do conhecimento. É preciso escutar tudo o que se refere ao Deus vivo; é preciso ouvir o que concerne ao juízo; é preciso ouvir o que se relaciona com Cristo; é preciso escutar as coisas referentes à ressurreição. Muitas outras coisas serão ditas segundo uma ordem. Por ora serão referidas rapidamente, mas, a seu tempo, serão expostas devidamente. Se não reunires tudo num conjunto e não te lembrares das primeiras e das últimas coisas, o construtor, na verdade, constrói, mas tu terás um edifício frágil.

12. Se, depois de ter sido pronunciada uma catequese, um catecúmeno te perguntar o que disseram os mestres, não digas nada (Cat. 5,12; 6,29). Transmitimos-te um mistério e a esperança do século futuro: guarda o segredo por aquele que te há de recompensar para que não aconteça que alguém te diga: Que mal te fará se eu aprender? Também os doentes costumam pedir vinho. Se lhes for dado fora do tempo, provoca frenesi; disto resultam dois males: o doente morre e o médico perde sua boa fama. O mesmo acontece se um catecúmeno ouve os mistérios de um fiel: fica desorientado (pois não entende o que escutou, embaralha tudo e cobre de ridículo o que foi dito), ao mesmo tempo em que o fiel é estigmatizado como traidor. Tu já estás nos umbrais. Vê que nada digas levianamente: não porque as coisas que se dizem não sejam dignas de serem ditas, mas porque o ouvido é indigno de as receber. Também foste uma vez catecúmeno e eu não te contava as coisas propostas. Quando conheceres pela experiência a sublimidade das coisas que são ensinadas, então reconhecerás que os catecúmenos são indignos de ouvi-las.

13. Vós que vos inscrevestes vos tornastes filhos e filhas de uma só mãe. Quando chegardes antes da hora dos exorcismos, cada qual fale do que se refere à piedade. Se alguém de vós faltar, procurai-o. Se fores convidado a um banquete não esperarias o conviva? Se tivesses um irmão, não procurarias o bem para o irmão? Para o futuro não te ocupes com coisas inúteis: o que faz a cidade, a aldeia, o rei, o bispo, o presbítero. Levanta teu olhar: teu tempo exige isto. Parai e reconhecei que eu sou Deus (Sl 45,11). Se vês os fiéis servirem, isentos de cuidados: estão seguros, sabem o que receberam, possuem em si a graça. Tu ainda estás na balança, sem saberes se serás ou não recebido. Não imites os que gozam de segurança, mas busca o temor.

14. Quando se fizer um exorcismo, até que cheguem todos os que vão ser exorcizados, estejam os homens com os homens e as mulheres com as mulheres. Tenho agora necessidade da arca de Noé. Nela estava Noé com seus filhos, a mulher e as mulheres dos filhos (Gn 7,7). Ainda que fosse uma a arca e estivesse fechada a porta, todas as coisas foram dispostas ordenadamente. Embora a igreja se feche e vós todos estejais dentro, que todos estejam separados: homens com homens e mulheres com mulheres, para que o motivo da salvação não se converta em pretexto de perdição. Ainda que seja coisa agradável estarem uns sentados junto dos outros, longe estejam as paixões. Os homens sentados tenham algum livro útil em mãos; enquanto um lê, o outro escute. O grupo das moças, por seu lado, esteja assim disposto que cante ou leia em voz baixa: de modo que os lábios, na verdade, falem, mas não o escutem os ouvidos alheios. Não permito que a mulher fale na Igreja (1Tm 2,12: 1Cor 14,34). A casada proceda de modo semelhante: reze, mova os lábios, mas sua voz não seja ouvida (1Cr 1,13), para que esteja presente Samuel, a fim de que a alma estéril produza a salvação que vem de Deus (pois assim se interpreta Samuel).

15. Vejo o esforço de cada um, a piedade de cada uma. Inflame-se a mente de piedade; seja a alma forjada na bigorna; seja malhada a dureza da infidelidade para que caiam as escamas supérfluas do ferro e sobre, tão somente, o que for puro. Lixe-se a ferrugem do ferro e reste só o que for genuíno. Talvez Deus vos mostre aquela noite, a treva que brilha como o dia da qual se diz: *As próprias trevas não são escuras para vós, a noite será brilhante como o dia* (Sl 138,12). Então, para cada um de vós se abra a porta do paraíso (Cat. 19,9). Desfrutareis das águas cristóforas, exalando odor; recebei o nome de Cristo e a eficácia das coisas divinas (Cat. 3,3.13). Desde já levantai o olhar do espírito para o alto. Desde já fixai a atenção nos coros angélicos, no Senhor de todas as coisas: Deus que está no seu trono, e no Unigênito Filho sentado à sua direita e no Espírito, também presente nos tronos e dominações que servem e em cada um de vós que está a caminho da salvação. Já ressoa em vossos ouvidos aquela voz sonora que deveis desejar ouvir quando os anjos vos aclamarem, depois de terdes recebido a salvação: *Bem-aventurados aqueles cujas iniquidades foram perdoadas e cujos pecados foram encobertos* (Sl 31,1; Rm 4,7s.). Isto se realizará quando entrardes como astros da Igreja, esplendentes no corpo e luminosos na alma.

16. Grande coisa é o batismo que propomos: libertação pura os cativos, perdão dos pecados, morte do pecado, renascimento da alma, veste luminosa, selo santo e indelével, veículo para o céu, delícias do paraíso, pregustação do reino, graça da adoção. Mas o dragão, ao longo do caminho, observa os que passam. Olha que não sejas mordido pela infidelidade. Ele vê tantos que se salvam e procura a quem possa devorar (1Pd 5,8). Que tu entres para junto do Pai dos espíritos (Hb 12,9). Antes, porém, tens que passar por aquele dragão. Como, pois, conseguirás passar por ele? Calça teus pés na preparação do Evangelho da paz (Ef 6,13), para que, mesmo que morda, não te prejudique. Habite em ti a fé, a firme esperança, calçado resistente, de modo que possas passar pelo inimigo e chegues junto ao Senhor (Cat. 1,5). Prepara teu coração para receber as doutrinas e para participar dos sagrados mistérios. Reza com insistência a fim de que Deus te faça digno dos celestes e imortais mistérios. Não cesses de rezar nem de dia nem de noite. E quando o sono foge dos teus olhos, a tua alma se dedique à oração. E quando sentes que um pensamento mau sobe à tua mente, socorra-te o pensamento do juízo que te lembra a salvação. Ocupa tua alma em aprender. Assim esquecerás das coisas ruins.

Se ouves alguém dizer-te: Acaso vais lá para descer às águas? Porventura, não dispõe a cidade de balneários recém-construídos? Sabe que é o monstro marinho (Is 27,1) que te prepara estas ciladas. Não atendas às lábias de quem fala (Cat. 3,3; 17,35), mas antes a Deus que em ti opera. Guarda tua alma para que a tornes inexpugnável e, permanecendo na esperança, sejas herdeiro da salvação eterna.

17. Como homens vos ensinamos e anunciamos estas coisas: não reduzais nosso edifício a feno e cisco para não sermos queimados quando a obra for consumida pelo fogo. Executai, ao contrário, a obra com ouro, prata e pedras preciosas (1Cor 3,12-15). Minha tarefa é falar-vos; vosso dever é acolher; a Deus cabe o levar à perfeição. Consolidemos a mente, confortemos a alma, preparemos o coração. Colocamos em risco a alma (Pr 7,23); esperamos pelos bens eternos (Cat. 1,5-6). Mas poderoso é Deus (que conhece nossos corações, sabe quem é sincero e quem é dissimulador) para custodiar o sincero e fazer do hipócrita um fiel. Deus, na verdade, pode fazer do infiel um fiel, contanto que lhe abra o coração. Queira ele derrogar o que tiver contra vós (Cl 2,14), conceder-vos o perdão dos pecados passados, plantar-vos dentro da Igreja e escolher-vos para seus soldados, revestindo-vos com as armas da justiça, encher-vos das obras celestes da Nova Aliança e conceder para sempre o selo

indelével do Espírito Santo: em Cristo Jesus nosso Senhor,
a quem a glória pelos séculos dos séculos. Amém.

Ao leitor

Estas catequeses para os iluminandos podes dar a
ler aos que se preparam para o batismo e aos fiéis que já
receberam o batismo; mas aos catecúmenos e a outras
pessoas que não são cristãs não as dês de modo algum.
Aliás, darás conta ao Senhor. E se quiseres fazer uma
cópia, faze-a como se estivesses na presença do Senhor.

Catequese 1
Introdução aos batizandos

Pronunciada em Jerusalém de improviso. Contém a introdução aos que se aproximam do batismo. Leitura de Isaías: Lavai-vos, purificai-vos. Tirai vossas más ações de diante de meus olhos etc. (Is 1,16).

1. Discípulos do Novo Testamento, partícipes dos mistérios de Cristo, agora apenas por chamado, logo mais também pela graça, criai em vós um coração novo e um espírito novo (Ez 18,31), para que haja alegria entre os moradores do céu. Se, conforme o Evangelho, há alegria por causa de um único pecador que se converte (Lc 15,31), quanto mais a salvação de tantas almas não alegrará os espíritos celestes? Tendo entrado em caminho bom e suave, percorrei religiosamente o curso da piedade. O Filho unigênito de Deus está pronto para vos salvar, dizendo: Vinde todos os que estais fatigados e carregados e eu vos aliviarei (Mt 11,28). Vós que estais cobertos com o manto das transgressões (Procat. 3; Cat. 15,25) e estais ligados com as cadeias dos vossos pecados (Pr 5,22), escutai a voz profética que diz: Lavai-vos, purificai-vos. Tirai vossas más ações de vossas almas de diante de meus olhos (Is 1,16), a fim de que o coro angélico aclame: Bem-aventurados aqueles cuja iniquidade foi perdoada e cujos pecados foram cobertos (Sl 31,1). Vós que há pouco acendestes as lâmpadas da fé, trazei-as inextinguíveis em vossas mãos, para que aquele que outrora abriu ao ladrão cá neste santíssimo Gólgota, pela fé (Lc 23,43), o paraíso, vos conceda a vós a graça de cantardes o cântico nupcial.

2. Se cá estiver algum escravo do pecado, prepare-se pela fé para receber a livre regeneração da adoção filial. Depondo a péssima escravidão do pecado, aceitando a felicíssima escravidão do Senhor, torne-se ele digno de herdar o reino celeste. Despojai, pela confissão, o velho homem que se corrompeu segundo os desejos do erro, a fim de vos revestirdes do novo homem que se refaz pelo conhecimento daquele que o criou (Ef 4,22-24; Cl 3,10). Adquiri o penhor do Espírito Santo (2Cor 5,5) pela fé, para que possais ser recebidos nas mansões eternas (Lc 16,9). Aproximai-vos do selo místico[15] para serdes

---

15. Cirilo já emprestou este termo na procatequese. Deseja ele designar com este termo a pertença do batizado a Cristo. O selo

reconhecidos pelo Senhor (Cat. 15,25). Sede contados no redil santo e espiritual de Cristo, colocados à sua direita para receber por herança a vida eterna. Os que ainda estão cobertos com a veste de seus pecados serão colocados à esquerda porque não se aproximaram da graça de Deus que é dada por Cristo pela regeneração do batismo. Digo regeneração não dos corpos, mas o renascimento espiritual da alma, pois os corpos são formados pelos pais visíveis, mas as almas são regeneradas pela fé. O Espírito sopra onde quer (Jo 3,8) e poderás ouvi-lo quando te tomares digno: alegra-te, servo bom e fiel (Mt 25,21); isto é, quando nada de hipocrisia for achado em tua consciência.

3. Se alguém dos presentes quiser tentar a graça, engana-se a si mesmo e desconhece o poder [divino]. Ó homem, mantém a sinceridade de alma por amor daquele que perscruta corações e rins (Sl 7,10). Pois assim como aos que desejam servir como soldados se examina a idade e os corpos, assim também o Senhor, recrutando as almas, perquire as vontades. Se alguém é portador de alguma hipocrisia escusa, rejeita o homem como indigno da verdadeira milícia. Se o achar digno, confere prontamente a graça (Cat. 3,1). Não entrega o santo aos cães (Mt 7,6): mas onde vê uma consciência reta, aí confere o selo salutar e

seria o sinal de salvação e ao mesmo tempo de proteção contra os males e o pecado.

admirável (Cat. 17,36), à vista do qual tremem os demônios e reconhecem os anjos, de tal modo que aqueles fogem espavoridos e estes o abraçam como familiar. Os que recebem este selo espiritual e salutar devem, pois, acrescentar o próprio esforço. Assim como a caneta do escrevente e a arma reclamam esforço de quem as maneja, assim a graça demanda a colaboração dos crentes.

4. Vais receber uma armadura não corruptível, mas espiritual. Vais ser logo mais transplantado ao paraíso (Ap 12,7) espiritual e receberás um nome novo (Ap 12,7) que antes não tinhas. Anteriormente eras catecúmeno. Doravante serás chamado fiel (Procat. 4; Cat. 5,1). Serás em seguida transportado para uma oliveira espiritual, cortado de uma oliveira bravia e enxertado em oliveira nobre (Rm 11,24): do estado de pecado para justiça, das impurezas para pureza. Tornas-te participante da videira santa (Jo 15,1.4.5). Se permaneceres na vida, crescerás como um sarmento frutífero. Se não permaneceres, serás consumido pelo fogo. Demos, portanto, digno fruto. Não aconteça o que aconteceu àquela figueira estéril para que, passando Jesus, não lance agora sua maldição pela infrutuosidade (Mt 21,10). Todos possam pronunciar estas palavras: Eu sou como a oliveira frutífera na casa de Deus; confio na misericórdia de Deus para sempre (Sl 51,10): oliveira não visível, mas espiritual, cheia de luz. A Deus pertence o plantar e o regar (1Cor 3,6), a ti, porém, o fazer frutificar. A Deus pertence conferir a graça, a ti recebê-la e conservá--la. Não desprezes a graça porque é dada gratuitamente, mas a conserva religiosamente quando a receberes.

5. Tempo de confissão é o presente. Confessa o que cometeste, tanto por palavra quanto por atos, tanto de noite como de dia. Confessa no tempo oportuno e no dia da salvação (2Cor 6,2) receberás o tesouro celestial (Procat. 19). Submete-te aos exorcismos, vem às catequeses, fixa na memória o que foi dito, pois as coisas são ditas não só para serem ouvidas, mas sim para que seles pela fé o dito. Lança para longe de ti todos os cuidados humanos; põe em risco tua vida (Pr 7,23). Deixa todas as coisas do mundo. Sem importância são as coisas que abandonas e grandes as que recebes do Senhor. Abre mão das coisas presentes e confia nas futuras. Tantos círculos de anos transcorreste servindo ao mundo à toa. Não dedicarás quarenta dias [à oração] por amor de tua alma? Parai e reconhecei que eu sou Deus (Sl 45,11), diz a Escritura. Deixa de falar muitas coisas ociosas. Não calunies e não escutes com gosto o caluniador (Procat. 16). Sê, antes, pronto para a oração. Demonstra pela ascese a energia de tua alma. Limpa teu vaso (Mt 23,26) para que caiba nele graça mais abundante. Na verdade, o perdão dos pecados é concedido a todos por igual, mas a comunhão do Espírito Santo é outorgada em proporção da fé de cada um (Rm 12,6). Se pouco trabalhares, pouco receberás. Se trabalhares com afinco, grande será o prêmio. Põe-te em risco e vê o que te convém.

6. Perdoa, se tiveres algo contra alguém. Aproxima-te para receber o perdão dos pecados. É necessário que também tu perdoes ao que pecou. Do contrário, com que cara dirás ao Senhor: Perdoa-me meus muitos pecados, se tu próprio não perdoas ao companheiro os pequenos [pecados]? (Mt 18,23-35). Sê assíduo às reuniões, não só agora, quando os clérigos exigem a frequência, mas ainda depois de receberes a graça, pois, se isso foi louvável antes de receberes [a graça], deixará de sê-lo depois de a teres recebido? Se antes de seres enxertado era proveitoso ser regado e podado, porventura, depois da plantação, não será coisa muito melhor? (Procat. 17). Luta pela tua alma, especialmente nestes dias. Alimenta a alma com as leituras divinas, pois o Senhor preparou para ti uma mesa espiritual. Dize também tu com o salmista: O Senhor é meu pastor e nada me faltará. Em verdes prados me fez deitar, junto às águas refrescantes me alimentou; refez minha alma (Sl 22,1.23). Regozijem-se os anjos e o próprio sumo sacerdote. Cristo, ratificando a escolha de vossa vontade, oferecendo-vos todos ao Pai. Dize: Eis-me a mim e meus filhos que Deus me deu (Is 8,18; Hb 2,13). Que todos vós, agradáveis a ele, sejais conservados. A ele a glória e o poder e a glória pelos infindos séculos dos séculos. Amém.

Catequese 2
Sobre a penitência, a remissão dos pecados e o adversário

Feita em Jerusalém de improviso sobre a penitência, a remissão dos pecados e sobre o adversário. Leitura de Ezequiel. É ao justo que se imputará sua justiça e ao mau sua malícia. Se, no entanto, o mau renuncia a todos os seus erros etc. (Ez 18,20ss.).

1. Coisa horrível é o pecado, e doença perigosíssima da alma a iniquidade. Ela debilita-lhe o vigor, tomando-a ré do fogo eterno. É um mal por livre-escolha, um germe da consciência. Que pecamos por própria culpa, sabiamente o diz o profeta em algum lugar: Eu te havia plantado uma vide frutífera e verdadeira. Como te tornaste amarga, videira estranha? (Jr 2,21). A planta foi boa, o fruto ruim. O mal veio da escolha. Quem plantou é isento de culpa. Mas a vide será lançada ao fogo, uma vez que plantada para o bem deu frutos imprestáveis por livre-escolha. Conforme o Eclesiastes, Deus criou o homem reto e ele buscou muitas confusões (Ecl 7,29). Somos feitura sua, diz o Apóstolo, criados para boas obras (Ef 2,10). Mas o criado, por própria escolha, se inclinou para o mal. Como já foi dito, o pecado é uma coisa terrível, mas não sem remédio. Terrível para quem nele se endurece; de fácil cura para quem, pela penitência, dele se afasta. Supõe que alguém segure fogo na mão. Enquanto segura a brasa, sem dúvida, se queima. Quando joga fora a brasa, joga o que o queimava. Se alguém crê que não se queima, pecando, diz a Escritura: Poderá alguém esconder fogo em seu seio sem que suas vestes se inflamem? (Pr 6,27). O pecado queima os nervos da alma.

2. Dirá alguém: O que é, afinal, o pecado? É algum ser vivo? É um anjo? É um demônio? Que é que o produz? (Cat. 4,21). Ó homem, não é um inimigo que te ataca de fora, mas um germe mau que brota de ti mesmo. Que vejas retamente com teus olhos (Pr 4,25), e não haverá concupiscência. Satisfaze-te com o que é teu e não apeteças o alheio, pois a rapina está aí. Lembra-te do juízo e não haverá fornicação, nem adultério, nem homicídio, nenhuma das transgressões prevalecerá contra ti. Quando te esqueceres de Deus, então começarás a pensar as coisas más e a perpetrar o ilícito.

3. Tu sozinho não és o autor do pecado. Existe um outro conselheiro péssimo, o diabo[16]. A todos solicita, mas não domina os que não consentem. Por este motivo diz o Eclesiastes: *Se o espírito do que domina se levantar contra ti, não deixes teu lugar* (Ecl 10,4). Fecha tua porta. Afugenta-o para longe de ti e não te prejudicará. Se negligentemente deres acolhida a sugestões da concupiscência, ela lançará raízes em ti, ligará tua mente e te arrastará ao abismo do mal. Talvez digas: Sou fiel e a concupiscência não me vencerá, ainda que frequentemente me assalte. Ignoras que uma raiz fixa numa pedra durante muito tempo, finalmente, a rompe? Não recebas a semente porque poderia romper tua fé. Antes que floresça, arranca o mal pela raiz, para que, não agindo desde o início com negligência, devas no fim lançar mão do fogo (Jo 23,29) e do machado (Mt 3,10). Ao começar a cegueira, cura-te a tempo, para que não procures o médico quando já estás cego.

---

16. A palavra diabo vem de διαβάλλω, que significa calunio. Os Santos Padres interpretam esta palavra dizendo que o diabo calunia a Deus, entre os homens, e calunia aos homens diante de Deus (cf. BASÍLIO. *Hom* 9.8 (2.80C; M. 31.101C). • SÃO JOÃO CRISÓSTOMO. *De diabolo tentatore* 2.2 (M. 2.262B). • ORÍGENES. *De Princ,* 3.I.12 (p. 216.8; M. 11.272A).

4. O primeiro autor do pecado e pai de todos os males é o diabo. Isto o disse o Senhor e não eu: O diabo desde o princípio peca (Jo 3,8; Jo 8,44). Antes dele ninguém pecou. Pecou, não por ter recebido por natureza uma necessidade irresistível de pecar (aliás a causa do pecado reverteria contra aquele que o criou), mas criado bom, diabo se tornou por própria vontade, recebendo tal nome pelo que fez. Sendo arcanjo, posteriormente se chamou caluniador (ou diabo) por ter caluniado. Sendo bom servidor de Deus, tornou-se satanás e é chamado assim com toda razão, pois satanás significa adversário. Estas doutrinas não são minhas, mas de Ezequiel, o profeta espiritual. Entoando um canto fúnebre sobre ele, diz: Tu, selo de semelhança, coroa de formosura, nasceste no paraíso de Deus (Ez 28,12-17). E logo adiante: Foste feito irrepreensível em teus dias, desde o dia em que foste criado até que a iniquidade apareceu em ti. Diz com razão: apareceu em ti, não provindo de fora, mas tu próprio causaste o mal. Logo em seguida diz o motivo: Teu coração se inflamou de orgulho devido à tua beleza. Por causa da multidão de teus pecados e de tuas iniquidades foste ferido e te lancei por terra. O Senhor, concorde com isso, repete nos Evangelhos: Vi satanás cair do céu como um raio (Lc 10,18). Vê a consonância do Antigo e do Novo Testamento. Ele, caindo, arrastou muitos consigo. Aos que se deixam tentar ele fomenta as paixões. É dele o adultério, a fornicação e todo mal. Por ele foi expulso nosso primeiro pai Adão, trocando o paraíso que dava admiráveis frutos pela terra onde brotam espinhos.

5. E agora (Cat. 12,3) dirá alguém: perdemo-nos enganados e já não há mais salvação? Caímos. Não haverá possibilidade de nos levantarmos? (Jr 8,4). Tornamo-nos cegos e coxos. Não haverá possibilidade de recobrarmos a vida e de andarmos? Para dizê-lo com uma palavra: morremos. Não haveria ressurreição? (Sl 40,9). Ora, quem ressuscitou Lázaro morto há quatro dias e que já exalava mau cheiro (Jo 11,29-34), não ressuscitará com mais facilidade a ti que ainda estás com vida? Quem derramou seu precioso sangue por nós não nos livrará do pecado? Não desesperemos, irmãos (Ef 4,19). Não nos deixemos levar pelo desespero. É coisa terrível não crer na esperança da conversão. Quem não vive na expectativa da salvação, acumula males sem medida. Quem deseja a cura, cuida-se bem. O ladrão que não espera a graça, chega ao cúmulo da insolência; esperando o perdão marcha, muitas vezes, para a conversão (Cat. 3,2). Ainda mais. A serpente pode mudar de pele. Não seríamos nós capazes de nos livrar do pecado? E a terra cheia de espinhos, trabalhada com cuidado, torna-se de novo fértil. A nós escaparia a salvação? A natureza é, pois, capaz de salvação, mas para tanto se exige a livre-decisão.

6. Deus é benigno e não pouco benigno! Não digas, pois: cometi fornicação e adultério, perpetrei graves delitos e isto não uma vez, mas muitas vezes; será que ele me perdoará? Será que me concederá anistia? Escuta o que diz o salmista: Quão grande é, Senhor, a tua bondade! (Sl 30,20). Teus pecados acumulados não superam a multidão das misericórdias do Senhor. Não ultrapassam teus ferimentos a experiência do sumo médico. Entrega-te tão somente com fé. Mostra ao médico tua doença. Dize também tu com Davi: Sim, minha culpa eu a confesso ao Senhor (Sl 37,19), e se realizará para ti o que segue imediatamente: E Tu perdoaste a culpa do meu coração (Sl 31,5).

7. Queres tu, que recém-vieste à catequese, conhecer a benignidade de Deus? Queres ver a benignidade e a abundância de sua magnanimidade? Escuta a história de Adão: desobedeceu Adão, o primeiro formado por Deus. Não podia ele castigá-lo imediatamente com a morte? Mas vê o que fez o benigníssimo Senhor. Expulsou-o, certamente, do paraíso (pois, pelo pecado, se tornara indigno de lá permanecer), mas o estabeleceu defronte ao paraíso (Gn 3,24) para que, vendo donde decaíra e a situação a que se rebaixara, se salvasse pela penitência. Caim, o primogênito do homem, se fez fratricida, inventor dos males e precursor dos assassinos e primeiro invejoso. Depois de matar o irmão, qual foi seu julgamento?

Gemendo e tremendo estarás sobre a terra (Gn 4,12). Grande o crime, pequena a condenação.

8. Tudo isto foi realmente benignidade de Deus, porém pequena em comparação do que segue. Medita o que aconteceu no tempo de Noé. Pecaram os gigantes e muita iniquidade se espalhou pela terra (Os 4,2). Por isso devia vir o dilúvio. No ano quinhentos, Deus pronunciou a ameaça (Gn 6,13) e no ano seiscentos trouxe o dilúvio sobre a terra (Gn 7,11). Vês a largueza da benignidade de Deus que dilatou por cem anos a execução do castigo? Ora, o que fez depois de cem anos de espera, não o podia ter feito imediatamente? Mas protelou convenientemente para dar tempo à penitência. Vês a bondade de Deus? Certamente, aqueles homens teriam sentido a benignidade de Deus se se tivessem convertido.

9. Passemos agora aos outros que pela penitência se salvaram. Talvez entre as mulheres alguma diga: Cometi fornicações e adultérios e manchei meu corpo com toda sorte de luxúrias. Haverá para mim salvação? Considera, ó mulher, Raab, e espera também tu a salvação. Pois, se aquela que pública e notoriamente se entregara à prostituição pela penitência se salvou, porventura, aquela que se prostituiu antes de receber a graça [do batismo], não se salvará pela penitência e pelo jejum? Vejamos como aquela se salvou. Disse unicamente: Vosso Deus é Deus no céu e na terra. Vosso Deus (Js 2,11), disse ela, porque não tinha coragem, por causa de sua impudicícia, de chamá-lo seu Deus. Se queres o testemunho escrito de sua salvação, tens-no nos salmos: Lembrar-me-ei de Raab e da Babilônia que me reconhecem (Sl 86,4). Ó benignidade tamanha de Deus que, nas Escrituras, até mesmo se lembrou da prostituta. E não diz simplesmente: Lembrar-me-ei de Raab e da Babilônia, mas acrescenta: que me reconhecem. Há, portanto, igualmente salvação para homens e mulheres que se alcança pela penitência.

10. Ainda que todo o povo pecasse, mesmo assim não prevaleceria sobre a benignidade de Deus. O povo fizera um bezerro. Mesmo assim Deus não recedeu de sua benignidade. Os homens negaram a Deus, Deus, porém, não se negou a si mesmo. Estes são, disseram eles, teus deuses, Israel (Ex 32,4), e mais uma vez, como de costume, o Deus de Israel se fez seu salvador. E não só o povo pecou, mas também o sumo sacerdote Aarão. Pois diz Moisés: Contra Aarão o Senhor se irou. Eu, porém, roguei por ele, disse, e Deus lhe perdoou (Dt 9,20). Moisés, portanto, intercedendo pelo sumo sacerdote que pecara, aplacou o Senhor. Quanto mais Jesus, o Unigênito, orando por nós, não aplacará a Deus? E não proibiu àquele, por causa da queda, de galgar o sumo sacerdócio; proibiria a ti, que vens dos gentios, de alcançar a salvação? Faze também tu penitência, ó homem, e a graça não te será negada. Para o futuro, vive uma vida irrepreensível, pois Deus é realmente benigno e nenhum homem pode exprimir cabalmente sua benignidade. Mesmo que todas as línguas dos homens se unissem, nem assim seriam capazes de narrar uma única parte da benignidade de Deus. Só mencionamos uma parte mínima do que se escreveu sobre a benignidade dele para com os homens. Não sabemos quanto também perdoou aos anjos; e ainda a eles perdoa[17], porquanto um só é inteiramente sem pecado, aquele que nos purifica do pecado: Jesus. Basta o que foi dito sobre eles [os anjos].

11. Se desejas, eu te trarei ainda outros exemplos nossos: toma o bem-aventurado Davi como exemplo de penitência. Este grande homem tropeçou. Uma tarde, após a sesta, passeava pelo terraço (2Sm 11,2). Fixou os olhos incautamente e lhe aconteceu algo muito humano. O pecado foi perpetrado, mas não morreu com ele a nobreza de sentimentos que se manifestou na confissão da queda. Veio o Profeta Natã, hábil acusador e médico da chaga (2Sm 12,1ss.). O Senhor irou-se, disse, e tu pecaste. Interpelou ao rei em particular. E o rei vestido de púrpura não se indignou, pois fixou sua atenção não

---

17. Interessante notar a concepção que aqui se reflete de que mesmo os anjos, se eles se mantêm na justiça, é graças à benignidade de Deus. Isto significa que mesmo não pecando se proclama o perdão de Deus.

em quem falava, mas em quem o enviara. Não o cegou o batalhão de soldados que o rodeava. Lembrou-se do exército angélico do Senhor e se angustiou como se estivesse vendo o invisível (Hb 11,27). E respondeu ao que a ele vinha, ou melhor, através dele a quem o enviara [Deus]: Pequei contra o Senhor (2Sm 12,13). Vês a humildade do rei; vês sua confissão. Fora ele, porventura, acusado por alguém? Havia acaso muitos que sabiam do crime? Foi coisa de um momento e já estava presente o profeta acusador. O que caíra confessa seu mal. Uma vez confessado nobremente o delito, obteve rápida cura. Disse, em seguida, Natã, o profeta ameaçador: o Senhor perdoou teu pecado (2Sm 12,13). Vês aí a rapidíssima mudança do Deus de benignidade. No entanto, disse: Com este feito fizeste blasfemar os inimigos do Senhor (2Sm 12,14). Por amor da justiça tinhas muitos inimigos, mas a castidade te custodiava. Perdendo esta defesa principal tens aí diante de ti os inimigos preparados para a luta. Assim, pois, o profeta o consolou.

12. Sem dúvida, o bem-aventurado Davi escutou dele: O Senhor perdoou teus pecados e, embora rei, não descurou da penitência. Mas se revestiu de saco em vez de púrpura, sentou-se na cinza e no pó (2Sm 12,16; Jn 3,6), em vez de trono dourado. E não só se sentou na cinza, mas a misturou à comida, conforme ele próprio diz: Comia cinza como pão (Sl 101,10). Com lágrimas consumiu os olhos demasiadamente cobiçosos, dizendo: Todas as noites banho de pranto minha cama. Com lágrimas inundo meu leito (Sl 6,7). Quando os príncipes lhe pediram que comesse pão, não cedeu, mas protraiu o jejum absoluto até o sétimo dia (2Sm 12,17-20). Se um rei de tal modo se confessava, tu, homem particular, não deves também confessar-te? E, depois da rebelião de Absalão, sendo muitas as possibilidades de fuga, escolheu o caminho do monte das Oliveiras (2Sm 15,23), como que a invocar o Salvador que daqui iria subir aos céus. E quando Semei o invectivou com palavras duras, disse: Deixai-o (2Sm 16,11), pois sabia que aquele que perdoa será perdoado.

13. Percebes aí quão excelente é confessar-se. Reconheces que para os penitentes há salvação. Mesmo Salomão caiu (1Rs 11,4). O que disse? Depois fiz penitência (Pr 24,32). Acab, rei da Samaria, era iniquíssimo cultor de campos e vinhas alheias (1Rs 20,21). Mas quando pela mão de Jezabel matou Nabot, e veio a ele o Profeta Elias, tão logo o ameaçou, rasgou as vestes e se vestiu de saco (1Rs 21,17.27). Que diz o Deus benigno a Elias? Viste como Acab se humilhou diante de mim? (1Rs 21,29). Queria com isso arrefecer o ardor do profeta e movê-lo à condescendência para com o penitente. Igualmente disse [o Senhor]: Não mandarei o castigo durante seus dias (1Rs 21,29). Embora após a penitência ele não abandonasse sua iniquidade, o Senhor o perdoou, não ignorando o futuro, mas concedendo no tempo presente, tempo de penitência, o perdão correspondente. Pois é dever do justo juiz pronunciar o julgamento adequado a cada fato.

14. Jeroboão, por sua vez, estava diante do altar para sacrificar aos ídolos. A mão se lhe secou, porque mandara prender o profeta que o censurara. Conhece, então, por própria experiência, o poder daquele que estava presente e disse: Roga ao Senhor teu Deus (1Rs 18,6). Por esta palavra foi-lhe restituída a mão. Se o profeta curou a Jeroboão, Cristo não te poderia curar de teus pecados e libertar-te? Temos também Manassés, homem muito iníquo. Cortou Isaías pelo meio e se manchou com toda sorte de idolatria e encheu Jerusalém com sangue inocente (2Rs 21,16). Mas, levado prisioneiro para Babilônia, pela experiência do mal, aprendeu a tomar o remédio da penitência. Diz a Escritura: Manassés se humilhou diante do Senhor e lhe dirigiu uma prece, e o Senhor ouviu [sua oração] e o reconduziu ao seu reino (2Sm 33,12s.). Se o que cortara o profeta pelo meio foi salvo pela penitência, tu que nada disso praticaste, não te salvarias?

15. Cuida-te de não desconfiar sem razão do poder da penitência. Queres saber o que pode alcançar a penitência? Queres conhecer a poderosíssima arma da salvação e aprender o que realiza a confissão? Cento e oitenta e cinco mil inimigos Ezequias desbaratou pela confissão (2Rs 19,35). É certamente uma grande coisa, mas insignificante com o que se vai dizer. O mesmo rei conseguiu revogar, pela penitência, a sentença divina já proferida. Tendo ele adoecido, disse-lhe Isaías: Põe em ordem tua casa, porque vais morrer e não viverás (2Rs 20,1; Is 38,1). O que lhe restava esperar? Que esperança de salvação havia se o profeta dizia: Vais morrer? Mas Ezequias não desistiu da penitência, lembrado do que está escrito: Se, convertido, gemeres, serás salvo (Is 30,15). Virou-se para a parede, do leito fixou o céu (pois a espessura das paredes não impede as orações feitas com devoção) e disse: Senhor, lembra-te de mim (Is 38,3). Para eu sarar basta que te lembres de mim. Tu não estás sujeito aos tempos, mas tu próprio és o legislador da vida. Pois não vivemos conforme o horóscopo[18] e a conjuntura dos astros, como alardeiam alguns estultamente. Tu és o que dá, como queres, leis sobre a vida e o tempo que nos convém viver. E aquele que, pelo vaticínio do profeta, já não tinha esperança de vida, teve-a prorrogada por quinze anos e, em sinal disto, aconteceu que o sol retrocedeu no seu curso (Is 38,1).

18. A palavra tem o mesmo sentido que hoje se lhe confere, isto é, refere-se ao dia do nascimento, segundo o qual se dá à pessoa um determinado destino.

Realmente, por amor de Ezequias o sol recuou; por amor de Cristo, entretanto, ele se eclipsou (Eclo 48,26), não recuando mas eclipsando-se. Com isto mesmo demonstrou a diferença entre os dois; isto é, Ezequias e Jesus. Se aquele, pois, pôde suspender a sentença de Deus, Jesus não poderia conceder o perdão dos pecados? Converte-te e geme contigo mesmo (Is 30,15); fecha a porta e reza para seres perdoado (Mt 6,6), para que as chamas que te envolvem sejam afastadas (Dn 3,50). A confissão é capaz de apagar o fogo e também de subjugar leões (Dn 6,22).

16. Se ainda não crês, medita no que aconteceu a Ananias e seus companheiros. Quantas fontes fizeram surgir? Quantos baldes de água eram necessários para apagar a chama que subiu a quarenta e nove côvados? Mas onde a chama subiu pouco, lá a fé se derramou em rios e aí anunciavam o antídoto dos males: Justo és, Senhor, em tudo que nos fizeste, pois pecamos e erramos (Dn 3,27-29). E a penitência apagou as chamas. Se descrês que a penitência pode apagar o fogo da geena, aprende-o do que ocorreu a Ananias e seus companheiros. Mas dirá algum dos ouvintes perspicazes: Àqueles Deus libertou, então, justamente. Porque não queriam adorar aos ídolos. Deus concedeu-lhes aquele poder. Sendo assim, abordarei a seguir um outro exemplo de penitência.

17. Que opinião tens de Nabucodonosor? Por acaso não ouviste da Escritura que foi sanguinário, homem feroz, com mentalidade leonina? Não ouviste que tirou os ossos dos reis das sepulturas e os expôs à luz do sol? (Jr 8,1; Br 2,24s.). Não ouviste como levou o povo [de Judá] ao cativeiro? Não ouviste como cegou os olhos do rei, presenciando a degolação de seus filhos? (2Rs 25,7). Não ouviste como esmigalhou os querubins? Não falo dos querubins celestes e sim dos querubins esculpidos (Ex 25,17s.) que estavam sobre a Arca da Aliança, do meio da qual ressoava a voz de Deus (Ex 25,22). Pisoteou o véu do santuário. Tomou o turíbulo e o levou ao templo dos ídolos (Dn 1,2). Destruiu tudo o que era oferecido. Queimou o templo até os fundamentos. De quantos castigos não era merecedor quem matara reis, incendiara o santuário, levara o povo ao cativeiro, depositara os vasos sagrados nos templos dos ídolos? Acaso não era digno de mil mortes?

18. Viste a enormidade dos mates. Volta-te para junto da benignidade de Deus. Nabucodonosor foi transformado em animal. Viveu no deserto e foi flagelado para que se salvasse. Tinha unhas como as de leão, pois fora raptor das coisas santas. Tinha pelos de leão, pois procedera como um leão que rouba e ruge. Comia capim como um boi, pois se portara como um jumento, não reconhecendo quem lhe outorgara a realeza (Cat. 8,5). Seu corpo foi molhado pelo orvalho, pois quando viu o fogo extinto pelo orvalho não acreditou. E o que aconteceu? Depois disso, disse: eu, Nabucodonosor, levantei os olhos para o céu e bendisse o Altíssimo, louvei e glorifiquei aquele que vive pelos séculos (Dn 4,31). Quando, pois, reconheceu o Altíssimo e levantou a voz agradecida a Deus, chegou ao arrependimento do que fizera e reconheceu sua própria fraqueza. Então, Deus lhe restituiu a dignidade régia.

19. Pois bem. A Nabucodonosor que tantos crimes cometera e se arrependeu, Deus outorgou o perdão e o reino. A ti não daria, ao fazeres penitência, o perdão dos pecados e o Reino dos Céus, se procederes corretamente? Benigno é o Senhor e pronto para o perdão; tardo é para o castigo. Ninguém, pois, desespere da própria salvação (Cat. 11,3). Pedro, o primeiro príncipe dos apóstolos, negou o Senhor três vezes diante de uma serva. Porém, arrependido, chorou amargamente (Mt 26,69.75). O choro demonstra a conversão do coração. Por isso, não só recebeu o perdão da negação, mas ainda conservou a dignidade apostólica inalterada.

20. Tendo, assim, diante dos olhos tantos exemplos de pecadores e penitentes que conseguiram a salvação, confessai também vós, prontamente, ao Senhor, a fim de que recebais o perdão dos pecados passados e sejais achados dignos do dom celeste e vos torneis herdeiros do Reino dos Céus com todos os santos, em Cristo Jesus, a quem a glória pelos séculos dos séculos. Amém.

Catequese 3
Sobre o batismo

Feita em Jerusalém de improviso sobre o batismo. Leitura da Epístola aos Romanos: Ou ignorais que todos nós fomos batizados para Cristo Jesus para [participar da] sua morte? Com ele fomos sepultados para a morte (Rm 6,3-4) etc.

1. Alegrai-vos, ó céus, e exulte a terra (Is 49,13), pelos que vão ser aspergidos com o hissopo e purificados (Is 1,9) com o hissopo espiritual pela virtude daquele que no tempo de sua paixão foi dessedentado por meio de um hissopo e uma vara (Jo 19,29; Mt 24,48). As virtudes do céu se regozijem. As almas que deverão unir-se ao esposo espiritual se preparem. Ressoa a voz do que clama no deserto: Preparai o caminho do Senhor (Is 40,3). Não se trata de tarefa pequena, não da costumeira e incontrolada união dos corpos, mas da eleição do Espírito que tudo perscruta segundo a fé de cada um (2Cor 2,10). Pois as núpcias e contratos do mundo nem sempre se fazem com critério. Diante da riqueza ou formosura o noivo, prontamente, se inclina. Aqui, pelo contrário, não conta a beleza corporal, mas a consciência irrepreensível. Cá não há a riqueza condenada, mas a riqueza da alma na piedade.

2. Dai fé, ó filhos da justiça, a João que vos admoesta e diz: Preparai o caminho do Senhor (Jo 1,23). Afastai todos os óbices e obstáculos para irdes em caminho reto à vida eterna. Purificai os vasos de vossa alma por meio de uma fé sincera para a recepção do Espírito Santo. Começai a lavar as vossas vestes pela penitência, a fim de, quando fordes chamados ao esposo (Mt 22,9-10), serdes encontrados limpos. O noivo chama a todos sem distinção, pois a graça é abundante e a alta voz dos arautos a todos convoca. Mas ele próprio julga os que são admitidos às núpcias simbólicas [do batismo] (Procat. 3). Não aconteça a ninguém dos que se inscreveram ouvir, então: Amigo, como entraste aqui sem ter a veste nupcial? (Mt 22,12). Possais, antes, ouvir: Alegra-te, servo bom e fiel. Foste fiel no pouco. Sobre muitas coisas te porei. Entra na alegria do teu Senhor (Mt 25,21). Até agora estais diante da porta, fora. Oxalá todos possais dizer: O rei introduziu-me nos seus aposentos (Ct 1,3). Rejubile minha alma no Senhor, porque me fez revestir as vestimentas da salvação e a túnica da alegria. Cingiu-me o turbante como um noivo e como uma jovem esposa enfeitou-me de joias (Is 61,10). Que a alma de todos vós seja encontrada sem mancha nem ruga nem coisa semelhante (Ef 5,22). Não digo isso antes de receberdes a graça (caso contrário seríeis chamados à remissão dos pecados?), mas quando for dada a graça, a consciência livre de culpa possa colaborar com ela.

3. Irmãos, trata-se, na verdade, de coisa importante. Aproximai-vos, pois, dela, com a máxima atenção. Esteja cada um de vós diante de Deus, na presença dos exércitos de miríades de anjos. O Espírito Santo selará vossas almas: sereis inscritos na milícia do grande Rei. Preparai-vos, portanto, não vestindo trajes luxuosos, mas sim a piedade de uma alma em paz consigo (Cat. 17,35). Não consideres este banho [batismo] como de água comum, mas atende à graça espiritual que é dada justamente com a água. Pois, como as oferendas levadas aos altares [gentios] são, por natureza, simples e puras, mas se contaminam pela invocação dos ídolos, assim, ao contrário, a simples água, recebendo a invocação do Espírito Santo e de Cristo e do Pai, adquire a força de santificação.

4. Sendo o homem composto de dois elementos – isto é, de alma e corpo – também dupla é a purificação: a incorpórea para o incorpóreo e a corpórea para o corpo.

Enquanto a água purifica o corpo, o Espírito Santo sela a alma a fim de que, aspergida a alma pelo Espírito e banhado o corpo pela água pura, nos aproximemos de Deus (Hb 10,22). Estando, pois, pronto para descer à água, não repares unicamente na água, mas recebe pela eficácia do Espírito Santo a salvação. Sem ambos não podes alcançar a perfeição. Não sou eu quem digo isto, mas o Senhor Jesus Cristo, que é o realizador de todas estas coisas. Diz ele: Se alguém não nascer do alto, e continua: da água e do Espírito, não poderá entrar no Reino de Deus (Jo 3,3). Quem foi batizado com água, mas é indigno do Espírito, não possui a graça perfeita. Mesmo que alguém pratique obras de virtudes, mas não recebeu, por meio da água, o selo [do Espírito Santo], não entrará no Reino dos Céus. Palavra audaz, mas não minha. Foi Jesus quem pronunciou esta sentença de que da divina Escritura tiras a prova. Cornélio, homem justo e merecedor da visão dos anjos, erigira com suas orações e esmolas um belo monumento nos céus junto a Deus. Veio Pedro. E o Espírito foi derramado sobre os fiéis e falavam em várias línguas e profetizavam (At 10,3s.; 19,6). Mesmo depois de mencionar esta graça do Espírito, diz a Escritura: Ordenou Pedro fossem eles batizados em nome de Jesus Cristo (At 10,48) para que, renascida a alma pela fé, o corpo, pela água, também participasse da graça.

5. Se alguém quiser saber por que pela água e não por um outro elemento é dada a graça, vai encontrar a resposta manejando as Divinas Escrituras. Pois a água é, na verdade, grandiosa. É o mais formoso dos quatro elementos visíveis do mundo (Cat. 9,5). O céu é a habitação dos anjos e foi formado a partir das águas. A terra é a morada dos homens e foi formada também a partir das águas. E antes de qualquer formação das coisas criadas na obra dos seis dias, o Espírito de Deus pairava sobre a água (Gn 1,2). O princípio do mundo foi a água. O princípio do Evangelho foi o Jordão (Cat. 19,3). Israel se libertou do Faraó através do mar. A libertação dos pecados vem ao mundo pelo batismo de água em virtude da Palavra de Deus (Ef 5,26). Onde há pacto com alguém, ali aparece a água. O pacto com Noé foi feito depois do dilúvio (Gn 9,9); o pacto com Israel no Monte Sinai, com água, lã escarlate e hissopo (Hb 9,19). Elias foi arrebatado, mas não sem água. Primeiro atravessou o Jordão e depois é levado aos céus em carro puxado por cavalos (1Sm 2,11). Primeiro o sumo sacerdote se banha (Ex 24,4). A seguir, queima o incenso. Assim, Aarão antes se banhou (Lv 8,6) e depois se tornou sumo sacerdote (Cat. 21,6). Como ousaria ele interceder pelos outros antes de ser purificado pela água? Foi ainda símbolo do batismo a bacia (Ex 40,6.7) colocada no tabernáculo.

6. O batismo é fim do Antigo e princípio do Novo Testamento. João foi o iniciador, o maior dos nascidos de mulher (Mt 11,11), último dos profetas (Cat. 10,19). Porquanto, todos os profetas e a lei tiveram a palavra até João (Mt 11,13). É ele as primícias dos eventos evangélicos. Diz-se: Princípio do Evangelho de Jesus Cristo (Mc 1,1), e em seguida: Apareceu João no deserto batizando (Mc 1,4). Se alegas Elias o Tesbita, arrebatado aos céus, ele não é maior do que João. Enoque foi transladado, mas não é maior do que João. Moisés, o grande libertador, e todos os admiráveis profetas, porém, não são maiores do que João. Não quero eu comparar profetas com profetas, mas o Mestre deles e nosso Senhor Jesus sentenciou: Entre os nascidos de mulheres não surgiu maior (Mt 11,11). Não se diz: entre os nascidos de virgens, mas de mulheres. Faz-se a comparação entre o grande servo e os demais servos. Do mesmo modo, na relação dos servos com o Filho, a superioridade da graça é incomparável. Vês que homem Deus escolheu como iniciador desta graça? Alguém que nada possuía e amante do ermo, mas não misantropo; que comia gafanhotos e munia seu espírito de asas (Is 40,31); que matava a fome com mel silvestre e pregava coisas mais doces e úteis do que o mel. Vestia-se com uma veste de pelos de camelo e aparecia como modelo de vida ascética. Foi no ventre da mãe santificado pelo Espírito Santo (Lc 1,15). Santificado também foi Jeremias (Jr 1,5), mas não profetizou no ventre. Somente João, estando ainda no ventre, estremeceu de alegria (Lc 1,44); vendo o Senhor, não com olhos do corpo, reconheceu-o pelo Espírito. Como era grande a graça do batismo, mister se fazia fosse também grande seu autor.

7. Ele batizava no Jordão e a ele acorria toda Jerusalém, a qual gozava das primícias (Mt 3,5; Mc 1,5) do batismo. Na verdade, a Jerusalém está vinculada a prerrogativa de todos os bens (Cat. 1,4; 18,33). Mas vede, ó jerosolimitanos, como os que acorriam eram batizados por ele; Confessando, diz, os seus pecados (Mt 3,6). Antes lhe mostravam as suas feridas e ele, a seguir, aplicava o remédio. E aos que criam dava a redenção do fogo eterno (Cat. 20,6). E se queres convencer-te que o batismo de João é a redenção das ameaças do fogo, escuta-o dizer: Raça de víboras. Quem vos ensinou a fugir da ira vindoura? (Mt 3,7). Doravante já não sejas víbora. Tu que eras outrora raça de víbora, despoja-te, diz, da antiga vida pecaminosa. Pois toda a serpente, movendo por um lugar estreito, depõe a velhice e espoliando-se da vetustez pela compressão, rejuvenesce em novo corpo (Cat. 2,5). Assim também tu, diz, entra pela porta estreita e apertada (Mt 7,13s.). Mortifica-te pelo jejum (Pr 16,26) e rechaça as forças da perdição. Despoja-te do homem velho com suas obras (Cl 3,9) e repete aquele dito dos Cantares: Já despi meus vestidos. Como tornarei a vesti-los? (Ct 5,3). Pode ser que haja entre vós algum hipócrita à procura do agrado dos homens, simulando a piedade, sem crer de coração. Imita a hipocrisia de Simão Mago que se aproxima não para receber a graça, mas para se informar, por curiosidade, do que se dá. Escuta ainda este dito de João: O machado já está posto à raiz das árvores e toda a árvore que não der bom fruto será cortada e lançada ao fogo (Mt 3,10). Inexorável é o juiz, acaba tu com a hipocrisia.

8. O que, pois, é mister fazer? Quais são os frutos da penitência? Aquele que tem duas túnicas dê uma a quem não tem (Lc 3,11) (era digno de fé o Mestre, pois praticava primeiro o que ensinava e não se envergonhava de falar, já que nada tinha a consciência que lhe tolhesse a língua). O mesmo faça aquele que tem alimentos (Lc 3,11). Queres fruir da graça do Espírito Santo sem nutrires os pobres com alimentos visíveis? Procuras as coisas grandes sem comunicares as pequenas? Embora sejas publicano ou fornicador, espera a salvação. Os publicanos e as prostitutas vos precedem no Reino de Deus (Mt 21,31). Desta realidade é também testemunha Paulo quando diz: Nem os fornicadores, nem os idólatras e os outros que aí são nomeados herdarão o Reino de Deus. Outrora fostes isto, mas fostes também lavados e santificados. Não disse: sois isto, mas fostes isto (1Cor 6,9-11). O pecado cometido na ignorância é perdoado. A malícia empedernida é condenada.

9. Tens como glória do batismo o próprio Filho unigênito de Deus. O que me resta ainda falar do homem? Grande foi João. Mas o que em comparação com o Senhor? Alto ressoava a voz, mas o que em comparação com o Verbo? Preclaro o arauto (Jo 1,23), mas o que em comparação com o rei? Bom quem batizava em água, mas o que em comparação com o que batizava no Espírito Santo e em fogo? O Salvador batizou os apóstolos no Espírito Santo e no fogo (Mt 3,11) quando "se fez de repente um ruído do céu, como de um vento impetuoso, que encheu toda a casa em que estavam sentados. E apareceram-lhes repartidas línguas como de fogo e pousaram sobre cada um deles. E ficaram todos cheios do Espírito Santo" (At 2,3).

10. Se alguém não receber o batismo, não possui a salvação. Exceção são somente os mártires que mesmo sem água alcançam o reino. Remindo o Salvador o orbe, pela cruz, derramou do lado aberto sangue e água (Jo 19,34), para que uns, em tempo de paz, fossem batizados na água e outros, em tempos de perseguições, no próprio sangue (Cat. 13,21). O Salvador costumava chamar o martírio de batismo, dizendo: Podeis beber o cálice que eu bebo e ser batizados com o batismo com que eu sou batizado? (Mc 10,38). E os mártires confessam, feitos espetáculo para o mundo, para os anjos e para os homens (1Cor 4,9). Tu daqui a pouco confessarás; mas ainda não é tempo de ouvir estas coisas.

11. Jesus santificou o batismo, sendo ele próprio batizado. Se o Filho de Deus se batizou, quem, piedoso, poderia desprezar o batismo? Foi batizado não para receber o perdão dos pecados (pois era sem pecado), mas embora isento de pecado, mesmo assim foi batizado para distribuir aos que seriam batizados a graça e dignidade divinas. Assim como os filhos participam do sangue e da carne (Hb 2,14), também ele participou das mesmas coisas, para que, feitos participantes de sua presença corporal, também o fôssemos da graça divina. Por isso Jesus foi batizado para que, doravante, pela comunhão na mesma realidade, recebamos a dignidade da salvação. O dragão das águas, do qual se fala em Jó (40,18s.), recebia o Jordão em sua boca. Como as cabeças dos dragões (Sl 73,14) deviam ser esmagadas, Cristo desceu às águas e amarrou-as forte (Mt 12,29), a fim de recebermos o poder de pisar sobre serpentes e escorpiões (Lc 10,19). De modo algum era pequena a fera, mas horrorosa. Qualquer navio de pesca não podia carregar uma só escama de sua cauda. Diante dele corria a perdição (Jó 40,20), contagiando aos que encontrava (Jó 41,13). Mas apareceu a vida para que a morte fosse sustada e todos nós que conseguimos a vida pudéssemos exclamar: Onde, ó morte, está o teu aguilhão? Onde, ó inferno, está a tua vitória? (1Cor 15,55). Pelo batismo foi destruído o aguilhão da morte.

12. Desces, na verdade, à água carregado de pecados. Mas a invocação da graça, selando a alma, não permitirá que sejas devorado pelo terrível dragão. Morto pelos pecados desces. Sobes vivificado pela justiça (Rm 6,2; 1Pd 11,24), pois se és plantado à semelhança da morte do Salvador, serás tido como digno da ressurreição (Rm 6,2). Como Jesus tomou sobre si os pecados de todo o mundo e por eles morreu, matando o pecado para que tu ressuscitasses em justiça, assim também tu, descendo à água e por assim dizer sepultado nas águas, como aquele na rocha, ressuscites andando em uma vida nova (Rm 6,2).

13. Em seguida, quando Deus te tiver dotado da graça, conferir-te-á o poder de lutar contra as potestades adversárias. Tal como durante quarenta dias, depois do batismo, foi tentado (não que antes não pudesse vencer, mas porque quis que tudo se desse a seu tempo), também tu antes do batismo não ousaras afrontar-te com os inimigos. Recebendo a graça, confiado nas armas da justiça (2Cor 6,7), luta, então, e, se quiseres, prega o Evangelho.

14. Jesus Cristo era Filho de Deus; porém não pregou o Evangelho antes do batismo. Se o próprio Senhor procedia assim, ordenadamente e a seu devido tempo, porventura deveríamos nós servos agir desordenadamente?

Quando Jesus começou a pregar (Mt 4,17) desceu sobre ele o Espírito Santo, corporalmente, em forma de pomba (Lc 3,22). Isso aconteceu não para que Jesus o visse pela primeira vez (pois o conhecia mesmo antes que aparecesse em forma corpórea), mas para que João Batista o visse. Porquanto eu, diz, não o conhecia; aquele que me enviou a batizar em água me disse: Aquele sobre quem vires descer o Espírito e pousar sobre Ele, esse é o que batiza no Espírito Santo (Jo 1,33). Se também tu tiveres uma sincera piedade, descerá sobre ti o Espírito Santo, e a voz do Pai soará do alto, não a dizer: Este é meu Filho (Mt 3,17), mas: Este agora se tornou filho meu. Só dele se afirmou: *É*, pois no princípio era o Verbo e o Verbo estava com Deus e o Verbo era Deus (Jo 1,1). Só dele se diz: *É*, porque desde sempre é Filho de Deus. Para ti vale: agora tornou-se, porque não possuis a filiação por natureza. Tu a recebes por adoção. Ele é desde a eternidade. Tu, porém, recebes a graça progressivamente.

15. Prepara, pois, o receptáculo da alma a fim de te tornares filho de Deus, herdeiro de Deus e coerdeiro com Cristo (Rm 6,17). Caso te prepares, receberás [a graça do batismo]. Deves aproximar-te com fé e espontaneamente despir o homem velho para receberes a confirmação da fé. Todo pecado que tiveres cometido será perdoado, ainda que seja fornicação ou adultério, ou qualquer outro deste gênero. Que crime mais infame que o ter crucificado a Cristo! No entanto, também Ele é expiado pelo batismo (Cat. 16,20). Aos três mil que se apresentaram [no dia de Pentecostes] e que tinham pregado o Senhor na cruz, dizia Pedro – que assim era indagado: O que faremos, irmãos varões? (At 2,37). Grande é a chaga; lembraste-nos, ó Pedro, nossa queda ao dizeres: Matastes o autor da vida (At 3,15). Que remédio há para tal ferida? Que purificação para tanta impureza? Que salvação para tanta perdição? – Fazei penitência, disse, e cada um de vós seja batizado em nome de nosso Senhor Jesus Cristo para o perdão dos pecados. Recebereis o dom do Espírito Santo (At 2,38). Ó inefável benignidade de Deus! Não esperam nenhuma salvação e são favorecidos com o dom do Espírito Santo. Vês a eficácia do batismo. Se alguém de vós crucificou a Cristo com palavras blasfemas; se alguém por ignorância o negou diante dos homens; se alguém por suas más obras fez com que a verdade da fé[19] fosse difamada: tenha boa esperança, fazendo penitência, pois a mesma graça ainda está à disposição.

16. Coragem, Jerusalém, o Senhor afastará de ti todas as tuas iniquidades (Sf 3,14s.). O Senhor lavará

---

19. São Cirilo emprega o termo dogma para exprimir uma doutrina ou crença fixada. O termo é muitíssimo empregado pelos Padres. Assume o sentido geral de opinião, mas sobretudo de verdade de fé. Designa também: doutrina cristã relativa à conduta moral; sistema de crença; religião, credo: preceito e mandamento.

a impureza dos filhos e das filhas no espírito de julgamento e no espírito de fogo (Is 4,4)[20]. Derramará sobre vós água pura e sereis purificados de todos os vossos pecados (Ez 36,25). Dançarão ao vosso redor os anjos e dirão: Quem é esta que sobe em vestes brancas e apoiada no seu bem-amado? (Ct 7,5). A alma que anteriormente fora escrava, agora intitula o Senhor de bem-amado. Acolhendo a consciência sincera, nascida de uma confissão perfeita, exclamará: Oh! como és bela, minha amiga, como és formosa! Teus dentes são como um rebanho de ovelhas (Cat. 4,1-3). E no mesmo texto: Cada uma leva dois cordeirinhos gêmeos (Cat. 4,1-3). Isto exprime a dupla graça que é realizada pela água e pelo Espírito, ou anunciada pelo Antigo e Novo Testamentos. Oxalá todos vós, terminando o tempo de jejum, bem lembrados do que se disse, frutificando em boas obras (Ct 1,10), estando de coração irrepreensível ao lado do Noivo espiritual, consigais de Deus o perdão dos pecados. A Ele seja a glória com o Filho e o Espírito Santo, pelos séculos. Amém.

---

20. Esta afirmação não quer dizer que ela seja purificada pelo Espírito, mas ao se colocar na decisão, esta se apresenta como crisol que no ato mesmo de decidir purifica.

Catequese 4
Sobre os dez dogmas de fé

Feita em Jerusalém de improviso sobre os dez dogmas de fé. Leitura da Epístola aos Colossenses: Cuidai de que ninguém vos engane com filosofias falazes e vãs, fundadas em tradições humanas (Cl 2,8) etc.

1. O vício imita a virtude e o joio quer aparecer como trigo. Na verdade, exteriormente se assemelha ao trigo, mas pelo gosto, segundo os entendidos, é reconhecido. Também o diabo se transfigura em anjo da luz (2Cor 11,14), não para voltar aonde estivera (pois tem o coração inflexível como bigorna (Jó 41,15) e a consciência impenitente), mas para envolver os que levam uma vida igual aos anjos na escuridão das trevas e no estado pestilencial da incredulidade. Muitos lobos perambulam por aí cobertos com vestes de ovelhas (Mt 7,15). Têm, sim, vestes de ovelhas, mas não suas unhas e dentes. Vestindo assim estes trajes mansos enganam, astutamente, os simples e expelem o mortífero veneno de seus dentes. É-nos necessário, pois, a graça divina, espírito vigilante e olhos abertos para que, comendo joio em vez de trigo, não sejamos prejudicados, tomando o lobo por ovelha não sejamos sua presa e pensando que seja um benefício, sejamos devorados pelo diabo artífice de toda ruína. Segundo a Escritura [o diabo] anda rondando qual leão rugidor à procura de quem devorar (1Pd 5,8). Por esta razão a Igreja admoesta. É por esta razão que se realizam as palestras. É por isso que se fazem as leituras.

2. Toda a natureza da religião se fundamenta nestes dois pontos: os pios dogmas e as boas ações. Assim, a doutrina sem as obras não é aceita por Deus, nem as boas obras separadas da doutrina. De que adianta conhecer perfeitamente os ensinamentos sobre Deus e fornicar vergonhosamente? E ainda: Para que serve viver castamente e blasfemar impiamente? Portanto, é uma preciosa posse o conhecimento dos dogmas. E é mister uma alma vigilante, porque são muitos os que pela filosofia e vã falácia (Cl 2,8) procuram seduzir-vos. Os gentios pela eloquência arrastam ao erro, pois os lábios da meretriz destilam mel (Pr 5,3). E os da circuncisão, pelas Divinas Escrituras que interpretam mal, enganam os que deles se aproximam (Tt 1,10). Estudam-nas desde a infância até à velhice (Is 46,3s.) e envelhecem na ignorância (2Tm 3,7). Os hereges, porém, com discursos suaves e enganosos seduzem os corações dos incautos (Rm 16,18). Cobrem com o nome de Cristo, como com doce mel, as setas envenenadas dos ensinamentos ímpios. Deles todos diz o Senhor: Cuidai que ninguém vos induza ao erro (Mt 24,4). Por este motivo, a doutrina da fé é ministrada e se fazem exposições sobre ela.

3. Antes que ministre as doutrinas sobre a fé, acho que procedo bem se expuser agora, resumidamente, a série de dogmas essenciais. Isto para que a abundância das coisas ditas e a extensão de toda a santa Quaresma não cause às almas mais simples entre vós o esquecimento. Agora semeamos como que esparsamente. Não esqueçamos que tudo será tratado mais profundamente no futuro. Os que tiverem progredido espiritualmente e exercitados os sentidos em distinguir o bem do mal, não se aborreçam (Hb 5,14) ao ouvirem a exposição dos primeiros rudimentos e introduções dadas como que a crianças de leite (Hb 5,13). Fazemos isso a fim de que os que têm necessidade da catequese tirem proveito e os que já têm ciência refresquem a memória dos conhecimentos anteriormente adquiridos.

Deus (*Dogma 1*)

4. Primeiramente o dogma sobre Deus seja estabelecido como fundamento em vossa alma. O Deus único é um, não gerado, sem princípio, imutável, inalterável. Não foi gerado por outro e não tem um sucessor de vida. Não começou a viver no tempo, nem terá fim. Ele é bom e justo. Digo isto, para que, ao ouvires um herege dizer ser um o [Deus] bom e outro o justo (Cat. 6,16), lembrado, reconheças a seta da heresia. Alguns tiveram a coragem de impiamente introduzir divisão em Deus. E alguns afirmaram, espalhando uma doutrina tola e ímpia, ser um o criador e senhor das almas e outro o dos corpos. Como pode um homem tornar-se servo de dois senhores, dizendo o Senhor no Evangelho: Ninguém pode servir a dois senhores? (Mt 6,24). Um é, pois, o Deus único, criador das almas e dos corpos; um o autor do céu e da terra, feitor dos anjos e arcanjos. Artífice de tantas coisas, Ele é antes dos séculos, Pai de um só (Cat. 7,5) – isto é, de seu Filho unigênito, nosso Senhor Jesus Cristo – por quem criou tudo (Jo 1,3), as coisas visíveis e as invisíveis (Cl 1,16).

5. Este Pai de nosso Senhor Jesus Cristo não está circunscrito a lugar algum, nem é menor do que o céu. Obra de suas mãos são os céus (Sl 7,4) e toda a terra está contida no côncavo de sua mão (Is 40,12). Está em tudo e fora de tudo. Não creias que o sol seja mais brilhante do que Ele ou igual a Ele, pois quem por primeiro formou o sol, sem comparação, deve ser muito maior e mais luminoso. Conhece com antecedência as coisas futuras e é mais poderoso do que todas elas. Conhece tudo e procede conforme quer. Não está sujeito às mudanças das coisas, nem ao horóscopo, nem ao destino, nem à fatalidade. Em tudo perfeito, possui todas as virtudes em igual medida. Não cresce nem diminui. É sempre o mesmo e sempre igual em tudo. Preparou para os pecadores o castigo e a coroa para os justos.

6. Muitos homens se afastaram de Deus por diversos modos: uns fizeram do sol seu deus para, ao cair do sol, durante o tempo noturno, ficarem sem deus. Outros, a lua, para durante o dia não terem deus. Outros, ainda, as outras partes do orbe: uns as artes, outros os alimentos e outros os prazeres. Os ginecômanos colocaram a imagem de uma mulher nua no alto e a denominaram Afrodite, adorando o próprio vício na aparência visível. Outros, deslumbrados pelo brilho do ouro, elevaram-no a ele e a outros metais a deus. Mas se alguém fixar em seu coração a verdade da monarquia[21] de Deus e nela crer,

---

21. O termo "monarquia" aplicado a Deus tem por finalidade designar o monoteísmo em oposição ao politeísmo. Não tem em Cirilo a conotação dada a ela pelos monarquistas que negavam na Trindade a igualdade das pessoas divinas, afirmando a prioridade de Pai em relação às demais Pessoas.

eliminará de vez toda a corrupção dos vícios da idolatria e dos erros dos hereges. Coloca, portanto, em tua alma, pela fé, este primeiro dogma da piedade.

Cristo (*Dogma 2*)

7. Crê também no Filho de Deus, uno e único, nosso Senhor Jesus Cristo, Deus de Deus gerado, vida da vida nascida, luz da luz gerada e em tudo semelhante ao Pai (Cat. 3,14; 7,5; 11,4). Adquiriu o ser não no tempo, mas foi gerado do Pai antes de todos os séculos, eternamente, incompreensivelmente. É sabedoria e poder de Deus e sua justiça subsistente (1Cor 1,24.30). Está sentado à direita do Pai antes de todos os séculos. Não recebeu o trono à direita do Pai, como que coroado por este (Hb 2,9), como alguns acreditam, por sua paciência, depois da paixão[22]. Mas desde que existe (e foi gerado desde sempre) possui a dignidade régia, estando sentado junto com o Pai, sendo Deus e sabedoria e poder, como já foi dito. Reina junto com o Pai e pelo Pai é criador de todas as coisas (Cat. 2,21). Nada lhe falta para a dignidade divina. Conhece aquele que o gerou, como é conhecido pelo seu genitor (Jo 10,15). Para

---

22. Encontramos aqui uma alusão aos que negam a divindade de Cristo – isto é, os semiarianos –, cujas ideias não são totalmente estranhas a Cirilo.

dizê-lo resumidamente, lembra o que está escrito nos Evangelhos: Ninguém conhece o Filho a não ser o Pai e ninguém conhece o Pai a não ser o Filho (Mt 11,27).

8. Não separes o Filho do Pai, nem faças confusão dos dois, crendo numa filho-paternidade[23]. Crê que o Filho é unigênito do único Deus e antes de todos os séculos é Deus Verbo (Cat. 11,10). Verbo, não que se pronuncia e se dissipa no ar, nem semelhante a palavras sem subsistência própria. É Verbo-Filho, criador de todos os seres dotados de razão. Verbo que ouve o Pai e que fala. De tudo isso, querendo Deus, falaremos com vagar, não nos esquecendo de nossa intenção de agora apenas propormos resumidamente os capítulos introdutórios da fé.

Nascimento da Virgem (*Dogma 3*)

9. Crê ainda que este unigênito Filho de Deus, por nossos pecados, desceu dos céus à terra. Tomou esta humanidade passível, sujeita, como a nossa, aos mesmos afetos. Nasceu da Santa Virgem e do Espírito Santo. Sua

---

23. O termo indica a doutrina da identidade do Filho e do Pai, como pensavam os sabelianos, ou seja, uma pessoa divina que é simultaneamente Pai e Filho (cf. tb. GREGÓRIO DE NISSA. *Contra Eunomium* 12 (M. 45.924A). • *Contra Arium et Sabellium I* (M. 45,1281A). • DID. *De Trinitate* 3.18 (M. 39.881B).

humanidade se realizou não segundo a aparência e fantasia, mas segundo a realidade. Não passou pela Virgem como por um canal, mas tomou nela realmente a carne e foi por ela amamentado. Comeu como nós realmente e como nós bebeu. Por conseguinte, se sua humanidade fosse fictícia, a salvação também o seria[24]. Cristo compreende duas naturezas: homem pelo que apareceu; Deus pelo que não aparecia. Comeu verdadeiramente como homem que era (pois como nós, estava sujeito às necessidades da carne). Como Deus, porém, alimentou cinco mil homens com cinco pães (Mt 14,17-2). Como homem, realmente morreu, mas como Deus ressuscitou o que estivera morto há quatro dias (Jo 11,39-44). Como homem dormiu na barca (Mt 7,24); como Deus andou sobre as águas (Mt 14,25).

A cruz (*Dogma 4*)

10. Ele foi crucificado verdadeiramente por nossos pecados. Se quisesses negar isto, interrogar-te-ia o próprio local tão preclaro, este santo Gólgota, no qual

---

24. Vemos aqui que Cirilo, bem como outros Padres, afirma a humanidade de Cristo, na qual toda a realidade humana foi assumida e, por conseguinte, salva. Ele acentua Santo Atanásio, combatendo os arianos que negavam a divindade de Cristo. Por ser Ele verdadeiramente Deus e homem, somos por Ele introduzidos na vida divina.

agora, por aquele que foi nele crucificado, estamos reunidos. O mundo inteiro está cheio do lenho da cruz, dividido em partes. Foi crucificado não pelos próprios pecados, mas para que de nossos pecados fôssemos libertos. Foi, então, desprezado pelos homens e como homem flagelado (Mt 26,67). No entanto, foi reconhecido como Deus por toda a criação, pois o sol, vendo o Senhor desprezado, a tremer se eclipsou, não podendo suportar este espetáculo (Lc 23,45).

A sepultura

11. Como homem foi colocado no sepulcro aberto na rocha (Mt 27,60). Mas as pedras, de temor, se fenderam por causa dele (Mt 27,51). Desceu à mansão subterrânea[25], para lá libertar os justos (Cat. 14,19). Quererias, por acaso, dize-me, que os vivos gozassem da graça, sendo que muitos deles não são santos, e os que desde os remotos tempos de Adão estão ali encerrados não recuperassem, finalmente, a liberdade? O Profeta Isaías dele tantas coisas predisse em altas vozes. Não

---

25. Há uma alusão explícita de Cirilo à concepção judaica do *sheol*, concebido como um túmulo, um "buraco", um "poço", uma "fossa", nas profundezas da terra, além do abismo subterrâneo... É para lá que descem todos os viventes. Ao dizer que Cristo desceu à mansão subterrânea quer exprimir, ao mesmo tempo, sua morte de homem e sua vitória sobre a própria morte.

quererias que ao descer o Rei libertasse seu arauto? Davi está lá e Samuel e todos os profetas e o próprio João que por seus legados dissera: És tu o que há de vir ou devemos esperar por outro? (Mt 11,3). Não quererias que, descendo, libertasse a todos estes?

A Ressurreição (*Dogma 5*)

12. O que descera aos subterrâneos, de novo subiu. Jesus, que fora sepultado, ressurgiu verdadeiramente ao terceiro dia. E se outrora os judeus te maltrataram, vai-lhes ao encontro deste modo, indagando: Jonas, depois de três dias, saiu da baleia (Gn 2,11). Cristo, depois de três dias, não ressurgiria da terra? Um defunto, tocando nos ossos de Eliseu, ressuscitou (1Sm 13,21). O criador dos homens, pelo poder do Pai, com muito mais facilidade, não ressuscitaria? Ressuscitou, pois, verdadeiramente, e vivo foi visto de novo pelos discípulos. E os doze discípulos são testemunhas de sua ressurreição (At 2,32s.). Testemunharam não com palavras graciosas, mas lutando até o suplício e a morte pela verdadeira ressurreição. Ora, conforme a palavra da Escritura, a palavra de duas ou três testemunhas decide toda a questão (Dt 19,15; Mt 18,16). São doze as testemunhas que atestam a ressurreição de Cristo e ainda não acreditas na ressurreição?

Ascensão

13. Terminando o curso de sua vida mortal, tendo remido os homens de seus pecados, Jesus subiu de novo aos fiéis e uma nuvem o recebeu (At 1,9). Ao subir, estavam ao seu lado anjos e os apóstolos o contemplavam. Se alguém descrer do que foi dito, acredite agora na autoridade dos que presenciaram. Todos os reis, ao morrerem, com a morte perdem a vida e o poder. O Cristo crucificado é adorado por todo o mundo (Cat. 13,3.36,39). Anunciamos o Crucificado. Tremem os demônios. Muitos, no correr dos tempos, foram crucificados. Que outro crucificado houve, cuja invocação afugente os demônios?

14. Não nos envergonhemos, portanto, da cruz de Cristo. Ainda que alguém a esconda, tu te persignas abertamente na fronte, a fim de que os demônios, vendo o sinal régio, fujam, tremendo, para longe (Cat. 13,26; 18,18). Faze este sinal ao comer e beber, no sentar-te e deitar-te, ao levantar-te, ao falar e ao passear. Em suma, faze-o em toda e qualquer ação. O que nele foi crucificado está lá no alto dos céus. Se, após ter sido crucificado e sepultado, tivesse ficado no sepulcro, teríamos razão de nos envergonhar. Porém, crucificado neste Gólgota, no Monte das Oliveiras, situado no Oriente (Zc 14,4), subiu ao céu (Lc 24,50). Daqui desceu à mansão dos mortos. De lá voltou novamente para nós. De nós, de novo subiu ao céu, na aclamação do Pai que dizia: Assenta-te à minha direita até que ponha teus inimigos como escabelo de teus pés (Sl 109,1).

O juízo futuro *(Dogma 6)*

15. Este Jesus Cristo, que subiu, virá de novo dos céus e não da terra. Eu disse: e não da terra, porque muitos anticristos virão da terra (1Jo 2,18). Como podes verificar, muitos já começaram a dizer: Eu sou o Cristo (Mt 24,5). Depois disto virá a abominação da desolação (Mt 24,15), usurpando para si a falsa denominação de Cristo. Tu, porém, espera o verdadeiro Cristo, o Filho unigênito de Deus que não vem da terra, mas dos céus. Ele se manifestará mais claro que todo resplendor e mais brilhante que a luz. Escoltado pelos anjos, virá para julgar os vivos e os mortos. Virá para estabelecer seu reino, reino celeste, eterno, infindável (Cat. 15,2.27). Aceita esta verdade com segurança, pois há muitos que dizem que o Reino de Cristo tem fim.

O Espírito Santo (*Dogma 7*)

16. Crê também no Espírito Santo e tem dele a mesma opinião que tens do Pai e do Filho. Não aceites os que dele ensinam coisas injuriosas (Cat. 16,3; 17,2).

Aprende, pois, que este Espírito Santo é uno, indiviso e todo-poderoso. Realiza muitas coisas, embora ele próprio não seja dividido. Conhece os mistérios, perscruta tudo, mesmo as profundezas de Deus (1Cor 2,10). Desceu sobre o Senhor Jesus Cristo em forma de pomba (Mt 3,16). Operou na lei e nos profetas e agora, na hora do batismo, selará a tua alma. Toda criatura racional tem necessidade de sua santidade. E se alguém tiver a ousadia de blasfemar contra Ele, não terá perdão nem neste mundo nem no futuro (Mt 12,32). Tem juntamente com o Pai e o Filho a glória da divindade. Dele ainda precisam os tronos e as dominações, os principados e as potestades (Cl 1,16). Um é, pois, Deus, Pai de Cristo; um o Senhor Jesus (1Cor 8,6), Filho unigênito do único Deus; e um o Espírito Santo que santifica e diviniza todas as coisas e que falou na lei e nos profetas, no Antigo e no Novo Testamento.

17. Mantém sempre firme em ti tudo o que agora te é exposto resumidamente: Se o Senhor quiser, se falará com mais autoridade a partir do testemunho das Escrituras (Cat. 12,5; 16, 1 e 2), pois nada convém transmitir dos divinos e santos mistérios da fé, sem fundamentá-los nas Divinas Escrituras, e incautamente deixar-se levar por argumentos e probabilidades fundadas em artifício de palavras. Nem creias em mim simplesmente, a não ser que recebas a demonstração de tudo que te anuncio por meio das Divinas Escrituras. A salvação que nos advém da fé tira sua força não de invenções, mas da demonstração das Divinas Escrituras.

A Alma (*Dogma 8*)

18. Depois do conhecimento desta veneranda, gloriosa e toda santa fé, conhece-te a ti mesmo para saberes quem és (Cat. 3,4). Por conseguinte, tu, ó homem, és constituído duplamente: de alma e corpo. E, como se disse há pouco, o mesmo Deus é o Criador da alma e do corpo. Sabe, tens a alma livre. É a mais bela obra de Deus, a imagem de seu Criador: imortal, porque lhe conferiu a imortalidade; racional e incorruptível por graça especial de Deus. Possui o poder de fazer o que quer. Pecas não porque te guias pelo horóscopo. Não cometes fornicação constrangido pelo destino. Nem, como alguns deliram, és coagido pelas conjunções das estrelas a entregar-te às indecências. Por que foges de confessar os próprios males, atribuindo a culpa às inocentes estrelas? Não me venhas com os astrólogos, pois deles diz a divina Escritura: Levantem-se e salvem-te os contempladores do céu (Is 47,13). E mais adiante: Eis que todos, como gravetos no fogo, serão queimados e não poderão arrancar sua vida do poder das labaredas (Is 47,14).

19. Aprende ainda isto: Antes que a alma viesse a este mundo não pecou. Se viemos sem pecado, pecamos agora por livre e espontânea vontade. Não dês ouvido a quem interpreta mal estas palavras: Se, pois, aquilo que quero, isto não faço... (Rm 6,19). Antes lembra-te daquele que diz: Se quiserdes e fordes obedientes para comigo, provareis os melhores frutos da terra; mas se não quiserdes e não me obedecerdes, a espada vos devorará (Is 1,19s.). E mais uma vez: Assim como pusestes vossos membros a serviço da impureza e da iniquidade para a iniquidade, assim também agora entregai vossos membros ao serviço da justiça para a santidade (Rm 6,19). Lembra-te ainda da Escritura que diz: Como não procuraram conhecer a Deus (Rm 1,28); o cognoscível de Deus é manifesto neles (Rm 1,19). E ainda: Cerraram seus olhos (Mt 13,15). Recorda ainda o Deus que censura e diz: Eu te havia plantado de vides escolhidas, toda de boa cepa: como te transformaste em sarmento amargo, de videiras estranhas? (Jr 2,21).

20. A alma é imortal e todas as almas, tanto de homens como de mulheres, são iguais. Só os membros do corpo são distintos. Não há uma classe de almas que por natureza peca e outra classe que por natureza faz o bem. Tanto o pecar quanto o fazer o bem se realizam por livre e espontânea escolha, uma vez que a substância das almas é a mesma e igual em todos. Sei que estou falando muito e o tempo vai passando. Mas o que é mais precioso do que a salvação? Não queres que te seja oferecido o viático[26], mesmo com algum cansaço, contra os hereges? Não queres conhecer as curvas do caminho, para não caíres, por ignorância, no precipício? Se os mestres creem não ser pequeno o proveito quando isto te ensinam, tu, o discípulo, não deverias com gosto acolher a multidão de coisas que te são ditas?

21. A alma é livre. O diabo pode sugerir, mas não tem poder de forçar contra a vontade. Insinua-te o pensamento da fornicação. Se queres o admites; se não queres, não o admites. Se pecas por necessidade, por que razão teria Deus preparado a geena? Se fizesses o bem por natureza, não por livre-escolha, por que teria Deus preparado coroas inefáveis? Mansa é a ovelha, mas nunca foi coroada por sua mansidão. Possui a mansidão não por livre-escolha, mas por natureza.

O Corpo (*Dogma 9*)

22. Por ora basta, caríssimo, o que aprendeste sobre a alma. Escuta agora com atenção a doutrina sobre o corpo (Cat. 18,1.20). Não escutes os que afirmam

---

26. Originalmente significa recursos, provisões para uma viagem. Aqui se refere à doutrina por ele ministrada e que os ajudará a vencer os hereges.

que o corpo é estranho a Deus[27], pois os que acreditam que o corpo é algo estranho a Deus e que a alma habita como que em casa estranha, abusam dele com facilidade para a fornicação. Mas, afinal, o que incriminam neste admirável corpo? O que lhe falta para a sua nobre aparência? Em sua estrutura, o que não é disposto com arte? Não deviam eles considerar a conformação belíssima dos olhos? Como as orelhas estão postas obliquamente para receber os sons sem impedimento? Como o olfato distingue os vapores e percebe os odores suaves? Como a língua serve para duas atividades: sentir o gosto e o poder falar? Como o pulmão, posto em lugar escondido, é dotado da incansável respiração? Quem teria dado a perpétua pulsação ao coração? Quem teria distribuído tantas veias e artérias? Quem, sabiamente, teria ligado os ossos com os nervos? Quem teria destinado parte dos alimentos à subsistência da natureza e outra para ser, discretamente, lançada para fora e escondeu as partes menos decentes em lugares mais discretos? (1Cor 12,23). Quem tornou a natureza perecível dos homens, por uma simples comunicação, imortal?

23. Não me digas que o corpo é a causa do pecado. Se o corpo fosse a causa do pecado, por que o morto não peca? Coloca uma espada na mão de um recém-morto:

---

27. Certamente São Cirilo se refere ao gnosticismo, cuja doutrina despreza o corpo, enquanto matéria. Ele seria obra do demiurgo, e não do Deus supremo, de quem seria indigno criar a matéria.

não haverá assassínio. Todas as beldades podem desfilar diante de um jovem que há pouco faleceu e nele não surge o desejo de fornicar. Por quê? Porque o corpo não peca por si mesmo, mas a alma através do corpo (Cat. 18,10). O corpo é instrumento e como que manto e veste da alma. Se por ela é entregue à fornicação, torna-se impuro. Mas se está unido a uma alma santa, se faz templo do Espírito Santo. Não sou eu quem digo isto, mas o afirmou o Apóstolo Paulo: Não sabeis que os vossos corpos são o templo do Espírito Santo que habita em vós? (1Cor 6,19). Respeita, pois, o teu corpo como sendo o templo do Espírito Santo. Não conspurques tua carne nas fornicações; não manches tua veste belíssima. Se a manchaste, lava-a pela penitência. Purifica-a enquanto houver tempo.

24. Mas o sermão sobre a castidade, escutem-no precipuamente a classe dos monges e das virgens, que no mundo vivem uma vida igual à dos anjos [e a seguir todo o povo da Igreja]. Uma bela coroa, irmãos, vos está preparada para que não troqueis uma minúscula volúpia por uma grande dignidade. Escutai o Apóstolo dizendo: Olhai que ninguém seja impuro ou profano como Esaú que por um manjar vendeu os direitos da primogenitura (Hb 12,16). Inscrito nos livros dos anjos pelo desejo de castidade, cuida para que dele não sejas apagado por alguma ação lúbrica (Cat. 15,23; 14,20).

25. De modo algum podes, porém, se vives o estado de perfeita castidade, elevar-te com soberba contra os que vivem em matrimônio. Pois honroso é o estado matrimonial e o leito conjugal sem mancha, diz o Apóstolo (Hb 13,4). Tu que observas o estado de castidade, não nasceste de pessoas que se deram em matrimônio? Por possuíres ouro, não desprezarás a prata. Hão de viver cheios de esperança também os que unidos pelo matrimônio dele usam legitimamente; os que vivem segundo a lei do matrimônio, não de modo impudico e imoderado; os que conhecem os tempos de abstinência para se entregarem à oração (1Cor 7,5); os que juntamente com as vestes limpas apresentam os corpos puros nas reuniões[28] da igreja; os que contraíram núpcias para procriar filhos e não para satisfazer a paixão.

26. Os que casam uma só vez não censurem os que contraem segundas núpcias. Coisa bela e admirável é a continência. Mas permite-se contrair um segundo matrimônio para os fracos não caírem na fornicação[29]. É bom

---

28. Encontra-se no original o termo σύναξις, que designa reunião, assembleia, onde se ministram as instruções. Ele é também empregado para caracterizar não só as reuniões eucarísticas, mas a própria Eucaristia.

29. Retrata-se aqui uma concepção do matrimônio em que ele é tido como bom. Porém não pode ser equiparado à continência. O matrimônio, instituição bendita pelo Senhor para a propagação do gênero humano, é visto em um segundo plano. Ele permite ao cristão evitar o pecado.

para eles que permaneçam como eu, diz o Apóstolo. Mas se não podem guardar continência, casem-se, pois melhor é casar do que se abrasar (1Cor 7,8s.). Todas as demais coisas: fornicação, adultério e qualquer outra forma de impudicícia, sejam relegadas para longe. Conserve-se puro o corpo para o Senhor, para que Ele o contemple. Alimente-se o corpo com os alimentos para que viva e sirva desimpedidamente e não para que se entregue aos prazeres.

Os alimentos

27. Visto que muitos tropeçam por causa dos alimentos, tende sobre eles as seguintes prescrições. Há os que sem distinção tomam do que foi oferecido aos ídolos. Outros praticam a ascese, mas condenam os que comem (Rm 14,3). Assim, a alma de alguns é manchada por causa dos alimentos (1Cor 8,7), desconhecendo as razões do comer e do abster-se. Privamo-nos do vinho e abstemo-nos de carne, não os detestando como se fossem abominações, mas em vista da recompensa a fim de que, desprezando as coisas sensíveis, gozemos da mesa espiritual e mística e, semeando agora entre lágrimas, no século futuro colhamos com regozijo (Sl 125,5). Não desprezes, portanto, os que comem (Rm 14,3) e se alimentam por motivo da fraqueza do corpo; nem censures os que bebem algum vinho em vista do estômago e das frequentes enfermidades

(1Tm 5,23). Não os condenes como pecadores, nem odeies as necessidades como coisas incompatíveis. Alguns desses conhecia o apóstolo ao dizer: Proíbem o casamento e o uso de alimentos que Deus criou para que os fiéis os tomem com ação de graças (1Tm 4,3). Se, pois, deles te absténs, não o faças como que de abominações, porque assim não terias recompensa. Mas, deixa-os de lado, mesmo sendo eles bons, em vista dos bens espirituais prometidos que são muito melhores.

28. Cuida de tua alma, para nunca comeres algo que foi oferecido aos ídolos. A respeito destes alimentos não é só preocupação minha, mas já o foi para os apóstolos e para Tiago, bispo desta igreja. Escreveram os apóstolos e os presbíteros a todas as nações uma carta universal para que se abstivessem especialmente das vítimas imoladas a ídolos, do sangue e de animais sufocados. Há muitos homens que se assemelham a animais e vivem à moda de cães (At 15,23.29), lambendo o sangue como animais ferozes e se empanturram de carne sufocada. Tu, porém, ó servo de Cristo, comendo, cuida de fazê-lo com piedade. Isto basta sobre os alimentos.

As vestes

29. A tua veste seja simples, não para te adornares, mas para a necessária proteção. Não a fim de te tornares frouxo, mas para que no inverno te aqueças e cubras a vergonha do corpo. Que sob o pretexto de cobrir a vergonha, pelo aparato supérfluo das vestes, não caias em outro erro.

A ressurreição (*Dogma 10*)

30. Usa, rogo eu, o corpo com moderação, sabendo que ressurgirás dos mortos depois de seres julgado juntamente com o corpo (Cat. 18,1). Se te ocorrer algum pensamento de desconfiança, como se isto fosse uma coisa impossível, observa a partir de ti mesmo o que é invisível. Tu próprio, dize-me, onde pensas que estavas há cem anos ou mais, de que minúscula e vilíssima substância chegaste a tamanha estatura e a tal harmoniosa e digna formosura? Pois bem, será que aquele que produziu o que não era não poderia ressuscitar o que já existiu e o que se desfez? O que faz crescer o trigo anualmente semeado para nós, ressuscitará com dificuldade a nós próprios para quem o trigo cresce? Vês como as árvores durante tantos meses estão aí sem folhas e sem frutas; mas todas, passado o inverno, revivem como dos mortos. E nós não voltaríamos à vida com muito mais razão e facilidade? O bastão de Moisés foi transformado em tão estranha figura de serpente pela vontade de Deus. E o homem, surpreendido pela morte, não seria restituído integralmente a si mesmo?

31. Não atendas a quem afirma que este corpo não ressurge. Realmente ressurge! E Isaías, que é testemunha, diz: Os mortos reviverão e despertarão os que jazem nas sepulturas (Is 26,19). E, conforme Daniel: Muitos daqueles que dormem no pó da terra despertarão; uns para a vida eterna e outros para a ignomínia eterna (Dn 12,2). A todos os homens pertence o ressurgir. Mas a ressurreição não será igual para todos. Todos recebemos corpos imortais, mas nem todos os corpos iguais. Os justos [os receberam] para que pela eternidade afora sejam associados aos anjos; e aos pecadores para que pelos séculos dos séculos sofram o tormento dos pecados.

O batismo

32. Por esta razão o Senhor concedeu, por sua benignidade, a penitência do batismo, para que lancemos fora todo o pecado e mesmo todo fardo (Hb 12,1) e, recebendo o selo do Espírito Santo, nos tornemos herdeiros da vida eterna (Cat. 1,2 e 3). Uma vez que falamos bastante sobre o batismo anteriormente, passemos aos outros ensinamentos fundamentais que nos faltam.

As Divinas Escrituras (*Dogma 11*)

33. Tudo isto nos ensinam as Escrituras, divinamente inspiradas, do Antigo e Novo Testamento. Um é o Deus dos dois Testamentos. Ele prenunciou Cristo no Antigo e o manifestou no Novo. Ele é quem, através da lei e dos profetas, conduz para Cristo. Antes de vir a fé, estávamos encarcerados sob a lei (Gl 3,23). E a lei foi nosso pedagogo para nos levar a Cristo (Gl 3,24). Se escutares algum dos hereges blasfemar contra a lei ou os profetas, opõe-lhes aquela salutar palavra que diz: Jesus não veio ab-rogar a lei, mas levá-la à perfeição (Mt 5,17). Por amor da sabedoria aprende da Igreja quais são os livros do Antigo Testamento e quais os do Novo. Nada leias dos livros apócrifos, pois se ignoras o que é sabido de todos, por que te cansas inutilmente com coisas duvidosas? Lê as Divinas Escrituras, os vinte e dois livros do Antigo Testamento[30], traduzidos pelos setenta e dois intérpretes.

34. Tendo falecido Alexandre, rei dos macedônios, seu reino foi dividido em quatro principados; isto é, Babilônia e Macedônia, Ásia e Egito. Um dos reis do Egito, Ptolomeu Filadelfo, homem amantíssimo das ciências, foi elevado a rei. Recolheu livros de todas as partes e soube por Demétrio Filareu, procurador de sua biblioteca,

---

30. Cirilo testemunha, juntamente com Orígenes, que os livros canônicos do AT são 22, segundo a tradição hebraica (o número das letras do alfabeto hebraico). Ademais, no presente texto, Cirilo proíbe ler tanto os livros apócrifos quanto os "discutidos"; isto é, os deuterocanônicos. Isto se justifica pelo fato de serem os ouvintes apenas catecúmenos. Por isso, somente lhes permite ler livros de indiscutida autoridade divina. E acresce que de fato também ele se serve ocasionalmente dos deuterocanônicos.

dos livros das leis e dos profetas das Divinas Escrituras. Julgando muito bom conseguir os livros, não quis constranger os donos a cederem-nos a contragosto, mas antes os cativou com presentes e amizade. Sabia outrossim que o que se extorque é dado contra a vontade e, muitas vezes, é corrompido pela fraude. O que é oferecido espontaneamente é dado com toda a sinceridade: por isso enviou ao então sumo sacerdote Eleazar muitos donativos destinados ao templo de Jerusalém. Conseguiu assim que lhe fossem enviados seis homens de cada uma das doze tribos de Israel para fazerem a tradução. A seguir, para verificar se os livros eram divinos ou não e para que os tradutores não combinassem entre si, atribuiu a cada qual, na ilhota de Faros, diante de Alexandria, uma moradia. Encarregou cada qual de traduzir as Escrituras. Em setenta e dois dias cumpriram a tarefa. O rei, então, reuniu as traduções de todos que tinham sido feitas cada uma em casas diferentes, sem que eles se consultassem uns aos outros. Achou-as perfeitamente concordes não só no pensamento, mas até nas palavras. Esta obra não foi produto e manejo de palavras e sofismas humanos, mas resultado da inspiração do Espírito Santo, que realizou esta tradução das Divinas Escrituras[31].

---

31. Nos primeiros séculos, o AT era lido pelos Padres da Igreja na versão dos LXX. Conforme a lenda narrada acima, tal versão era considerada como inspirada.

35. Destas, lê os vinte e dois livros. Não tenhas nada em comum com os apócrifos. Medita só estes livros com persistência, pois são os que também na Igreja lemos com toda segurança. Muito mais prudentes e piedosos que tu foram os apóstolos e os bispos antigos, chefes da Igreja, que nos transmitiram estes livros. Tu, portanto, filho da Igreja, não falsifiques as leis. E do Antigo Testamento, como já foi dito, medita os vinte e dois livros. Vou enumerá-los e, se fores estudioso, fixa--os na tua memória. Os primeiros cinco livros da Lei são de Moisés: Gênesis, Êxodo, Levítico, Números, Deuteronômio. A seguir, Jesus [Josué], filho de Nun e o Livro dos Juízes que com o de Rute é contado como sétimo. Os demais livros históricos são: o primeiro e o segundo dos Reis que são um só livro entre os hebreus, assim como o terceiro e o quarto. Igualmente entre eles o primeiro e o segundo dos Paralipômenos [Crônicas] é um só livro e ainda o primeiro e o segundo de Esdras. Estes são os livros históricos. Em versos estão escritos cinco livros: Jó, Salmos, Provérbios, Eclesiastes e Cântico dos Cânticos que é o décimo sétimo livro. Depois vêm os cinco livros proféticos: um livro dos doze profetas, um de Isaías, um de Jeremias com Baruc, as Lamentações e a Epístola. A seguir, Ezequiel e o Livro de Daniel, que é o vigésimo segundo livro do Antigo Testamento.

36. No Novo Testamento há só quatro evangelhos. Os demais são pseudoepígrafos [apócrifos] e nocivos (Cat. 6,31). Mesmo os maniqueus escreveram o Evangelho de Tomé, que disfarçado sob o nome de Evangelho seduz as almas dos simples. Recebe ainda os Atos dos doze apóstolos e, além disto, as sete epístolas católicas: de Tiago e Pedro, João e Judas. A seguir, como que o selo de todos e a derradeira obra dos discípulos[32], as catorze epístolas de Paulo. Todos os demais livros sejam postos em segundo plano. Todos os que não são lidos nas igrejas, não os leias em particular como já ouviste (Cat. 6,33 e 35). Sobre isto basta.

37. Foge, por fim, de todas as obras do diabo e não te fies no dragão rebelde que, tendo boa natureza, escolheu livremente a transformação. Pode persuadir os que querem (Cat. 2,3), mas não pode obrigar a ninguém. Não vás atrás de astrologias, de augúrios e de presságios, nem das enganosas adivinhações dos gentios, nem de drogas e encantamentos, nem de adivinhação nefandíssima por evocação dos manes[33] e nem lhes prestes ouvido. Afasta-te de todo gênero de intemperan-

---

32. Percebemos aqui que Cirilo não coloca entre os livros canônicos o Apocalipse. Sua canonicidade é posta em dúvida porque no Oriente, sobretudo no século III, alguns hereges dele abusavam em vista de seus propósitos.

33. Indica a alma dos mortos, considerados como divindades, que eram invocados pelos antigos romanos.

ça. Não te entregues à gula ou a qualquer prazer ilícito. Faze-te sobretudo superior a toda avareza e usura. Não assistas aos espetáculos gentílicos. Nunca uses ligaduras supersticiosas nas enfermidades. Evita toda a sordidez das tabernas. Guarda-te de toda a observância do sábado e não chames os alimentos indiferentes de puros ou impuros (Cat. 18,26). De modo especial, abomina as reuniões dos transgressores heréticos. Fortalece tua alma de todos os modos, com jejuns, orações, esmolas e com a leitura dos ensinamentos divinos, para que, vivendo o restante da vida em temperança e na observância das doutrinas de piedade (1Pd 4,2), gozes da única salvação que é dada pelo batismo e, assim, sejas inscrito nos exércitos celestes pelo Pai e Deus e possas ser também digno das coroas celestes, em Cristo Jesus nosso Senhor, a quem a glória pelos séculos dos séculos. Amém.

Catequese 5
Sobre a fé

Feita em Jerusalém de improviso sobre a fé. Leitura da Epístola aos Hebreus: A fé é a esperança do que se espera, a garantia das realidades que não se veem, pois por ela os antigos adquiriram grande nome (Hb 11,1) etc.

1. Quão grande é a dignidade que o Senhor vos confere, elevando-vos da ordem de catecúmenos à de fiéis, mostra-o Paulo ao dizer: Fiel é Deus, por quem fostes chamados à comunhão de Jesus Cristo, seu Filho (1Cor 1,9). Se Deus é chamado fiel, tu também recebes o mesmo título e com ele grande dignidade. Como Deus é chamado bom, justo, todo-poderoso e criador do universo, assim também é chamado fiel. Considera, pois, a que dignidade és elevado. Tornas-te participante do título de Deus.

2. Quanto aos mais, o que se procura é que cada um de vós seja encontrado fiel em sua consciência (1Cor 4,2). Uma grande coisa é encontrar um homem verdadeiramente fiel (Pr 20,6), diz a Escritura. Isso é dito não para que me desvendes tua consciência (pois não serás julgado por um tribunal humano (1Cor 4,3)), mas para que reveles a Deus a sinceridade de tua fé, a Ele que perscruta rins e corações (Sl 7,10) e conhece os pensamentos dos homens (Sl 93,11). Grande coisa é um homem fiel. É mais rico do que qualquer rico, pois ao homem fiel pertence todo o mundo das riquezas, porque as despreza e as calca aos pés (Pr 17,6). Na verdade, os que são aparentemente ricos, ainda que muito possuam, são pobres espiritualmente. Quanto mais amontoam, tanto mais são espicaçados pelo desejo de possuir o que ainda lhes falta. Mas o homem fiel, paradoxalmente, em meio à pobreza é rico, pois sabe que é necessário somente ter vestes e alimentos. Contente com isso (1Tm 6,8), pisa a riqueza aos pés.

3. Não só entre nós que temos o nome de Cristo é grande a estima da fé, mas também tudo que se realiza no mundo, mesmo o que é alheio à Igreja, na fé se realiza. Na fé, pessoas estranhas se unem pelas leis do matrimônio. Pela fé firmada no contrato nupcial, um homem estranho se une com comunhão de corpos e de bens estranhos. Na fé até a agricultura se fundamenta, pois não se submete ao trabalho senão quem confia receber os frutos. Na fé os marinheiros percorrem o mar, confiantes no minúsculo lenho. Trocam o firmíssimo elemento da terra pelo instável das ondas, entregando-se a esperanças incertas e apegando-se a uma fé mais segura que qualquer âncora. Na fé toma consistência a maior parte das coisas humanas, o que é convicção não só nossa, como já o disse, mas também dos de fora. Embora não aceitem as Escrituras, professam algumas doutrinas e as aceitam pela fé.

4. À verdadeira fé nos conclama ainda a leitura de hoje, apontando-nos o caminho pelo qual devemos agradar a Deus, pois diz: sem fé é impossível agradar [a Deus] (Hb 11,6). Quando decidirá o homem a servir a Deus se não crê que há um remunerador? Quando guardará uma jovem a virgindade ou será casto o jovem, se não crê que a castidade terá uma coroa imarcescível? (1Pd 5,4). A fé é o olho que ilumina toda a consciência e produz a inteligência, pois diz o profeta: Se não crerdes, não entendereis (Is 7,9). A fé fecha a boca dos leões (Hb 11,34), conforme Daniel, pois dele diz a Escritura: Daniel foi retirado da cova, sem traço algum de ferimento, porque tinha fé em seu Deus (Dn 6,23). Há algo mais espaventoso contra o diabo? Aliás, não há nenhuma espécie de armas contra ele senão a fé (1Pd 5,9), escudo incorpóreo contra um inimigo invisível. Lança seus variados dardos e asseteia na cega noite os incautos (Sl 10,3). Mas, embora o inimigo seja invisível, temos a fé como firme proteção, conforme o Apóstolo que diz: Embraçai em todo momento o escudo da fé com o qual possais inutilizar todos os dardos inflamados do maligno (Ef 6,16). Muitas vezes o dardo inflamado do desejo da voluptuosidade vergonhosa é arremessado pelo diabo. Mas a fé, que nos faz uma pintura do juízo e refrigera a alma, extingue o dardo.

5. Longo é o discurso sobre a fé e todo o tempo do dia não seria suficiente para desenvolvê-lo. Mas baste-nos por ora um dos exemplos do Antigo Testamento: a figura de Abraão de quem nos tornamos filhos pela fé (Rm 4,11; Gl 3,7). Ele foi justificado não só pelas obras, mas também pela fé (Tg 2,21). Ele fizera muitas obras boas, mas nunca fora chamado amigo de Deus (Tg 2,23), a não ser quando acreditou (Gn 15,6). Todas as suas obras foram realizadas na fé. Pela fé deixou os pais, abandonou a pátria, a região e o lar (Hb 11,8; 9,10). Como ele também tu sejas justificado (Rm 4,23). Morto estava no corpo para gerar filhos, pois estava avançado em idade e idosa era Sara, sua mulher. Já não havia nenhuma esperança de prole. E Deus promete ao ancião a prole. Abraão não fraqueja na fé (Rm 4,19), mesmo considerando o corpo já marcado pela morte. É que ele não considerava a fraqueza do próprio corpo e sim o poder de quem fizera a promessa, porque cria naquele que prometia (Hb 11,11). Assim, para além de toda expectativa, conseguiu de corpos marcados pela morte o filho (Hb 11,12). Depois de consegui-lo, se lhe ordenou que oferecesse o filho (Gn 22,1-19) (mesmo que lhe tenha sido dito: Em Isaac será chamada tua posteridade) (Gn 21,12). Ofereceu o filho unigênito a Deus, crendo que Ele poderia ressuscitá-lo dos mortos (Hb 11,19). Amarrando o filho, coloca-o sobre a lenha. Pela vontade o sacrificara, mas pela bondade de Deus recebeu-o de volta vivo (Gn 22,9-13). Deu-lhe Deus um carneiro para ser imolado em lugar do filho. Por isso, por ser fiel, foi assinalado para a justiça e recebeu a circuncisão, o selo da fé (Rm 4,11). Obteve a promessa de que seria o pai de muitas nações (Gn 17,5).

6. Vejamos como Abraão é o pai de muitas nações. Que o seja dos judeus é manifesto pela sucessão carnal. Mas se nos ativermos à sucessão carnal, devemos dizer que a sentença está errada, pois ele não é nosso pai segundo a carne, mas sua fé é o tipo da nossa e por ela somos filhos de Abraão (Rm 4,12). Como e de que modo? Junto aos homens é incrível que um defunto ressurja dos mortos, como é, igualmente, incrível que velhos marcados pela morte ainda gerem filhos. Ora, quando se prega que Cristo foi crucificado no lenho e depois de morto ressuscitou, nós o cremos. Logo, por semelhança de fé, chegamos à adoção de Abraão. Então, pela fé, à semelhança dele, recebemos o selo espiritual, circuncidados pelo Espírito Santo através do batismo, não no prepúcio do corpo, mas no coração, conforme Jeremias que diz: Circuncidai-vos em honra de Deus; tirai os prepúcios de vosso coração (Jr 4,4); e conforme o Apóstolo: Na circuncisão de Cristo, com Ele fostes sepultados no batismo (Cl 2,11-12) e o que segue.

7. Se guardarmos esta fé, não estaremos sujeitos à condenação e nos ornaremos com toda a espécie de virtudes. Pois a fé pode tanto que faz até os homens andarem com leveza sobre o mar. Pedro era homem semelhante a nós, composto de sangue e carne, vivendo dos mesmos alimentos que nós. Mas crendo no que Jesus disse: Vem, andou sobre as águas (Mt 14,19) tendo a fé como o alicerce mais firme. O peso de seu corpo era compensado pela leveza da fé. Enquanto cria, andou com passos firmes sobre a água; quando, porém, duvidou, começou a afundar (Mt 14,30). Diminuindo em parte a fé, também o corpo foi atraído para o fundo. Vendo a sua situação difícil, Jesus, que corrige os sentimentos das almas, disse; Homem de fé mesquinha. Por que duvidaste? (Mt 14,31). Fortalecido por quem lhe tomara a mão direita, de novo recobrou a fé e, guiado pelo Senhor, recomeçou a andar sobre as águas. Isto, pois, insinua o Evangelho dizendo: Subindo eles à barca

(Mt 14,32). Não diz que Pedro voltou nadando, mas dá a entender que andou a mesma distância para voltar à barca quanto percorrera para chegar a Jesus.

8. Tamanho vigor tem a fé que não só o que crê se salva, mas também outros foram salvos pela fé dos que creram. Não acreditara o paralítico de Cafarnaum, mas criam os que o trouxeram e o baixaram através do telhado. Como o corpo, também a alma do enfermo estava doente. E não julgues que o acuso sem razão. O próprio Evangelho diz: Vendo Jesus, não a fé dele, mas a fé deles, disse ao paralítico: Levanta-te (Mt 9,2-7). Os que o levavam creram e o paralítico logrou a cura.

9. Queres ainda ver com mais segurança como pela fé de uns se salvam outros? Lázaro morreu. Passou o primeiro, o segundo e o terceiro dia. Começaram a dissolver-se seus nervos e a podridão já comia o corpo. Como poderia crer um morto há quatro dias e invocar em seu favor o Redentor? O que faltava ao defunto foi suprido pelas irmãs. Chegando o Senhor, caiu-lhe aos pés a irmã. Perguntou-lhe Ele: Aonde o colocastes? Respondeu ela: Senhor, já cheira mal, pois há quatro dias está morto. Disse o Senhor: Se creres, verás a glória de Deus (Jo 11,14s.). É como se Ele dissesse: Tu suprirás teu irmão no que diz respeito à fé. E tanto pôde aquela fé das irmãs, que arrancou o morto das portas do Hades [mansão dos mortos]. Se, portanto, uns crendo pelos outros conseguiram ressuscitar alguém dos mortos, tu, por tua vez, se creres sinceramente, não tirarias maior proveito? Mas, mesmo que sejas incrédulo ou de pouca fé, o Senhor é benigno e inclina-se para ti se fizeres penitência. Dize somente com generosidade: Creio, Senhor, ajuda minha incredulidade (Mc 9,23). Se julgas seres crente, não possuis ainda a perfeição da fé. É necessário que com os apóstolos digas: Senhor, aumentai a nossa fé (Lc 17,25). De tua parte, tens pouca coisa, mas dele recebes muito.

10. Ainda que a palavra fé seja uma em sua denominação, todavia tem dois sentidos. Há um que se refere aos dogmas e inclui a aprovação da alma a alguma coisa. E é de utilidade para a alma, conforme diz o Senhor: Aquele que escuta minhas palavras e crê naquele que me enviou tem a vida eterna e não é julgado (Jo 5,24). E ainda: Quem crê no Filho não é julgado (Jo 3,18), mas passou da morte para a vida (Jo 5,24). Ó imensa benignidade de Deus! Os justos em muitos anos agradaram a Deus. O que eles conseguiram em muitos anos, isto Jesus te concede graciosamente no curto espaço de uma hora. Se crês, pois, que Jesus Cristo é Senhor e que Deus o ressuscitou dos mortos, serás salvo (Rm 10,9) e transferido ao paraíso (Lc 23,43) por aquele que para lá levou o bom ladrão. E não duvides que isto seja possível: pois aquele que salvou o ladrão em uma hora de fé, neste santo Gólgota, também salvará a ti que crês.

11. Outro sentido de fé é dado por Cristo em forma de graça. A um é dado pelo Espírito a palavra de sabedoria; a outro a palavra de ciência, segundo o mesmo Espírito; a outro a fé, no mesmo Espírito; a outro o dom de curas (1Cor 12,8-9). Esta fé dada pelo Espírito como graça, não só se refere aos dogmas, mas opera outrossim coisas que vão além das forças do homem. Quem tiver uma tal fé dirá a este monte: Vai daqui para lá, e ele irá (Mt 17,20). Se alguém disser isto com fé e não vacilar em seu coração (Mc 11,23) receberá esta graça. Desta fé ainda se diz: Se tiverdes fé como um grão de mostarda (Mt 17,20). Como o grão de mostarda é, na verdade, pequeno de tamanho, mas de vigor ardente e, semeado em pequeno espaço, lança grandes galhos, de modo que crescido pode abrigar as aves (Mt 13,32), assim também a fé pode, em um instante, realizar na alma coisas grandiosas. Ela manifesta Deus e o reconhece no que é possível. Iluminada pela fé, [a alma] percorre os confins da terra e, antes da consumação deste século, já vê o juízo e a justa retribuição das promessas. Tem, portanto, fé nele, enquanto depende de ti, para receberes também dele o que ultrapassa as forças humanas.

12. Recebe, pois, e guarda só a fé no ensinamento e na profissão. Fé que te é transmitida pela Igreja e que se funda em toda a Escritura. Mas como nem todos podem ler as Escrituras, sendo que a alguns a ignorância e a outros a ocupação afasta do conhecimento – para que a alma não se perca – oferecemos em poucas linhas todo o dogma da fé, o qual quero recordar-vos com as próprias palavras e que deveis recitar vós mesmos com todo o cuidado. Não quero que os escrevais em papel, mas que os graveis na memória de vosso coração. Cuidai também que, ao meditardes o que vos foi transmitido, nenhum catecúmeno o escute[34]. Tende, pois, este viático no decurso de toda a vida e além desta fé não recebais nenhuma outra, mesmo que nós, se mudássemos de opinião, vos anunciássemos coisa contrária da que agora vos ensinamos, e mesmo que o anjo maligno, transfigurado em anjo da luz (2Cor 11,14), vos quisesse induzir em erro. Ainda que nós ou um anjo do céu vos anunciasse outro Evangelho, diferente do que temos anunciado, seja para vós anátema (Gl 1,8-9). Por enquanto, escuta simplesmente a leitura das verdades da fé e memoriza-as. A seu tempo te será oferecida a confirmação tirada das Divinas Escrituras acerca de cada artigo de fé. Por conseguinte, o símbolo da fé não foi composto a capricho dos homens, mas foram coligidas de toda a Escritura as verdades essenciais e se formou

---

34. É provável que Cirilo tenha aqui pronunciado o Credo. Não foi transcrito devido à sua proibição, segundo a qual os catecúmenos não o deviam ter por escrito e nem o pronunciar diante dos outros.

assim o conjunto harmonioso de doutrina da fé. Como a semente de mostarda em pequeno grão contém muitos ramos, assim também esta fé, em poucas palavras, compreende todo o conhecimento contido no Antigo e Novo Testamento (Cat. 23,3). Vede, pois, irmãos, e mantende as tradições que agora recebeis (2Ts 2,14) e gravai-as em vosso coração (Pr 7,3).

13. Acautelai-vos religiosamente para que o inimigo não espolie alguém relaxado e que nenhum herege perverta algo do que recebestes. Fé é um lançar o dinheiro sobre a mesa (Lc 19,23)[35]; o que nós acabamos de fazer. Mas Deus pedirá conta do depósito. Conjuro-vos, como diz o apóstolo, diante de Deus, que vivifica todas as coisas, e diante de Jesus Cristo que fez a boa confissão em presença de Pilatos (1Tm 5,21; 6,13-14), que guardeis imaculada esta doutrina que vos foi entregue, até a vinda de nosso Senhor Jesus Cristo. O tesouro de vida agora te foi dado e o Senhor, por ocasião de sua vinda, procurará o que foi confiado. A seu tempo, aparecerá o bem-aventurado e único Soberano, o Rei dos reis e Senhor dos senhores, o único que possui a imortalidade e habita uma luz inacessível, ao qual nenhum homem viu nem pode ver (1Tm 6,15-16). A Ele a glória, a honra e o império pelos séculos dos séculos. Amém.

---

35. Entende-se que seja mesa de câmbio ou lugar onde se depositava o dinheiro (banco).

Catequese 6
Sobre a monarquia de Deus

Feita em Jerusalém de improviso sobre a monarquia de Deus, comentando: Creio em um só Deus. Feita também sobre as heresias. Leitura de Isaías: Voltai de novo a mim, ilhas. Israel obterá do Senhor uma salvação eterna; não será confundido nem envergonhado até o fim dos tempos (Is 45,16-17) etc.

1. Bendito seja Deus e Pai de nosso Senhor Jesus Cristo (2Cor 1,3). Bendito seja também seu Filho unigênito (Rm 9,5), pois quando se pensa em Deus pensa-se outrossim no Pai, a fim de que se louve indizivelmente o Pai e o Filho juntamente com o Espírito Santo[36]. O

---

36. Essa alusão ao Espírito Santo não consta em alguns códices. Porém, é comum a Cirilo a alusão à Santíssima Trindade como se constata em algumas de suas catequeses (cf. Cat. 4,16; 16,4).

Pai não possui uma glória e o Filho outra, pois ambos [com o Espírito Santo] têm uma só e mesma glória. Já que é Filho Unigênito do Pai, ao ser o Pai glorificado, o Filho participa da mesma glória. A glória do Filho dimana da honra que se tributa ao Pai (Pr 16,6). Igualmente, sendo o Filho glorificado, grandemente é honrado o Pai deste bem.

2. A mente compreende isto rapidamente. A língua precisa de palavras e de muitos torneios explicativos. Da mesma forma a vista abarca com um olhar o imenso coro dos astros. Mas se alguém quisesse descrever cada um: qual seja o astro da manhã, qual o da tarde e descrever cada qual em sua ordem, necessitaria de muitas palavras. De modo semelhante, num momento, a mente abarca a terra e o mar e todos os confins do orbe. Mas o que compreende num abrir e fechar de olhos só é descrito com muitas palavras. Grande é o exemplo que foi proposto, mas ainda é fraco e tênue. De Deus exprimimos não o que devemos (só Ele possui este conhecimento), mas o quanto a natureza humana abrange e o quanto a nossa fraqueza pode suportar. Não vamos explicar o que é Deus, pois não sabemos exatamente quem Deus é em si. Confessamo-lo com candura. No que se refere às coisas de Deus é grande ciência reconhecer a ignorância. Glorificai, pois, comigo o Senhor, juntos exaltemos seu nome (Sl 33,4). Todos exaltemos, pois um não é suficiente.

Mesmo que todos nos juntemos, nem assim conseguiríamos fazer o que é necessário. Não só digo vós aqui presentes, mas se os filhos todos de toda a Igreja Universal, tanto os presentes quanto os futuros, formassem um coro uníssono, mesmo assim não seriam capazes de cantar dignamente o Pastor.

3. Grande e venerável foi Abraão. Grande para os homens. Mas quando se aproximou de Deus, disse-o com generosidade e sinceridade: Eu sou terra e cinza (Gn 18,27). Não disse: terra, e depois se calou. Isso para que não desse a si mesmo o nome de um grande elemento. Mas acrescentou: cinza, para exprimir como se sentia frágil e transitório. Há algo, diz ele, menor e desprezível que a cinza? (Cat. 16,22). Compara, diz ele, a cinza com a casa, a casa com a cidade, a cidade com a província, a província com o Império Romano, o Império Romano com toda a terra e todas as suas circunscrições, e ainda a terra toda e o céu que a envolve. A terra possui para o céu tal proporção como o centro da roda para com toda a circunferência (pois tal é a comparação da terra com o céu). Sabe que este primeiro céu, o visível, é menor do que o segundo, e o segundo menor do que o terceiro (estes são os que a Escritura nomeia (2Cor 12,2), não porque existam só eles, mas porque só nos convém conhecer estes). Se, pois, com a inteligência penetrares todos os céus, nem assim os céus louvarão a Deus tal qual é em si, ainda que ressoassem com vozes mais altas que o trovão. Se, portanto, tamanha extensão dos céus não são capazes de louvar dignamente a Deus, como, então, a terra e a cinza, o menor e o mais vil dos seres, poderia entoar a Deus um hino digno, ou falar adequadamente de Deus, que abarca todo o âmbito da terra, cujos habitantes são como gafanhotos em sua mão? (Is 40,22).

4. Antes que alguém se atreva a falar as coisas de Deus, exponha primeiro os limites da terra. Habitas a terra e desconheces o limite de tua casa, a terra. Como poderias conhecer de modo condigno o Criador? Vês os astros, mas não vês seu Criador. Conta primeiro os visíveis e, então, fala daquele que não aparece, que conta a multidão dos astros e designa cada um por seu nome (Sl 146,4). As gotas de chuva mais abundantes quase nos causaram uma catástrofe. Conta somente as gotas que caíram nesta cidade, conta as gotas que caíram durante uma hora na tua casa, se és capaz. Mas é impossível. Reconhece a tua incapacidade. Com isto avalia o poder de Deus. Diante dele estão contadas as golas da chuva (Jó 36,27), derramadas sobre todo o orbe, não só agora, mas em todo o tempo. Obra de Deus é o sol, grande na verdade, mas pequeníssimo em comparação com todo o céu. Contempla primeiro o sol e, então, poderás inquirir diligentemente sobre o Mestre. Não procures o que é demasiado profundo para ti e não tentes penetrar o que está acima de ti; mas pensa no que te foi ordenado (Eclo 3,22).

5. Dirá alguém; se a substância divina é incompreensível, por que falas dela? Porventura se não posso beber todo o rio, por que não beberia comedidamente o que me convém? Já que não posso abarcar todo o sol com um relancear dos olhos, não seria lícito olhar o suficiente para minha necessidade? E se, introduzido num grande pomar, não comer toda a quantidade de frutas, queres que saia dali todo faminto? Louvo e glorifico a quem nos criou, pois é mandamento divino que nos diz: Tudo o que respira louve o Senhor (Sl 150,6). Tentarei agora louvar o Senhor, mas não darei explicações com palavras. Além disto estou consciente de que estou longe de poder louvá-lo condignamente. Mas é dever de piedade empreendê-lo de algum modo. O Senhor Jesus consola minha fraqueza, dizendo: A Deus ninguém jamais viu (Jo 1,18).

6. O que então? – dirá alguém – não está escrito: Os anjos dos pequeninos veem continuamente a face de meu Pai que está nos céus? (Mt 18,10). Aliás, os anjos veem, não como Deus é, mas na medida de sua capacidade. Pois é o próprio Jesus que diz: Não que alguém tenha visto o Pai, a não ser só aquele que é de Deus, este viu o Pai (Jo 6,46). Os anjos veem, pois, o quanto são capazes; os arcanjos como podem; os tronos e as dominações melhor do que os primeiros, mas abaixo do que convém; só pode ver como convém, juntamente com o Filho, o Espírito Santo. Pois Ele perscruta todas as coisas, mesmo as profundezas de Deus (1Cor 11,10). O Filho unigênito, juntamente com o Espírito Santo, conhece ao Pai como é necessário (pois ninguém conhece o Pai, diz, a não ser o Filho e a quem o quiser revelar (Mt 2,27)). Vê a Deus como deve e, com o Espírito e através do Espírito, o revela na medida da capacidade de cada um. Porquanto, o Filho unigênito, com o Espírito Santo, participa da divindade do Pai. Gerado de modo impassível, antes dos tempos eternos (2Tm 1,9), conhece o Pai e o Pai o conhece. Ignorando os próprios anjos (pois o Unigênito, como dissemos, a cada um revela conforme sua capacidade, com o Espírito e através do Espírito Santo), nenhum homem se envergonhe de confessar sua ignorância. Falo eu agora e, a seu tempo todos, mas o como não posso dizê-lo. Como posso atingir o que me deu a possibilidade de falar? Possuindo eu uma alma não posso especificar as suas faculdades. Como poderia representar o doador da alma?

7. Basta à nossa piedade saber somente isto: Temos um só Deus, Deus que existe sempre, sempre igual a si próprio, cujo pai não é um outro. Ninguém é mais forte do que Ele (Cat. 4,4). A Ele nenhum sucessor depõe do Reino. Possui muitos nomes. É todo-poderoso e de substância simples. Embora se chame bom, justo, todo-poderoso e Sabaot, não é diverso nem diferente. Sendo sempre um e o mesmo, manifesta as mais variadas operações da divindade. Não tem ora mais e ora menos, mas é em tudo igual a si mesmo. Não é grande em benignidade e pequeno em sabedoria, mas possui a benignidade e a sabedoria do mesmo modo. Não vê em parte, nem em parte é privado da vista. É todo vista, todo ouvido e todo inteligência. Não é como nós que em parte conhecemos e em parte ignoramos. Blasfemo é este dircurso e indigno da substância divina. Conhece de antemão o que existe. É santo e todo-poderoso, melhor do que todos, maior do que todos e mais sábio do que todos. Jamais poderemos explicar seu início, forma e figura. Jamais ouvistes a sua voz nem vistes a sua figura (Jo 5,37), diz a divina Escritura. Por esta razão disse ainda Moisés aos israelitas: Tende cuidado com as vossas almas: não vistes figura alguma (Dt 4,15). Se é inteiramente impossível formar uma imagem, seria a mente capaz de penetrar a substância [divina]?

8. Muitos fantasiaram muitas coisas e todos erraram. Uns julgam ser Deus fogo (Sb 13,2); outros como um homem alado, por estar escrito corretamente, mas sendo erradamente entendido: Esconde-me à sombra de tuas asas (Sl 16,8). Esquecem que nosso Senhor Jesus Cristo, o Unigênito, disse igualmente a respeito de si em Jerusalém: Quantas vezes eu quis reunir teus filhos, como a galinha reúne seus pintainhos debaixo das asas, e não quiseste! (Mt 23,37). Seu poder protetor é significado pelas asas. Eles, não entendendo, caíram em modo de agir humano e estimaram humanamente o insondável. Outros ousaram afirmar que Ele tem sete olhos, por estar escrito: Os sete olhos do Senhor a olharem sobre toda a terra (Zc 4,10). Se disser que Deus possui sete olhos e enxerga parcialmente e não o todo, é uma blasfêmia, pois deve-se crer que Deus é perfeito em tudo, segundo a afirmação do Salvador que diz: Vosso Pai celeste é perfeito (Mt 5,48). Perfeito no ver, perfeito na bondade, perfeito na justiça, perfeito na benignidade. Não está circunscrito a um lugar, mas é criador dos lugares. Estando em toda parte por nenhum lugar é limitado. Seu trono é o céu, mas sobressai aquele que nele está sentado. Escabelo é a terra (Is 66,1; At 7,49), mas o seu poder se estende até às coisas subterrâneas.

9. Um é Deus, onipresente, tudo vendo, tudo sabendo, criando tudo por Cristo: todas as coisas foram feitas por Ele e sem Ele nada se fez (Jo 1,3). Fonte máxima e inesgotável de todo o bem, rio de benefícios, luz eterna que brilha sem cessar, poder insuperável que se inclina para as nossas fraquezas, cujo nome não somos capazes de ouvir. Porventura, acharás o rastro do Senhor, diz Jó, ou chegarás até à perfeição do que fez o Onipotente?

(Jó 11,7). Se não se compreendem as coisas mínimas das criaturas, como se compreenderia aquele que tudo criou? Nenhum olho viu e nenhum ouvido ouviu nem jamais penetrou no coração do homem o que Deus preparou para os que o amam (Is 64,4; 1Cor 2,9). Se o que Deus preparou ultrapassa a capacidade de nossos pensamentos, como poderíamos compreender aquele que tudo preparou? Oh! profundidade da riqueza e sabedoria e ciência de Deus! Quão insondáveis são os seus juízos e imperscrutáveis os seus caminhos (Rm 11,33), diz o Apóstolo. Se os juízos e os caminhos são incompreensíveis, Ele próprio seria compreendido?

10. Tão grande é Deus e ainda maior! Pois, se todo o meu ser fosse língua, não poderia falar dignamente dele (mesmo que todos os anjos se reunissem, não falariam dele dignamente). Sendo Deus tão grande e tão bom, o homem teve a coragem de esculpir uma pedra e dizer: Tu és meu Deus! (Is 44,17). Oh! cegueira tamanha, que decaíste de tanta grandeza para tanta baixeza! O lenho que Deus plantou e a chuva fez crescer e, queimando depois vira cinza, é chamado deus! O Deus verdadeiro é desprezado. A maldade da idolatria exuberou. Mesmo o gato e o cão e o lobo foram adorados em lugar de Deus. O próprio leão antropófago foi adorado em lugar de Deus amantíssimo dos homens. A serpente e o dragão, êmulos daquele que nos expulsou do paraíso, foram adorados. O que estabeleceu o paraíso foi menosprezado. Tenho vergonha de dizê-lo, mas digo-o: até a cebola foi adorada por alguns. O vinho, que foi dado para alegrar o coração do homem (Sl 102,15), é adorado como Dionísio em vez de Deus. Foi Deus que criou o trigo, dizendo: Produza a terra verdura, ervas que contenham semente segundo a sua espécie e imagem (Gn 1,11), para que o pão fortaleça o coração do homem (Sl 103,15). Por que razão se adora Ceres? O fogo se produz com o atrito de pedras até hoje. Donde, pois, Vulcano, o criador do fogo?

11. Donde vem esta aberração do politeísmo dos gregos? Deus é incorpóreo. Como, então, são atribuídos adultérios aos que entre eles são chamados deuses? Silencio-me sobre as transformações de Zeus em cisne. Envergonhado refiro-me às suas metamorfoses em touro, pois os mugidos são indignos de Deus. O deus dos gregos foi surpreendido como adúltero, e eles não se envergonham. Se é adúltero, não seja chamado deus (Cat. 13,37). Junto a eles as mortes, quedas e fulminações são chamados deuses. Vê de onde e de que altura caíram. Não é sem razão que o Filho de Deus desceu para curar tamanha ferida. Não é sem razão que veio o Filho para que o Pai fosse reconhecido. Sabes agora o que moveu o Unigênito a descer do trono, à direita do Pai. O Pai era desprezado. Era mister que o erro fosse corrigido pelo Filho. Pois era necessário que aquele pelo qual tudo foi criado tudo oferecesse ao Senhor de todas as coisas. Convinha ainda que a ferida fosse curada. Que doença pior poderia haver do que adorar uma pedra em lugar de Deus?

As heresias

12. E não só entre os gentios o diabo lutou para conseguir estas coisas. Até muitos dos que falsamente se chamam cristãos, cognominados mal pelo suavíssimo nome de Cristo, ousaram impiamente afastar Deus das próprias criaturas. Digo dos hereges, desgraçados e alienados de Deus, que se simulam amigos de Cristo, mas são seus inimigos ferozes, pois quem blasfema o Pai de Cristo é inimigo do Filho. Ousaram afirmar duas divindades, uma boa e outra má. Oh! grande cegueira! Se é divindade, então é completamente boa. Se não é boa, por que é chamada divindade? A bondade é própria de Deus. Como a Deus convém a benignidade, a beneficência e todo poder, não temos senão um. Chamem-no Deus e unam ao nome o agir divino. Mas se o privarem do agir não o denominem de Deus.

13. Ousaram os heréticos afirmar dois deuses e duas fontes do bem e do mal, sendo estas eternas. Se ambas são eternas, devem ser completamente iguais e ambas poderosas: de que modo, então, a luz dissipa as trevas? Qual das duas estão, alguma vez, juntas ou separadas? Juntas não podem estar: Que comunidade há entre a luz e as trevas? (2Cor 6,14) diz o Apóstolo. Se estão afastadas uma da outra, cada uma tem seu lugar próprio. Se têm lugares próprios, é claro que estamos então nos lugares do único Deus e somente a Ele adoremos. Deve-se concluir que é preciso adorar um só Deus, mesmo que levemos em conta a estultície de alguns. Perguntemos-lhes o que afirmam do bom Deus. É poderoso ou impotente? Se é poderoso como, contra a sua vontade, se originou o mal? Ou como nasceu o mal sem que Ele o quisesse? Se o sabia e não pôde proibir, acusam-no de impotência. Se podia e não o proibiu acusam-no de traição. Vê a ignorância deles. Às vezes dizem que o Deus mau nada tem em comum com o Deus bom da criação do mundo. Outras vezes dizem que apenas a quarta parte é comum. Dizem que o bom é Pai de Cristo, mas chamam a este sol de Cristo. Se, portanto, o mundo, segundo eles, foi criado pelo Deus mau e o sol está situado no cosmo, como serve contra a vontade do domínio do Deus mau o filho do Deus bom? Estamos envoltos na lama, dizendo isto, mas é para que nenhum dos presentes, por ignorância, caia no lodo dos hereges. Sei que [com esta referência aos hereges] sujo minha boca e os ouvidos dos ouvintes. Mas convém, pois é preferível ouvir nas acusações os absurdos

dos outros, do que neles cair por ignorância. Muito melhor é tu conheceres o lodo e odiá-lo do que ignorando cair nele. A opinião ateia das heresias é diversa. Quando alguém se afasta do caminho reto, muitas vezes se precipita no abismo.

14. Autor de toda a heresia é Simão Mago. Simão, que é mencionado nos Atos dos Apóstolos (8,18-21) e quis comprar com dinheiro a graça incomparável do Espírito, ouviu: Não tens parte nem herança nesta palavra, e o que segue. Dele está escrito: De nós saíram eles, mas não eram dos nossos. Se dos nossos fossem, teriam permanecido conosco (Jo 2,19). Depois de ser expulso pelos apóstolos, ele se a juntou a uma prostituta chamada Helena e veio a Roma. Teve a ousadia de primeiramente afirmar com boca blasfema que ele mesmo era o Pai que aparecera no Monte Sinai e que, posteriormente, aparecera como Cristo Jesus entre os judeus, não na carne, mas em aparência (Cat. 16,6). Em seguida diz ter aparecido como Espírito Santo prometido por Cristo como Paráclito. E seduziu de tal modo a cidade de Roma que Cláudio lhe erigiu uma estátua com os dizeres em língua latina: *Simoni Deo Sancto* (A Simão, o Deus Santo).

15. Quando o erro se espalhava mais largamente, apareceram os chefes da Igreja, Pedro e Paulo, par egrégio, para corrigir esse erro. Declararam imediatamente a morte a Simão, que se tem em conta de deus. Tendo Simão prometido que subiria aos céus, pela maquinação dos demônios era levado para o alto. Ajoelharam-se os servos de Deus e, demonstrando aquela concórdia de que fala Jesus: "Se dois de vós concordarem em pedir qualquer coisa lhes será outorgada". Lançaram a arma da concórdia, pela oração, contra o mago, e o atiraram por terra. Não é admirável, ainda que seja admirável, pois Pedro era quem trazia consigo as chaves do céu. E não era digno de admiração, pois era Paulo que fora arrebatado ao terceiro céu e ao paraíso e ouvira palavras inefáveis que não é permitido ao homem pronunciar. Eles trouxeram do ar à terra o pretenso deus, para ser lançado aos subterrâneos. Esse foi o primeiro dragão da maldade. Mas, cortada uma cabeça, a raiz do mal foi reconhecida novamente como tendo muitas cabeças.

16. A seguir, Cerinto perturbava a Igreja. O mesmo fizeram Menandro e Carpócrates, e ainda os ebionitas e Marcião, boca da infidelidade (Cat. 4,4). Proclama ele diversos deuses: um bom e outro justo. Contradiz o Filho que diz: Pai justo (Jo 17,25). Quem chama a um Pai e a outro criador do mundo, se opõe ao Filho que diz: Deus assim reveste a erva que hoje está no campo e amanhã é lançada ao forno de fogo (Lc 12,28) e: o qual faz nascer o sol sobre bons e maus e faz chover sobre justos e injustos (Mt 5,45). Este Marcião ainda foi o autor de outro erro. Sendo arguido pelos testemunhos dispostos no Antigo e Novo Testamento, foi o primeiro a ousar eliminar estes testemunhos (Cat. 16,7). Assim, depois de ter abandonado a Deus, privou a palavra de promessa de sua prova. Queria, afastados os arautos, tornar a fé da Igreja fraca e caduca.

17. Sucedeu-o Basílides, nome de mau agouro e de costumes corruptíssimos, anunciador da impudicícia. Associou-se à malícia também Valentino, anunciador de trinta deuses. Os gregos dizem menos. O que assim se chamava e não era cristão, estendeu o erro até trinta [deuses]. E afirma ele: Bitos [o Abismo] (pois lhe convém que, sendo o abismo da maldade, do abismo tivesse início), gerou Sigé [o Silêncio] e Sigé gerou o Logos [o Verbo]. Tal afirmação é pior do que o Zeus dos gregos que se uniu à própria irmã. Dizia-se ser Sigé, filha de Bitos. Vês o absurdo revestido com o manto do Cristianismo[37]. Prossegue um pouco e odiarás a impiedade, pois ele afirma que dele [Bitos] nasceram oito éons e deles outros dez; e daqueles mais doze, machos e fêmeas. Como ele chega a esta série de éons? Vê a prova destas doidices. Donde tiras a prova dos trinta

---

37. É pouco comum na literatura primitiva o emprego do termo "CRISTIANISMO". Santo Inácio de Antioquia é o primeiro a empregá-lo, em oposição ao judaísmo (*Mag.* 10,1.3) e em oposição, como instituição, aos pagãos (Rm 3,3).

éons? Está escrito – diz Valentino – que Jesus tinha trinta anos quando foi batizado. Mesmo que Jesus tivesse trinta anos quando foi batizado (Lc 3,23), como pode destes trinta anos ser tirada esta conclusão? Ora, se rompeu cinco pães para cinco mil (Mt 14,19-21), existem porventura cinco deuses? Por ter tido doze discípulos, devem existir também doze deuses?

18. Nada é isto em comparação com as outras impiedades. A última dos deuses, sendo hermafrodita, como ousam dizer, é a Sofia [a Sabedoria]. Oh! blasfêmia! O Filho unigênito, Cristo, é a sabedoria de Deus (1Cor 1,24). Mas ele [Basílides] rebaixou pelas palavras a sabedoria de Deus à condição de um ente feminino, ao elemento trigésimo e à última obra. Acrescenta ainda que a Sabedoria buscou ver o primeiro Deus e não suportando o brilho caiu do céu e foi tirada do número dos trinta. A seguir teria gemido e com os seus gemidos gerou o diabo e chorando a sua queda teria produzido o mar com suas lágrimas. Vês a impiedade? Como seria, a partir da Sabedoria, gerado o diabo? E da prudência a malícia? E da luz as trevas? E afirmam que o diabo gerou outros, dos quais alguns teriam formado o mundo. E Cristo desceu para afastar os homens do criador do mundo.

19. Escuta o que dizem ser Cristo Jesus, para os odiares ainda mais. Ensinam que, ao cair a Sabedoria, para completar o número de trinta, os vinte e nove éons cada qual cedeu uma mínima parte, formando assim Cristo. E a este também chamam de hermafrodita. Ora, existe coisa mais ímpia que esta? Há coisa mais deplorável? Eu exponho este erro para que o detestes ainda mais. Foge, pois, desta impiedade e nem saúdes tal pessoa (Jo 10,11), para não participares das obras estéreis das trevas (Ef 5,11). E não te ocupes muito com estas coisas, nem queiras entreter-te com elas.

20. Abomina todos os hereges. De modo especial aquele cujo nome deriva de mania[38] e furor. Surgiram recentemente sob o Imperador Probo. Há uns setenta anos aquela sedução se originou e ainda existem homens que viram aquele herege com seus olhos. Não o detestes por ter vivido há pouco tempo. Pelas doutrinas ímpias que espalhou odeia o autor da malícia, vaso de toda a impureza. Acumulou em si todo o lodaçal da heresia. Desejando sobressair nos males, recebeu-os de cá e lá, formando uma só heresia pejada de blasfêmia e de toda a iniquidade. Prejudicou a Igreja (e ainda mais os de fora da Igreja) como um leão a rondar e à procura de quem devorar (1Pd 5,8). Não atendas às suas palavras sedutoras, nem à sua humildade fingida. Serpentes são eles e raça de víboras (Mt 3,7). Também Judas disse:

---

38. Refere-se Cirilo à heresia maniqueia, associando-a ao termo mania, que também significa furor, ira.

Salve, Rabi (Mt 26,49), e o traiu. Não consideres os beijos, mas acautela-te contra o veneno.

21. Para não parecer que acusamos temerariamente, exponhamos rapidamente quem seja este Mani e, em parte, qual sua doutrina. Na verdade, nem a eternidade seria capaz de apresentar todo o seu lodaçal. Fixa isto na memória para que, no tempo oportuno, te sirva de ajuda. Tudo isto vale ser relembrado aos que estiveram presentes antes e é dito aos que estão agora, a fim de que os ignorantes aprendam e os que sabem o rememorem. Mani não vem dos cristãos, Deus nos livre! Nem Simão foi expulso da Igreja, nem ele, nem os que antes dele foram mestres. É ladrão de males alheios, dos quais se apropriou. Ouviremos de que modo[39].

22. Houve no Egito um certo Citiano, de origem sarracena, que não tinha nada em comum, nem com o judaísmo nem com o cristianismo. Morando em Alexandria e, levando vida à moda aristotélica, compôs quatro livros: um chamado Evangelho, que não continha os fatos de Cristo, mas exibia unicamente o nome [de Evangelho]; a um outro intitulou Capítulos, ao terceiro Mistérios e ao quarto Tesouro. Este ainda circula entre eles. Discípulo dele foi Terebinto. Quando

---

39. Com isso o autor quer acentuar que, como Simão, também Manes nunca antes pertencera à Igreja.

Citiano planejou viajar para a Judeia e corromper a região. Deus o feriu de morte e assim atalhou a peste.

23. Discípulo da maldade, Terebinto, herdeiro do dinheiro, dos livros e da heresia, veio à Palestina. Reconhecido e condenado na Judeia, decidiu emigrar para a Pérsia. Para não ser reconhecido, mudou de nome, chamando-se Buda. Mesmo lá teve adversários: os sacerdotes de Mitra. Em muitos colóquios e discussões com eles, foi refutado. Imprensado, finalmente, refugiou-se junto a uma viúva. A seguir subiu ao telhado e invocou os demônios do ar, que os maniqueus até hoje invocam na chamada cerimônia do fogo. Mas Deus o feriu e, precipitado do telhado, expirou. Assim se extirpou o segundo animal.

24. Sobraram, porém, os livros da impiedade. E a viúva se tornou herdeira tanto dos livros como dos bens. Não possuindo parentes nem alguma outra pessoa, decidiu comprar, com os bens, um menino de nome Cúbrico. Adotou-o e educou-o na disciplina dos persas como filho e, assim, para a perdição da humanidade, afiou a arma má. Cúbrico, o servo mau, cresceu entre filósofos. Quando a viúva faleceu, herdou os livros e os bens. A seguir, como se envergonhasse do nome de escravo, chamou-se, em lugar de Cúbrico, Mani, que na língua persa significa discurso. Pensando ser algum retórico exímio, tomou o nome Mani. Na região de língua persa conquistou honra com isto. Mas a providência de Deus fê-lo, contra sua vontade, acusador de si próprio: enquanto cria honrar-se na Pérsia, junto aos gregos, por causa de seu nome, foi tido como maníaco.

25. Teve o desplante de chamar-se o Paráclito. Ora, está escrito: Quem blasfemar contra o Espírito Santo jamais terá perdão (Mc 3,29). Blasfemou, pois, chamando-se de Espírito Santo. Quem se associa a tais homens, veja com quem entra em comunhão. O escravo abalou o mundo, já que três coisas fazem tremer a terra, e uma quarta que não se pode suportar: um escravo que se toma rei (Pr 30,21-22). Publicamente prometia coisas sobre-humanas. Adoeceu o filho do rei dos persas e uma chusma de médicos estava aos seus pés. Então, Mani prometeu, por sua piedosa oração, curar o enfermo. Afastaram-se os médicos; ao mesmo tempo se foi a vida do menino. Estava com isso comprovada a impiedade do homem. O filósofo foi manietado e lançado ao cárcere, não porque tivesse arguido o rei sobre a verdade ou destruído ídolos, mas porque, prometendo salvar o filho do rei, falhou, ou melhor – para dizer a verdade – o assassinou. O menino que pelos cuidados médicos poderia ser salvo, aquele, afastando os médicos, matou com sua negligência.

26. De todo o catálogo de pecados que enunciei, lembra primeiro a blasfêmia; em seguida a escravidão (não porque a condição de escravo seja vergonhosa, mas porque não convém que um servo finja liberdade); terceiro, a mentira da falsa promessa; quarto, a morte do menino e quinto, a vergonha do cárcere. E não era só a vergonha do cárcere, mas ainda a fuga do cárcere. O que se chamava Paráclito e lutador pela verdade, fugiu. Não foi imitador de Jesus que, prontamente, abraçou a cruz, mas ao contrário, fugiu. A seguir o rei dos persas mandou supliciar os guardas do cárcere. Por sua presunção foi Mani culpado da morte do menino; por sua fuga, a causa da morte dos guardas do cárcere. Quem é culpado da morte será merecedor de adoração? Não deveria ele ter imitado Jesus e dizer: Se a mim buscais, deixai que estes se retirem? (Jo 18,8). Não deveria dizer com Jonas: Tomai-me e lançai-me ao mar. Sou eu a causa desta tempestade? (Jo 1,12).

27. Foge do cárcere e vai para a Mesopotâmia. Mas aí se lhe opôs o Bispo Arquelau, escudo da justiça. Ele o arguiu diante de um colégio de juízes filósofos, na presença de um auditório gentio. Cristãos não deviam decidir para que os juízes não fossem suspeitos. Vamos, disse Arquelau, expõe a tua doutrina. E ele, cuja boca era como um sepulcro aberto (Sl 5,11), começou com blasfêmias contra o Criador, declarando: O Deus do Antigo Testamento é inventor de maldades, dizendo de si mesmo: Eu sou um fogo devorador (Dt 4,24). Mas o sábio Arquelau desfez a blasfêmia dizendo: Se o Deus do Antigo Testamento se chama de fogo, como dizes, então, de quem é filho o que diz: Eu vim lançar fogo à terra? (Lc 12,49). Se acusas o que afirma: O Senhor é quem dá a morte e a vida (1Sm 2,6), como veneras a Pedro que ressuscita Tabita (At 9,40) e mata Safira? (At 9,10). Se censuras [o Deus do Antigo Testamento] por ter preparado fogo (Dt 32,22), por que não censuras o que diz: Apartai-vos de mim para o fogo eterno? (Mt 25,41). Se criticas o que diz: Eu, o Senhor, faço a paz e suscito os males (Is 45,7), expõe como Jesus diz: Não vim trazer a paz, mas sim a espada (Mt 10,34). Sendo que ambos dizem a mesma coisa, de duas uma: ou ambos são bons porque concordam nas palavras ou, sendo Jesus incensurável ao dizer isto, por que reprovas quem no Antigo Testamento diz coisa igual?

28. Diz, então, Mani: Quem é o Deus que cega?, pois Paulo diz: Entre eles, o deus deste mundo cegou a inteligência dos incrédulos, para que não brilhasse para eles a luz do Evangelho (2Cor 4,4). Arquelau replicou com acerto: Lê o que vem um pouco antes: Se o nosso Evangelho está encoberto, isto o é para os infiéis que vão para a perdição (2Cor 4,3). Vês que está encoberto para os que se perdem? Não se deve lançar as coisas santas aos cães (Mt 7,6). Além disto, só o Deus do Antigo Testamento cegou as inteligências dos infiéis? Não disse também o próprio Jesus: Por isto lhes falo em parábolas, para que vendo, não vejam? (Mt 13,13; Lc 13,10; Mc 4,12). Acaso foi por ódio que quis que não vissem? Ou, por serem indignos, por fecharem os olhos? (Mt 13,15). Pois, onde há maldade voluntária, aí também há subtração da graça: Ao que tem se lhe dará, mas a quem não tem, o que parece ter será tirado (Mt 25,29).

29. Se quisermos aceitar a opinião de alguns exegetas (opinião que não parece má), deveríamos dizer: Mesmo que tenha cegado a inteligência dos infiéis, cegou-os para o bem, a fim de que contemplassem coisas boas. Não diz: Cegou-lhes a alma, mas a inteligência dos infiéis. O sentido do dito é este: Cega as cogitações de fornicar do fornicador e o homem foi salvo; cega o pensamento do ladrão de roubar e furtar e o homem foi salvo. Mas não queres aceitar esta explicação? Existe ainda outra. O sol não cega os que são cegos; o sol cega os que veem, prejudicados pelo fulgor da luz; o sol não é responsável por isto, mas a natureza dos olhos. Assim também os infiéis, doentes do coração, não podem fixar os raios da divindade. E não diz: Cegou-lhes as inteligências para não ouvirem o Evangelho, mas: para que não brilhasse para eles a luz da glória do Evangelho de nosso Senhor Jesus Cristo (2Cor 4,4). A todos é permitido ouvir a glória do Evangelho. A glória do Evangelho, porém, é reservada aos sinceros seguidores de Cristo. Aos que não podiam ouvir o Senhor falou em parábolas (Mt 13,13). Aos discípulos explicava em particular as parábolas (Mc 4,34); o fulgor da glória aos iluminados, a cegueira aos infiéis. Estes mistérios que agora a Igreja confia a ti que saíste do catecumenato, não é costume explicar aos gentios. Não expomos ao gentio os mistérios do Pai e do Filho e do Espírito Santo. Nem mesmo aos catecúmenos explicamos com toda a clareza os mistérios. Falamos, frequentes vezes, muitas coisas, veladamente, para que os fiéis, que já os conhecem, compreendam e os ignorantes não vejam.

30. Com estes e outros argumentos, o dragão foi abatido. Arquelau infligiu a Mani, com tais lutas, a derrota. De lá fugiu novamente aquele que do cárcere fugira. Evadindo-se do seu contraditor, como a serpente no paraíso que deixando de lado Adão atacou Eva, vem a uma aldeia miserável. Mas o bom pastor Arquelau, preocupado com suas ovelhas, ouvindo da fuga, rapidamente perseguiu o lobo fugitivo; percebendo Mani o adversário, imediatamente, tornou a fugir. Foi sua última fuga, pois os soldados do rei dos persas vasculharam todos os esconderijos e pegaram o fujão. E o castigo que já merecera de Arquelau, infligiram-lhe os soldados do rei. Mani, adorado pelos seus discípulos, é agarrado e levado diante do rei. Exprobrou-lhe o rei a mentira e a fuga. Zombou de sua escravidão, vingou a morte do menino e condenou-o pela morte dos guardas do cárcere.

Segundo o costume persa, mandou esfolá-lo vivo e o resto do corpo entregá-lo às feras. Aquele péssimo receptáculo da alma, a pele, foi suspensa como um odre diante das portas. Quem se chamava a si mesmo de Paráclito e se arrogava o conhecimento do futuro, não previu a própria fuga e prisão.

31. Mani teve três discípulos: Tomé, Badas e Hermas. Ninguém deve ler o Evangelho segundo Tomé, porque não é um dos doze apóstolos. É um dos três maus discípulos de Mani. Ninguém deve aderir aos maniqueus, corruptores de almas. Com águas preparadas com palha exibem seus austeros jejuns. Caluniam o criador dos alimentos, enquanto se empanturram com as mais lautas iguarias. Ensinam que quem corta um ou outro legume nele é transformado. Se aquele que corta uma planta ou um legume fosse nele transmudado, os camponeses e os filhos dos jardineiros em quantos seriam convertidos? Como vemos, o jardineiro levanta a foice contra tantas plantas. Em qual delas é mudado? Verdadeiramente ridículas, desprezíveis e vergonhosas são estas doutrinas. Em que animal é metamorfoseado o pastor que sacrificou uma ovelha e matou um lobo? Muitos homens pegaram peixes com a rede e aves com o visco. Em qual deles serão transmudados?

32. Respondam: filhos da preguiça são os maniqueus. Não trabalham e devoram o fruto dos que trabalham. Os que lhes trazem alimentos recebem-nos com rosto alegre e em vez de bênçãos descarregam maldições. Se na sua inexperiência alguém algo lhe traz, dizem-lhe: Espera um pouco lá fora e te abençoarei. A seguir, toma o pão nas mãos (como no-lo referiram convertidos) e dizem os maniqueus ao pão: Eu não te criei. Soltando maldições contra o Altíssimo, pragueja contra o Criador, enquanto come o pão. Se odeias os alimentos, por que com cara risonha fixas quem os trouxe a ti? Se agradeces ao que os trouxe, por que blasfemas contra Deus que preparou e criou os alimentos? E mais. Diz o maniqueu: Eu não te semeei. Seja semeado quem te semeou. Eu não te colhi com a foice. Seja colhido quem te colheu. Eu não te assei no fogo. Seja assado quem te assou. Belas palavras de agradecimento!

33. Grandes são estes vícios, mas ainda pequenos em comparação com outras coisas. Não tenho coragem de descrever diante de homens e mulheres o batismo dos maniqueus. Não ouso dizer em que molham o figo que oferecem aos míseros. Seja expresso somente por indícios. Os homens têm tais coisas durante o sono e as mulheres na menstruação. Sujamos a nossa boca ao referirmos tal coisa. Foram acaso os gentios mais abomináveis que estes? Foram os samaritanos mais criminosos, os judeus mais ímpios? São os fornicadores mais impuros? Quem comete fornicação no espaço de uma hora satisfaz a sua paixão. Mas logo mais, reprovando o que fez, como profanação, sente ser preciso um banho e reconhece a impureza do ato. Mas o maniqueu coloca tudo isto (como lhe parece) no meio do altar, manchando a boca e a língua. Ó homem, queres ser ensinado por tal boca? Encontrando-o, saudá-lo-ias com um beijo? Não devias evitar a boca maculada de tudo que é impiedade, as mãos impudicas, a eles próprios, mais abomináveis do que qualquer prostituta?

34. A Igreja, comunicando tais coisas e esclarecendo-as, toca no lamaçal a fim de que tu não te enlameies. Mostra as feridas para que tu não sejas ferido. Basta-te saber estas coisas. Não queiras conhecê-las por experiência própria. Deus troveja e todos nós trememos. Eles blasfemam. Deus lança seus raios e todos nós caímos por terra. Eles, com suas línguas, praguejam contra os céus. Jesus diz de seu Pai: *Faz surgir o sol sobre justos e injustos; faz cair a chuva sobre maus e bons* (Mt 5,45). Eles dizem que a chuva se origina os ardores eróticos e têm a ousadia de dizer que vive no céu uma bela virgem com um belo rapaz. Eles sentem os desejos amorosos ao mesmo tempo que os camelos e os lobos. E segundo o tempo hiemal, ele persegue a moça: ela foge e ele a segue de perto. Com a correria se banha de suor e das gotas de suor se originaria a chuva. Isto está escrito nos livros dos maniqueus. Nós próprios o lemos, porque não criamos

163

no que relatavam. Por amor de vossa segurança nos aprofundamos na pesquisa da perdição deles.

35. Queira Deus guardar-vos de tal sedução e insuflar-vos inimizade contra o dragão, para que, como eles insidiam o vosso calcanhar, assim vós lhes calqueis a cabeça (Gn 3,15). Lembrai-vos do que vos foi dito. Que harmonia há entre as nossas coisas e as deles? Que comunidade entre a luz e as trevas? (2Cor 6,14). Que comparação há entre a gravidade e a santidade da Igreja e as abominações dos maniqueus? Aqui há ordem; aqui há disciplina; aqui há seriedade; aqui há castidade; aqui é considerado pecado olhar alguma mulher com olhos concupiscentes (Mt 5,28). Aqui o matrimônio é mantido em seriedade; aqui há continência perpétua, dignidade angélica da virgindade. Aqui as refeições são tomadas com ação de graças; aqui reconhecimento para com o autor do universo. Aqui o Pai de Cristo é adorado. Aqui se ensina temor e tremor diante de quem faz chover. Aqui se elevam doxologias ao que troveja e relampeia.

36. Associa-te às ovelhas. Foge dos lobos. Não te afastes da Igreja. Abomina mesmo aqueles que outrora foram suspeitos dessas coisas. Se não souberes que já fazem penitência há algum tempo, não te fies neles precipitadamente. A verdadeira doutrina sobre a unidade de Deus te foi entregue. Conhece as flores das ciências. Sê um bom administrador, ficando com o que é bom e abstendo-te de toda espécie de mal (1Tt 5,21-22). Se tu mesmo um dia foste herege, abomina a erro, depois de reconhecê-lo. Há o caminho da salvação se rejeitares o mal, se de coração o detestares, se dele te afastares, não só com os lábios, mas também com o coração, se adorares o Pai de Cristo, o Deus da lei e dos profetas, se reconheceres ser Deus bom e justo, uno e o mesmo. Queira Ele conservar-vos e proteger-vos de toda a queda e escândalo, firmando-vos na fé, em Cristo Jesus nosso Senhor, a quem a glória pelos séculos dos séculos. Amém.

Catequese 7
Sobre o Pai

Feita em Jerusalém de improviso sobre a palavra do símbolo: Pai. Leitura da Epístola aos Efésios: Por esta razão dobro os meus joelhos diante do Pai, de quem toda a paternidade nos céus e na terra deriva o nome (Ef 3,14) etc.

1. Sobre a unidade de Deus falei-vos o suficiente no dia de ontem. Digo o suficiente, não com respeito à sublimidade do tema (pois ao homem mortal é completamente impossível atingi-lo), mas quanto ao que nossa fraqueza alcança. Percorri ainda os mais variados caminhos tortuosos das ímpias heresias. Depois de termos repelido o seu lodaçal e o seu veneno mortífero e depois de termos lembrado os seus costumes – não para sermos prejudicados, mas para os abominarmos ainda mais – voltemos agora a nós e retomemos a explicação das doutrinas salutares da verdadeira fé. À sublime doutrina da unidade de Deus faremos seguir a da paternidade na fé em um só Deus Pai. É mister crer não só em um só Deus, mas além disto, com toda a piedade, que Ele é o Pai do Unigênito, nosso Senhor Jesus Cristo.

2. Sob este ponto de vista estamos acima dos judeus que, na verdade, em suas doutrinas aceitam um só Deus (mesmo que o tenham pela idolatria renegado muitas vezes), mas não o admitem como Pai de nosso Senhor Jesus Cristo. Com isto se opõem aos seus próprios profetas que nas Divinas Escrituras dizem: Disse-me o Senhor: Tu és meu filho, hoje te gerei (Sl 2,7). Até hoje eles se agitam e se unem para conspirar contra o Senhor e contra seu Cristo (Sl 2,2). Creem que sem piedade para com o Filho podem conciliar a amizade do Pai, ignorando que ninguém vem ao Pai a não ser através do Filho (Jo 14,6) que diz: Eu sou a porta (Jo 10,9) e: Eu sou o caminho (Jo 14,6). Quem, portanto, rejeita o caminho que leva ao Pai e quem desconhece a porta, como poderá ser digno de chegar a Deus? Opõem-se ainda ao que está escrito no Sl 88: Ele me invocará: Tu és meu Pai, Tu és meu Deus e protetor de minha salvação. Assim eu o constituirei meu Primogênito, o mais excelso entre os reis da terra (Sl 88,27-28). Se eles pretender dizer estas coisas de Davi ou de Salomão ou de algum sucessor deles, mostrem, então, como o trono (Sl 88,30) daquele que segundo sua opinião é significado pela profecia terá duração do céu e será como o sol diante de Deus e como a lua subsistirá para sempre (Sl 88,38). Como não respeitam o que está escrito: do ventre materno antes da aurora eu te gerei (Sl 109,3), e: Ele viverá tão longamente como o sol, tanto quanto ilumina a lua através das gerações (Sl 71,5), referir tudo isto a um simples homem seria sinal de extrema ingratidão.

3. Com tais e semelhantes declarações os judeus, já que o querem, mostram, pois, que convivem com a infidelidade. Mas nós aderimos à religião da fé e adoramos o único Deus, Pai de Cristo. Seria infame privar de tal dignidade aquele que deu a todas as criaturas a força gerativa (Is 64,9). E creiamos em um Deus Pai, desde já, antes de discutirmos mais profundamente sobre Cristo, pois a fé no Unigênito deve radicar-se na alma dos ouvintes. Se por ora falamos do Pai, esta fé não pode ser esquecida em nenhum momento.

4. O nome Pai lembra ao mesmo tempo o Filho. De modo semelhante, se alguém nomeia o Filho, logo pensa também no Pai. Se há Pai, então, certamente Pai do Filho. E se Filho, certamente Filho do Pai. Pelo fato de dizermos: Em um só Deus, Pai todo-poderoso, criador do céu e da terra, de todas as coisas visíveis e invisíveis, acrescentamos a seguir: e em um só Senhor Jesus Cristo. Com isso não queira alguém menos piamente suspeitar que o Unigênito está em segundo lugar, depois do céu e da terra. Por este motivo, antes de mencionar estas coisas, caracterizemos a Deus como Pai, a fim de que, ao pensarmos no Pai, pensemos ao mesmo tempo no Filho. Entre o Pai e o Filho nada de criado se interpõe.

5. Em sentido impróprio Deus é Pai de muitos. Mas de um só por natureza e em verdade: do unigênito Filho, nosso Senhor Jesus Cristo. Não se fez Pai na sucessão dos tempos, mas é Pai do Unigênito desde sempre. Não foi Ele antes disso sem filho, tornando-se Pai depois, em consequência de uma transformação. Todavia, antes de toda a substância, antes de toda coisa sensível, antes dos tempos de todos os séculos. Deus possui a dignidade paterna pela qual é honrado acima de todo e qualquer título. Não se fez Pai pela paixão, nem pelo amplexo marital, nem por ignorância, nem por emanação; não sofreu diminuição, nem alteração, pois todo dom perfeito vem do alto, desce do Pai das luzes, no qual não há mudança nem sombra de eclipse (Tg 1,17). O Pai perfeito gerou um Filho perfeito. Entregou todas as coisas a quem gerou. Tudo me foi entregue por meu Pai (Mt 1,27), diz. E o Pai é honrado pelo Unigênito: Pois eu honro o Pai (Jo 8,49), diz o Filho e ainda: Como eu guardei os preceitos de meu Pai, e permaneço em seu amor... (Jo 15,10). Dizemos, portanto, com o Apóstolo: Bendito seja o Deus e Pai de nosso Senhor Jesus Cristo, Pai das misericórdias e Deus de toda consolação (2Cor 1,3); e: Dobramos os joelhos ante o Pai, de quem toda a paternidade nos céus e na terra deriva o nome (Ef 3,14s.), glorificando-o juntamente com o Filho unigênito, porquanto, quem nega o Pai nega também o Filho (1Jo 2,22) e ainda: Aquele que confessa o Filho também tem o Pai (Jo 2,23), sabendo que Jesus Cristo é Senhor para a glória de Deus Pai (Fl 2,11).

6. Adoramos, portanto, o Pai de Cristo, criador do céu e da terra, o Deus de Abraão, de Isaac e de Jacó (Ex 3,6), em cuja honra se construiu cá, do lado oposto, o templo anterior. Não suportaremos os hereges que separam o Antigo do Novo Testamento, mas escutaremos Cristo que diz do templo: Não sabeis que devo estar no que é de meu Pai? (Lc 2,49). E de novo: Tirai estas coisas daqui e não façais da casa de meu Pai casa de negócios (Jo 2,16). Com estas palavras declarou com toda a evidência que o precedente templo de Jerusalém é a casa de seu Pai. Mas se alguém, na sua infidelidade, exige ainda mais provas de que o Pai de Cristo é idêntico ao Criador do universo, escute-o dizendo: Não se vendem dois passarinhos por um asse? Todavia nem um deles cai sobre a terra sem a vontade de meu Pai que está nos céus (Mt 10,29). E ainda: Olhai as aves do céu: não semeiam, nem ceifam, nem recolhem em celeiros, e vosso Pai celeste as alimenta (Mt 6,26); e mais: Meu Pai opera até agora e eu também opero (Jo 5,17).

7. Mas, para que ninguém por simplicidade ou por astúcia, afirme que Cristo é igual em dignidade aos homens justos, por ter dito: subo para meu Pai e vosso Pai (Jo 20,17), será bom prevenir que o nome de Pai é um, mas sua força significativa é múltipla. Tomando em conta este fato, disse Jesus, seguramente: Vou para meu Pai e vosso Pai. Não disse: Nosso Pai. Distinguiu: primeiro disse com respeito a si mesmo: meu Pai. Aqui, Pai está em sentido natural. Acrescentou depois: e vosso Pai, onde está como Pai por adoção. Mesmo que nos seja permitido dizer na oração: Pai nosso que estais nos céus (Mt 6,9), isto é um dom de sua benignidade. Nós o chamamos de Pai, não porque fomos gerados por via natural pelo Pai celeste, mas porque fomos transladados da escravidão para a adoção pela graça do Pai, através do Filho e do Espírito Santo. Assim podemos falar, graças à sua inefável benignidade.

8. Se alguém quiser saber como nós podemos chamar a Deus de Pai, escute o ótimo pedagogo Moisés que diz: Não é Ele teu Pai, teu criador, que te fez e te criou? (Dt 32,6). O Profeta Isaías diz: No entanto. Senhor, Tu és nosso Pai, nós somos argila, todos nós fomos modelados por tuas mãos (Is 64,8). Esta profecia nos ensina com toda clareza que o chamamos de Pai não por natureza, mas por gratificação divina e adoção.

9. E, para melhor ainda compreenderes que nem sempre nas Divinas Escrituras o pai natural é chamado pai, escuta Paulo dizendo: Ainda que tenhais dez mil pedagogos em Cristo, não teríeis muitos pais, pois, pelo Evangelho, quem vos gerou em Cristo Jesus fui eu (1Cor 4,15). Paulo foi pai dos coríntios, não por tê-los gerado segundo a carne, mas porque os instruiu e regenerou pelo Espírito. Escuta ainda Jó que diz: Era eu um pai para os pobres (Jo 29,16). Chamou-se a si mesmo de pai, não por tê-los gerado a todos, mas por deles se compadecer. O próprio Filho unigênito de Deus, quando estava preso segundo a carne à cruz, vendo Maria, sua mãe segundo a carne, e João, o mais amado dos discípulos, disse-lhe: Eis a tua mãe (Jo 19,27.26); e a Maria: Eis teu filho. Queria com isto exprimir a obrigação da caridade e explicar a difícil palavra de Lucas: Seu pai e sua mãe estavam maravilhados (Lc 2,33). Há hereges que usurpam esta palavra para afirmar que foi gerado de homem e mulher. Mas, do mesmo modo como Maria foi designada mãe de João, não por tê-lo gerado segundo a carne, mas pela caridade, assim também José é chamado pai de Cristo, não por tê-lo gerado (pois não a conheceu, segundo o Evangelho, até que ela deu à luz seu Filho primogênito

(Mt 1,25)), mas pela razão de tê-lo alimentado e criado com carinho.

10. Tudo isto vos seja lembrado rapidamente. Acrescentemos ainda outro testemunho apodítico para provar que Deus é chamado Pai dos homens abusivamente. Se em Isaías se diz a Deus; Tu és nosso Pai, Abraão de fato nos desconhece e Sara não nos pariu (Is 68,16); será mister fazer ainda uma pesquisa mais profunda? E se o salmista diz: Tremam diante de sua face, pai dos órfãos e defensor das viúvas (Sl 76,6), porventura não compreendem todos que Deus é chamado Pai dos órfãos que há pouco perderam os próprios pais e não por tê-los gerado de si, mas por lhes tomar o cuidado e a defesa? Deus, portanto, é Pai dos homens abusivamente. De Cristo somente Deus é Pai por natureza e não por adoção (Cat. 11,4). Dos homens, Ele é Pai no tempo; de Cristo, porém, antes dos tempos, conforme Ele mesmo diz: E agora Tu. Pai, glorifica-me junto a ti mesmo com a glória que tive junto de ti antes que o mundo existisse (Jo 17,5).

11. Cremos, portanto, em um só Deus Pai, imperscrutável e inenarrável. A Ele homem algum viu. Só o Unigênito no-lo fez conhecer (Jo 6,46). Pois aquele que é de Deus, esse viu a Deus (Mt 18,10), cuja face os anjos contemplam sem cessar nos céus; contemplam cada qual segundo a medida da ordem própria de cada um. A visão pura do esplendor do Pai é reservada ao Filho e ao Espírito Santo.

12. Tendo chegado o nosso discurso a este ponto e, lembrado do que dissemos há pouco de que Deus é chamado Pai dos homens, fico grandemente espantado pela ingratidão dos homens. Na sua inefável benignidade. Deus se dignou ser chamado Pai dos homens. Ele que está nos céus é Pai dos que estão na terra (Is 40,12); o criador dos séculos, dos que estão no tempo; o que segura a terra na palma das mãos (Is 40,22) e é Pai dos que sobre a terra são como gafanhotos. Mas o homem, abandonando o Pai celeste, disse ao lenho: Tu és meu Pai; e à pedra: Foste Tu que me geraste (Jr 20,27). É por esta razão, assim me parece, que o salmista diz à humanidade: Esquece o teu povo e a casa de teu pai (Sl 44,11); isto é, esquece aquele que escolheste por pai, a quem atraíste para tua perdição.

13. Alguns, porém, elegeram por pai não só madeiras e pedras, mas até o próprio satanás, destruidor das almas. A estes diz convincentemente o Senhor: Vós fazeis as obras de vosso pai (Jo 8,41) – isto é, do diabo, pai dos homens – não por natureza, mas pelo engano. Pois, como Paulo, pela doutrina religiosa se chamou pai dos coríntios (2Cor 4,15), assim o diabo é chamado pai dos que espontaneamente a ele se associam (Sl 49,18). Não admitimos a asserção daqueles que interpretam mal este dito: Nisto conhecemos os filhos de Deus e os filhos do diabo (1Jo 3,10), como se houvesse alguns homens que por natureza se salvam e outros que se perdem. Não é coagido, mas por livre e espontânea vontade que conseguimos esta santa filiação. Nem o próprio traidor, Judas, foi por natureza (Lc 6,16) filho do diabo e da perdição (Jo 17,12). Aliás, de modo algum teria desde o início expulsado demônios em nome de Cristo, pois satanás não expulsa satanás (Mc 3,25). Nem Paulo por sua vez se teria transformado de perseguidor em arauto. A filiação pousa sobre a livre-escolha, conforme diz João: Mas a todos que o receberam, deu-lhes poder de virem a ser filhos de Deus, àqueles que creem em seu nome (Jo 1,12). Foram dignos de serem filhos de Deus, não antes da fé, mas livremente, em virtude da fé.

14. Conhecendo estas verdades, andemos no Espírito para sermos dignos da filiação divina. Porque os que são movidos pelo Espírito de Deus, esses são filhos de Deus (Rm 8,14). De nada nos valeria ter obtido o nome de cristãos, se não o acompanham as obras. Vejamos que não nos seja dito: Se sois filhos de Abraão, fazei as obras de Abraão (Jo 8,39). Pois, se invocamos como Pai aquele que sem acepção de pessoas julga a cada qual segundo as obras, andemos em temor todo o tempo de nossa peregrinação, não amando o mundo nem o que há no mundo. Se alguém ama o mundo, não está nele a caridade do Pai (Jo 2,15). Assim, filhos caríssimos, demos glória ao Pai que está nos céus pelas obras, para que, vendo nossas boas obras, glorifiquem nosso Pai que está nos céus (Mt 5,16). Lancemos sobre Ele todas as nossas preocupações (1Pd 5,7) porque nosso Pai conhece as coisas de que necessitamos (Mt 6,8).

15. Se honramos nosso Pai celeste, honraremos também nossos pais segundo a carne (Hb 12,9). Expressamente diz o Senhor na lei e nos profetas: Honra teu pai e tua mãe, para que sejas feliz e teus dias se prolonguem sobre a terra (Ex 20,12). Este mandamento escutem-no de modo especial os presentes que têm pai e mãe. Filhos, obedecei aos vossos pais em tudo, pois isto é agradável ao Senhor (Ef 6,1). O Senhor não diz: Quem ama pai e mãe não é digno de mim (Mt 10,37), para prevenir a má interpretação do que está tão belamente escrito; acrescenta, porém: mais do que a mim (Mt 10,37). Se os pais desta terra tiverem sentimentos opostos aos do Pai dos céus, então vale esta palavra. Mas se eles não puserem óbices à nossa vida religiosa e nós, por ingratidão, esquecidos dos seus benefícios, os desprezarmos, então a nós se aplica aquela sentença: Quem amaldiçoar seu pai ou sua mãe será punido de morte (Ex 21,17; Lc 20,9; Mt 15,4).

16. A primeira virtude dos cristãos é a piedade, o honrar os pais, o retribuir os trabalhos dos que nos deram a vida, fazendo tudo para tornar agradável e tranquilo o seu repouso. Embora lhes retribuamos muitas coisas, somos incapazes de lhes dar a vida que nos deram. Se gozarem de nosso repouso (Ecl 3,6), cumular-nos-ão de bênçãos que o astuto Jacó com prudência garantiu para si (Gn 27,37). Queira o Pai dos céus acolher nossa boa vontade e fazer-nos dignos de resplandecer como o sol com os justos no reino de nosso Pai (Mt 13,43), a quem a glória, com o Unigênito e Salvador nosso Senhor Jesus Cristo, com o santo e vivificador Espírito, agora e para sempre e pelos séculos dos séculos. Amém.

Catequese 8
Todo-poderoso

Feita em Jerusalém de improviso sobre a palavra: Todo-poderoso. Leitura de Jeremias: Deus grande e Senhor poderoso, és grande em teus desígnios, poderoso em tuas realizações; o onipotente, o Senhor de glorioso nome (Jr 32,18-19) etc.

1. Por crermos em um só Deus, cortamos todo o erro do politeísmo. Esta fé usamo-la como arma contra os gentios e todo o poder dos hereges. Pelo acréscimo: em um só Deus Pai, lutamos contra os da circuncisão, que negam o unigênito Filho de Deus. Como já explicamos ontem e antes de entrarmos em pormenores sobre a pessoa de nosso Senhor Jesus Cristo, pelo fato de dizermos: Pai, insinuamos que é Pai do Filho. Ficamos sabendo assim que Deus existe, bem como que tem um Filho. A isto acrescentamos que é igualmente todo-poderoso. Isto afirmamos em vista dos gentios, judeus e todos os hereges.

2. Alguns dos gentios chamam a Deus alma do mundo. Outros dizem que seu poder só se estende ao céu e não à terra. Outros ainda, levados igualmente ao erro com eles, interpretam mal o dito: Até às nuvens se eleva tua verdade (Sl 35,5; 56,11; 107,6). Ousaram circunscrever a providência de Deus às nuvens e ao céu, afastando de Deus as coisas da terra. Esqueceram as palavras do salmista que diz: Se eu subir até o céu, ali Tu estás; se descer até o inferno, lá te encontras também (Sl 138,8). Se nada é mais alto do que o céu e mais baixo do que a terra e o inferno, quem domina as coisas inferiores também atinge a terra.

3. Os hereges, por sua vez, como se disse anteriormente, não conhecem o Deus todo-poderoso. Todo-poderoso é quem possui poder sobre todas as coisas, quem domina tudo. Afirmando que um é senhor da alma e outro senhor do corpo, exprimem com isto que nenhum deles é perfeito, faltando a ambos alguma coisa. Aquele que tem poder sobre a alma, mas não sobre o corpo, como seria todo-poderoso? E quem domina os corpos e não as almas, como seria todo-poderoso? O Senhor refuta a estes dizendo o contrário: Temei antes aquele que pode lançar a alma e o corpo à geena (Mt 10,28). Se não tivesse poder sobre ambos, como o Pai de nosso Senhor Jesus Cristo os sujeitaria a ambos ao mesmo castigo? Como poderia, se não tivesse poder sobre ele, tomar o corpo e atirá-lo à geena? Foi necessário primeiro sujeitar o forte e arrebatar-lhe as armas (Mt 12,29).

4. A Escritura divina e a doutrina da verdade conhecem um só Deus que domina com poder sobre todas as coisas, mas, por querer, tolera muito. Domina até mesmo sobre os idólatras, a quem suporta com paciência. Tem poder também sobre os hereges que o rejeitam, se bem que os ature por magnanimidade. Domina outrossim o diabo, aguentando-o por longanimidade. Não o tolera como vencido, por fraqueza, pois ele é obra-prima do Senhor, feito para ser objeto de caçoada, não do próprio Senhor (Jo 40,14) – pois disto é indigno –, mas dos anjos por ele criados. Deus lhe deixou a vida por duas razões: para que ele, vencido, fosse tanto mais envergonhado, e os homens fossem coroados. Oh! sapientíssima providência divina, que aproveita a má vontade para a salvação dos fiéis. Como usou a má vontade dos irmãos de José para executar seus próprios desígnios, permitindo que vendessem, por ódio, o irmão, aproveitou a ocasião para fazer reinar o que queria; assim também permitiu que o diabo lutasse a fim de que os vitoriosos fossem coroados. E, conquistada a vitória, derrotado pelos inferiores, fosse o diabo coberto de tanto mais ignomínia (Cat. 2,4) e os homens, pela vitória contra o que outrora fora arcanjo, lograssem tanto mais triunfo.

5. Nada, portanto, se subtrai ao poder de Deus. Dele diz a Escritura: Todas as coisas te estão sujeitas (Sl 118,91). Tudo lhe está sujeito. Somente o único Filho e o único Espírito Santo se excetuam. E todas as coisas através do único Filho no Espírito Santo servem ao Senhor. Deus domina, pois, a todos e na sua longanimidade tolera assassinos, ladrões e fornicadores. Prefixou o tempo em que retribuirá a cada um segundo o que lhe foi entregue; deverão ser com tanto mais rigor castigados os que apesar do longo prazo continuarem impenitentes. São reis dos homens os que governam na terra, mas não sem o poder que vem do alto. Reconheceu-o pela experiência Nabucodonosor, dizendo: Seu reino é perpétuo e seu poder subsiste de geração em geração (Dn 4,31).

6. As riquezas, o ouro e a prata não pertencem ao diabo, como alguns acreditam. Todo o mundo das riquezas pertence ao fiel (Pr 17,6); ao infiel nem um centavo pertence. Ninguém é mais infiel do que o diabo e Deus, por meio do profeta, diz claramente: O ouro e a prata me pertencem (Ag 2,8) e a dou a quem quiser (Lc 4,6). É mister que faças bom uso dela; a prata não é censurável. Mas, se usares mal o que é bom, então, não querendo censurar tua má administração, impiamente dirigies a censura contra o Criador. Pode alguém alcançar a justiça com o dinheiro. Tive fome e me destes de comer (Mt 25,35), necessariamente a partir das riquezas; estive nu e me vestistes (Mt 25,36), necessariamente a partir das riquezas. E queres saber como as riquezas podem tornar-se porta do Reino dos Céus? Vende, diz o Senhor, o que tens, dá-o aos pobres e terás um tesouro nos céus (Mt 19,21).

7. Disse tudo isso por causa dos hereges que anatematizam as posses e as riquezas e os corpos. Não quero que tu sejas escravo das riquezas, nem tampouco que consideres como inimigas as que Deus te concedeu para tua utilidade. Nunca digas, portanto, que as riquezas são do diabo; ainda que ele diga: Tudo isto eu te darei porque me foi entregue (Mt 4,5; Lc 4,6), pode-se refutar sua afirmativa, pois a um mentiroso não se deve dar crédito. Talvez, coagido pelo poder do que estava presente, dissesse a verdade. Não disse: Tudo isto eu te darei porque é meu, mas sim: porque me foi entregue. Não usurpou o domínio, mas confessou tão somente o que lhe havia sido entregue, exercendo-o por ora. Oportunamente, pergunta aos exegetas se o diabo mente ou fala a verdade.

8. Um, portanto, é Deus, o Pai, o Todo-poderoso, que os hereges ousam cobrir de blasfêmias. Tiveram o desplante de blasfemar o Senhor Sabaot, sentado acima dos querubins (Is 6,3; Sl 89,2). Ousaram blasfemar o Senhor Adonai. Atreveram-se a blasfemar o Deus que nos profetas se mostrou todo-poderoso. Tu, adora um só Deus onipotente, o Pai de nosso Senhor Jesus Cristo (Rm 15,6). Foge do erro do politeísmo; foge de toda a heresia e dize com Jó: Rogarei ao Senhor todo-poderoso, que fez coisas grandes e insondáveis, gloriosas e admiráveis, que não têm número (Jo 5,8-9). E: Por isto tudo se tema o Onipotente, a quem a glória pelos séculos dos séculos. Amém.

Catequese 9
Criador do céu e da terra

Feita em Jerusalém de improviso sobre as palavras: Criador do céu e da terra, de todas as coisas visíveis e invisíveis. Leitura do Livro de Jó: Quem é este que me esconde o conselho e mantém as palavras no coração e crê poder ocultar-se de mim? (Jó 38,2) etc.

1. É impossível ver a Deus com os olhos carnais, pois o incorpóreo não pode ser visto com os olhos da carne. Atesta-o o próprio unigênito Filho de Deus que diz: A Deus ninguém jamais viu (Jo 1,18). Mesmo que alguém queira interpretar o que está escrito em Ezequiel como se Ezequiel o tivesse visto, ouça o que diz a Escritura: Viu a semelhança da glória do Senhor (Ez 2,1), não o próprio Senhor. Viu a semelhança da glória e não a própria glória, como é verdade. E vendo tão somente a semelhança de sua glória (Ez 2,1), e não a própria glória, de temor caiu por terra. Se, pois, a semelhança da glória provocou nos profetas temor e angústia, se alguém tentar ver o próprio Deus, certamente perderia a vida, conforme está escrito: Ninguém poderá ver a minha face e continuar a viver. Por esta razão, na sua imensa benignidade, estendeu o céu como cortina sobre a sua divindade para não perecermos. Isto não é palavra minha, mas foi o profeta que disse: Se abrísseis os céus o teu tremor assaltaria as montanhas e elas se fundiriam (Is 64,1). E por que te admirar se Ezequiel, ao ver a semelhança de sua glória, caiu por terra? Quando Gabriel, o servo do Senhor, apareceu a Daniel, Daniel ficou apavorado e caiu com a face por terra. E não ousou o profeta responder até que o anjo do Senhor se viu obrigado a transformar-se em semelhança de filho de homem (Dn 8,17; 10,15s.). Se Gabriel, ao ser visto, incutiu temor nos profetas, aparecendo o próprio Deus como é, não morreriam todos?

2. Contemplar a natureza divina com os olhos carnais é, pois, impossível. Mas podemos chegar, a partir das obras divinas, ao conceito do poder [de Deus], segundo o que diz Salomão: Pois é a partir da grandeza e beleza das criaturas que, por analogia, se contempla seu autor (Sb 13,5). Não diz ele que a partir das criaturas se vê o Criador, mas acrescentou: por analogia. Deus aparece a cada um tanto mais, quanto mais sublime conhecimento das criaturas o homem tiver adquirido. Se, por maior contemplação, o coração pulsar mais forte, terá também maior compreensão de Deus.

3. Queres saber por que é impossível apreender a natureza de Deus? Aqueles três jovens na fornalha ardente glorificam a Deus dizendo: Sê bendito Tu que penetras com o olhar os abismos, sentado sobre os querubins (Dn 3,55). Dize-me qual é a natureza dos querubins e só então considerarás aquele que está sentado sobre eles. Ora, o Profeta Ezequiel faz deles a descrição tanto quanto possível, dizendo: Cada qual tinha quatro faces: de homem, de leão, de águia, de touro (Ez 1,6). Cada qual tinha seis asas (Is 6,2) e olhos de todos os lados (Ap 7,8) e uma roda quádrupla debaixo de si (Ez 10,12; 1,15; 10,2.9). Ainda que o profeta dê a descrição, mesmo assim não somos capazes, ao lermos, de entendê-lo. Se, pois, não chegamos a entender o trono segundo o explanou, o que está sentado nele, sendo o invisível e inefável Deus, como o conheceríamos? Perscrutar a natureza íntima de Deus não é possível; mas glorificá-lo pelas criaturas visíveis é possível.

4. Assim, sois instruídos à base da tradição da fé e do que dizemos: Cremos em um só Deus, Pai todo-poderoso. Criador do céu e da terra, de todas as coisas visíveis e invisíveis. É que deveis lembrar-vos que Ele é Pai de nosso Senhor Jesus Cristo e fez o céu e a terra. Deveis fortalecer-vos contra as distorções dos ímpios hereges que se atrevem a blasfemar o todo sábio autor de todo o mundo: eles veem com os olhos da carne, mas estão privados dos olhos da inteligência.

5. O que têm eles para censurar nesta obra máxima de Deus? Eles deviam se encher de estupor ao enxergar a curvatura dos céus; eles deviam adorar aquele que estabeleceu o céu como um disco (Is 40,22), que formou a natureza fluida da água, a sólida substância do céu. Disse Deus: Faça-se o firmamento no meio da água (Gn 1,6). Deus o disse uma vez, e lá está e não se abala. O céu é água e de fogo são os elementos nele fixados: o sol, a lua e as estrelas. E como os elementos de fogo andam na água? Se alguém duvida a respeito das naturezas contrárias do fogo e da água, lembre-se do fogo que sob Moisés no Egito fulgurou no meio do granizo (Ex 9,23). Veja assim a sapientíssima criação de Deus. Já que a terra teria necessidade da água para ser trabalhada, Deus constituiu sobre ela o céu feito de água, a fim de que, ao necessitar a terra da irrigação das chuvas, estivesse o céu, por sua natureza, preparado.

6. E ainda mais. Não devemos encher-nos de admiração ao vermos a estrutura do sol? Aparece como miúda bola (Ecl 43,2), e lança tamanha energia. Levanta-se no Oriente e vai até o Ocidente, emitindo a luz. Descrevendo seu levante matutino o salmista diz: Ele é qual esposo que sai de seu tálamo (Sl 18,6). Narrou ele seu surgimento, irradiando sua luz brilhante e branda sobre os homens. Ao perpassar no meio-dia, qual cavaleiro, muitas vezes fugimos dele por motivo dos seus ardores. No seu levante alegra a todos quando aparece como noivo. Considera seu modo de agir (mas não tanto dele, e sim daquele que lhe definiu o curso), como no verão sobe mais alto, tornando os dias mais longos, dando tempo para o trabalho dos homens. No inverno, porém, abrevia o curso para tornar o tempo de descanso mais prolongado, não para que o tempo do frio se protraia, mas para que as noites mais longas sirvam de descanso aos homens e fertilidade para as plantas da terra. Vê como os dias em bela ordem se revezam: no verão mais longos; no inverno mais curtos; na primavera e no outono equilibrados na sua duração. As noites se revezam de modo semelhante, de modo que também delas diz o salmista: Um dia ao outro transmite a mensagem e uma noite à outra a repete (Sl 18,3). Gritem aos hereges que não têm ouvidos e o ensinem por sua ordem: não existe outro Deus a não ser o que criou, fixou e ordenou tudo.

7. Ninguém dê ouvidos aos que afirmam ser um o criador da luz e outro o das trevas. Lembre-se de Isaías que diz: Eu, o Senhor, formei a luz e criei as trevas (Is 45,7). Por que te aborreces com isto, ó homem? Por que te amofinas com o tempo que te é dado para o descanso? Talvez o servo não recebesse descanso do patrão se as trevas não trouxessem uma folga obrigatória. Não nos refazemos, durante a noite, depois de nos termos durante o dia afadigado? E aquele que durante o dia trabalhou, com o descanso da noite, não hauriu novas forças? O que leva mais à sabedoria do que a noite? Nela, muitas vezes, somos iluminados sobre as coisas de Deus. Nela fazemos a leitura e meditação dos oráculos divinos. Quando está a nossa alma mais disposta para a salmodia e a oração? Não é à noite? Quando com mais frequência nos vêm à lembrança os nossos próprios pecados? Não é durante a noite? Não aceitemos, portanto, a falsa doutrina de que um outro deus criou as trevas, pois a experiência mostra que elas são boas e utilíssimas.

8. Deveriam os hereges não só admirar, extasiados, o sol e a lua, mas também os bem ordenados coros de estrelas, seu curso desimpedido e o levante regular de cada um; como uns são sinal do verão, outros do inverno e como uns mostram o tempo da semeadura e outros o tempo do início da navegação; e o homem, sentado em seu navio, navegando pelas ondas infindas, dirige o barco enquanto observa os astros. Sobre estas realidades fala bem a Escritura dizendo: Sirvam eles de sinais e marquem o tempo e os anos (Gn 1,14). Não diz ela: que eles devam servir aos que se dedicam à astrologia e que na hora do nascimento predizem a sorte de cada um. Repara ainda como Deus, pouco a pouco, presenteia a luz do dia na sua providência, pois não vemos o sol levantar-se duas vezes, mas precede uma luz fraca para acostumar os olhos e fixarem o pleno brilho dos raios. Considera ainda como Deus modera a escuridão da noite com o brilho da lua.

9. Quem é o pai da chuva? Quem forma as gotas de orvalho? (Jó 38,28). Quem adensa o ar em nuvens? Quem lhe ordenou reter as águas da tempestade? Quem traz do norte as nuvens aurifulgentes? (Jó 37,22). Quem as acumula ora num todo e logo as separa nas formas mais bizarras e caprichosas? Quem é tão sábio que possa contar as nuvens? Em Jó se diz: Ele conhece o equilíbrio das nuvens (Jó 37,16), inclina o céu para a terra (Jó 38,37) e enumera as nuvens na sua sabedoria (Jó 26,8) e as nuvens não se rasgam sob seu peso (Jó 22,14). Apesar de pousarem tais massas de água sobre as nuvens, não se rasgam, mas as derramam ordenadamente sobre a terra. Quem solta os ventos dos seus reservatórios? (Sl 134,8). Quem, como já se disse, formou as gotas de orvalho? (Jó 38,28). Do ventre de quem procede o gelo?, pois aquosa é sua substância e lapídea a sua propriedade (Jó 38,28). Às vezes, a água se faz neve como lã, outras vezes, espalha a geada como cinza (Sl 147,5.16) e ainda é convertida em matéria dura como pedra, porquanto Deus dirige a água como lhe apraz. Possui uma só natureza, mas muitas formas de energia. A água, vinho na videira, alegra o coração do homem; e azeite na oliveira, faz brilhar o rosto do homem; transforma-se em pão que sustenta o coração do homem (Sl 103,15) e nos mais diversos produtos da agricultura[40].

10. Que, pois, se faz necessário? Blasfemar o Criador, ou antes adorá-lo? E por ora não estou falando dos mistérios ocultos de sua sabedoria. Considera a primavera e as flores mais variegadas que na sua semelhança tomam formas tão diferenciadas: o rubor da rosa e a brancura resplendente do lírio!. Um e outro se formam da mesma chuva e brotam da mesma terra. Quem, pois, gera a diversidade? Quem o que cria? Contempla a exatidão: de uma e mesma árvore se forma a cobertura protetora e os mais diversos frutos. E um é o artista. De uma videira parte se destina ao fogo, parte ao broto, parte à folhagem, parte à ramagem, parte às uvas. Admira ainda a dureza dos anéis do caniço que o artífice produziu. Da mesma terra provêm os répteis, as feras, o gado, as árvores, os alimentos, o ouro, a prata, o bronze, o ferro e a pedra. Uma é a natureza das águas. Delas se originam peixes e aves, a fim de uns nadarem na água e outros voarem no ar.

---

40. O conhecimento que São Cirilo tem das leis do universo corresponde à ciência da época. Mais importante do que o seu conhecimento é a ideia central que aparece nestas considerações: Deus é o Criador de todas as coisas.

11. Eis o mar, imenso e vasto, onde sem conta se agitam répteis (Sl 103,25). Quem poderia expor a beleza dos peixes que nele habitam? Quem poderia descrever a grandeza dos monstros marinhos? Quem a natureza dos anfíbios que vivem tanto na terra seca como nas águas? Quem pode descrever as profundezas do mar e sua extensão, ou a violência das ondas incomensuráveis? Mas o mar se contém em seus limites, às ordens de quem disse: Chegarás até aqui e não irás mais longe. Aqui se deterá o orgulho de tuas ondas (Jó 38,11). Este mandamento que lhe foi imposto o mar manifesta ao indicar a altura da maré por linhas na praia; com isto patenteia que não ultrapassou os limites que lhe foram traçados.

12. Quem é capaz de pesquisar a natureza das aves do ar? Algumas têm a língua perita em cantar, outras têm as mais variegadas penas; umas voam no meio do ar e param imóveis, como o gavião, pois é por ordem de Deus que o falcão alça voo e permanece imóvel, os olhares dirigidos para o sul (Jó 39,26). Quem dos homens pode ver a águia quando se alçou às alturas? (Jó 39,27). Se, portanto, não podes compreender a ave irracional que se eleva, como pretendes entender o Criador do universo?

13. Quem dos homens conhece ainda quais sejam os nomes de todos os animais? Ou, quem lhes pode penetrar a fisiologia? Se, pois, nem conhecemos os nomes dos animais, como compreenderíamos seu Criador? Uma foi a ordem de Deus: Produza a terra animais selvagens e domésticos e répteis segundo a sua espécie (Gn 1,24-25). E os mais diversos gêneros de animais com esta única ordem brotaram da mesma fonte: a ovelha mansíssima, o leão carnívoro. Originaram-se os diversos movimentos instintivos dos animais irracionais, para imitar as manifestações da livre-vontade do homem: a raposa ostenta a esperteza humana; a serpente mostra o veneno das amizades humanas; o cavalo que rincha, os adolescentes libertinos (Jr 5,8). A formiga aplicada foi criada para acordar o homem preguiçoso e inerte. Se alguém perde sua juventude na preguiça, é ensinado pelos animais irracionais. A Escritura divina o admoesta dizendo: Vai, ó preguiçoso, ter com a formiga, observa seu proceder e torna-te mais sábio que ela (Pr 6,6). Observando-a a recolher no tempo oportuno alimentos, imita-a e entesoura para ti os frutos das boas obras para os séculos futuros. Vai para a abelha e aprende como é trabalhadeira (Pr 6,8), como voluteia ao redor de todo o gênero de flores e recolhe para tua utilidade o mel. Assim tu deves percorrer as Divinas Escrituras para operar a tua salvação e, saciado com elas, digas: Quão saborosas são para mim as tuas palavras, mais doces do que o mel e o favo para minha boca (Sl 118,103).

14. Por acaso não seria digno de louvor seu artífice? É má a criação por tu não lhe penetrares toda a natureza?

Podes conhecer a eficácia de todas as plantas? ou aprender a utilidade toda contida em todos os viventes? Das próprias víboras venenosas já se extraíram antídotos para a salvação dos homens. Mas me dirás: Terrível é a serpente. Teme o Senhor e não poderá prejudicar-te. Dirás: O escorpião pica; teme o Senhor, e ele não te picará. O leão é sanguinário. Teme o Senhor, e ele se assentará ao teu lado, como outrora, de Daniel (6,18). São realmente admiráveis as forças dos animais. Como alguns – o escorpião, por exemplo – possuem no ferrão suas armas, outros nos dentes, outros usam as unhas na luta; o basilisco, finalmente, tem o seu poder no olhar. Desta diversificada ordenação da criação conhece a força do Criador.

15. Talvez estas coisas não te sejam conhecidas ou não te interesses pela natureza que te rodeia. Então, entra em ti mesmo e pela tua própria natureza chega ao conhecimento do Artífice. O que poderias censurar na estrutura do teu corpo? Domina-te a ti mesmo e nenhum de todos os teus membros é mau. No início, Adão estava nu no paraíso junto com Eva. Mas não foi expulso por causa dos membros. Portanto, os membros não são culpados do pecado, mas os que usam mal os membros. Sábio é o criador dos membros. Quem foi que preparou as mães para a parturição? Quem nelas animou o inanimado? Quem nos conectou com ossos e nervos, com pele e carne nos envolveu? (Jó 10,14).

E, logo que a criança nasce, faz brotar das mamas a fonte de leite? Como a criança se torna menino, este jovem e, a seguir, homem adulto? E como o homem se faz ancião? Pois ninguém percebe o exato percurso das mudanças cotidianas. Como dos alimentos parte se converte em sangue, parte é eliminada e parte se torna carne? Quem dá ao coração o movimento incansável? Quem, sabiamente, protege os olhos tão sensíveis com as pálpebras protetoras? Sobre a complicada e admirável estrutura da vista nem os extensos livros de medicina são capazes de informar. Quem deu a uma única respiração tamanha influência sobre o corpo? Reconheces, ó homem, o Artífice? Reconheces o sábio Criador?

16. Dei uma instrução ampla sobre a criação, mas omiti milhares e milhares de coisas, especialmente incorpóreas e invisíveis, para odiares os que blasfemam o sábio e bom artífice. Mas do que foi dito e do que tu lês ou observas pessoalmente, do tamanho e beleza da criação, analogamente, podes reconhecer o Criador (Sb 13,5). Dobra piamente os joelhos ao Autor de tudo, digo, as coisas sensíveis e inteligíveis, visíveis e invisíveis, com palavras de gratidão e louvor! Com lábios incansáveis glorifica e bendize o Senhor: Quão admiráveis, Senhor, são as tuas obras! Fizeste-as todas com sabedoria (Sl 103,24). A ti convém honra, glória e magnificência, agora e pelos séculos dos séculos. Amém.

Catequese 10
Sobre Cristo: um só Senhor

Feita em Jerusalém de improviso sobre: E em um só Senhor Jesus Cristo. Leitura da Primeira Epístola aos Coríntios: Porque, ainda que alguns sejam chamados deuses, quer no céu quer na terra, para nós não há mais de um Deus, o Pai, de quem tudo procede e para quem nós existimos; e um só Senhor Jesus Cristo, por quem são todas as coisas e nós também (1Cor 8,5-6) etc.

1. Os que foram instruídos a crerem em um só Deus, Pai todo-poderoso, devem também crer no Filho unigênito. Pois quem nega o Filho não tem o Pai (1Jo 2,23). Eu sou a porta, diz Jesus (Jo 10,9); ninguém vem ao Pai senão por mim (Jo 16,6). Se negares a porta, fechado está para ti o conhecimento do Pai. Ninguém conhece o Pai a não ser o Filho e a quem o Filho o quiser revelar (Mt 11,27). Se, pois, negas o revelador, continuas na ignorância. Existe nos Evangelhos uma expressão que diz: O que recusa crer no Filho não verá a vida, mas sobre ele pesa a cólera de Deus (Jo 3,36). O Pai não suporta que seu Filho unigênito seja privado da honra. Um rei se indigna quando um simples soldado é tratado com desprezo. Mas se alguém trata mal a um dos oficiais superiores ou amigos, maior será a ira. E se alguém ofendesse o próprio filho unigênito do rei, quem consolaria o pai indignado com a ofensa de seu filho único?

2. Se alguém quer cultuar piamente a Deus, adore o Filho. Aliás, o Pai não aceita a adoração. O Pai fez ressoar do céu sua voz, dizendo: Este é meu Filho muito amado, no qual tenho minha complacência (Mt 3,17). O Pai se compraz no Filho. Se Tu não te comprazes nele, não tens a vida. Não te deixes enganar pelos judeus que dolosamente objetam: Um só é Deus. Depois de saberes que há um só Deus, sabe que também há o Filho unigênito de Deus. Não o afirmo eu como primeiro, mas o salmista, na pessoa do Filho, diz: Disse-me o Senhor: Tu és meu Filho (Sl 2,7). Não atendas, pois, ao que os judeus dizem, mas ao que dizem os profetas. Admiras-te se desprezam os profetas, eles que os apedrejaram e assassinaram?

3. Deves crer em um só Senhor Jesus Cristo, Filho unigênito do Pai. Dizemos ser um o Senhor Jesus Cristo para uma ser a filiação. Dizemos ser um para não imaginarmos um outro. Dizemos ser um, para não concluíres, à base dos muitos nomes, a existência de muitos filhos. Ele é chamado porta (Jo 10,7). Ao ouvires esta expressão não penses numa porta de madeira, mas numa porta espiritual, viva que distingue os que por ela entram. É chamado caminho (Jo 14,6), não pisado pelos pés, mas que leva ao Pai dos céus. É chamado ovelha, não irracional, mas que com seu precioso sangue purificou o universo dos pecados; é levado diante do tosquiador e sabe quando deve calar-se (At 8,32; Is 53,7). Esta ovelha se chama também pastor, pois diz: Eu sou o bom pastor (Jo 10,11). É ovelha por sua humildade; pastor pela benignidade de sua divindade. E queres saber por que as ovelhas são racionais? Diz o Salvador aos apóstolos: Eis que vos envio como ovelhas no meio de lobos (Mt 10,16). É ainda chamado leão (Gn 49,9; Ap 5,5), não devorador de homens, mas para exprimir com este título sua dignidade régia, sua força e pujança. Chama-se leão em oposição ao leão adversário que ruge procurando devorar os enganados pelo erro (1Pd 5,8). Veio o Salvador, não depondo a bondade de sua natureza, mas como leão poderoso da tribo de Judá (Ap 5,5), que salva os crentes e pisa o adversário. É chamado pedra (Sl 117,22), não morta e trabalhada por mãos humanas (Dn 2,34), mas pedra angular na qual quem crê não será confundido (Is 28,16).

4. É chamado Cristo (Mt 1,16) [Ungido], não por ter sido ungido por mãos humanas, mas porque o Pai o constituiu eternamente como sumo sacerdote da humanidade (At 4,27; Hb 5,5). É chamado morto (Ap 1,18), não porque permaneceu entre os mortos, como todos os outros na mansão dos mortos, mas porque só Ele é livre entre os mortos (Sl 137,5). É chamado Filho do Homem (Mt 16,13), não como qualquer um de nós que nascemos da terra, mas como vindo sobre as nuvens para julgar os vivos e os mortos (Mt 24,30). É chamado Senhor (Lc 2,11), não em sentido impróprio, como os homens, mas como quem possui um senhorio natural e eterno. Seu nome próprio é Jesus (Mt 1,21), que deriva da medicina salvífica. É chamado Filho (Mt 3,17), não adotivo, mas pela geração natural. Assim, são muitos os títulos de nosso Salvador. Para que os muitos títulos não te seduzam a aceitar muitos filhos e para te defender contra os erros dos hereges que afirmam que um é Cristo, outro Jesus, outro a porta e assim por diante, diz retamente a fé; em um só Senhor Jesus Cristo. Ainda que muitos sejam os títulos, um só é o sujeito.

5. O Salvador torna-se para cada um aquilo que lhe convém. Para os que precisam de alegria, faz-se videira (Jo 15,1); para os que têm necessidade de entrar, torna-se porta (Jo 10,7) para os que precisam elevar preces, foi constituído mediador (1Tm 11,5) e sumo sacerdote

(Hb 7,26). Outrossim, para os que estão em pecado, se fez cordeiro, sacrificando-se por eles. Fez-se tudo para todos (1Cor 9,22), ficando Ele, por natureza, o que era. Ainda que continue imutável e mantenha inabalável a dignidade de Filho, como ótimo médico e mestre compassivo se inclina para as nossas fraquezas. Sendo, na verdade, o Senhor, não recebeu a dignidade no curso do tempo, mas a tem por natureza (Cat. 11,22). Não é chamado Senhor em sentido impróprio, mas o é na verdade. Pela vontade do Pai, é Senhor das próprias criaturas. Nós, ao contrário, somos senhores sobre homens que se nos igualam em honra e nas paixões, e muitas vezes são mais velhos do que nós; e um jovem senhor muitas vezes manda em servidores idosos. Sob nosso Senhor Jesus Cristo, o senhorio não é assim. Mas primeiro é Ele Criador, a seguir Senhor. Por vontade do Pai, primeiro criou todas as coisas e, depois, domina sobre as coisas por Ele criadas.

6. O Cristo Senhor é aquele que nasceu na cidade de Davi (Lc 2,11). Queres saber por que Cristo já era Senhor junto do Pai antes da Encarnação? Para que recebas pela fé o que dizemos, queres também ter a comprovação tirada do Antigo Testamento? Toma o primeiro livro, o Gênesis. Diz Deus: Façamos o homem, não segundo minha imagem, mas: segundo nossa imagem (Gn 1,26). Depois de formar Adão, disse: E fez o Senhor o homem; segundo a imagem de Deus o fez (Gn 1,27). A Escritura não restringe a dignidade da divindade ao Pai, mas a estende ao Filho, para mostrar que o homem não é somente criatura de Deus [Pai], mas também de nosso Senhor Jesus Cristo, sendo Ele verdadeiro Deus. Este mesmo Senhor que colaborou com o Pai, cooperou ainda contra Sodoma, conforme a Escritura que diz: E o Senhor fez chover sobre Sodoma e Gomorra fogo e enxofre, da parte do Senhor, do céu (Gn 18,24). Este Senhor apareceu a Moisés em forma visível (Ex 3,2.6). Pois o Senhor é benigno e se compadece de nossas fraquezas.

7. Para que reconheças quem é este que apareceu a Moisés, Paulo te sirva como testemunha, quando diz: Pois bebiam da rocha espiritual que os seguia; e a rocha era Cristo (1Cor 10,4). E ainda: Pela fé, Moisés abandonou o Egito (11,27). E pouco depois diz: Tendo como maior riqueza do que os tesouros do Egito a injúria de Cristo (Hb 11,26). Este Moisés diz-lhe: Mostra-me a ti mesmo (Ex 33,13). Vês que mesmo os profetas, então, viram a Cristo, cada qual segundo sua capacidade. Mostra-te a mim, quero ver-te e conhecer-te (Ex 33,13). Mas Ele disse: Ninguém verá minha face e viverá (Ex 33,20). Portanto, pelo fato de nenhum mortal poder ver a face da divindade, tomou a face de homem, para que, vendo esta, vivamos. Mas quando mostrou a esta com alguma glória, ao brilhar sua face como o sol, os discípulos caíram por terra, temerosos (Mt 17,2.6). Se a face corpórea brilhou, não quanto o poderia, mas na medida em que os discípulos suportavam e eles com isso se encheram de terror e não suportaram este brilho, como poderia alguém fixar os olhos na majestade de Deus? Coisa grande, diz o Senhor, exiges, ó Moisés, mas aprovo teu anelo (Ex 33,17) não realizado, e farei o que pedes, mas na medida em que o podes compreender: Eu te porei na fenda da rocha (Ex 33,18), pois por seres pequeno, em pequeno espaço estarás.

8. Em vista dos judeus, guarda para sempre o que vou dizer-te. Nossa intenção é mostrar que o Senhor Jesus Cristo estava junto do Pai. Diz, portanto, o Senhor a Moisés: Vou fazer passar diante de ti todo o meu esplendor e pronunciarei diante de ti o nome do Senhor (Ex 33,19). Sendo Ele Senhor, como chama Ele o Senhor? Vês como piamente ensinou a doutrina do Pai e do Filho. E ainda, a seguir, está escrito verbalmente: O Senhor desceu na nuvem e esteve perto dele, pronunciando-lhe o nome de Javé. O Senhor passou diante dele, exclamando: Javé, Deus compassivo e benigno, rico em bondade e fidelidade, que conserva sua graça até mil gerações, que perdoa a iniquidade, a rebeldia e o pecado (Ex 34,5-8). A seguir, Moisés caiu por terra e adorou diante do Senhor que clamava ao Pai dizendo: Marcha, Senhor, no meio de nós (Ex 34,9).

9. Tens com isto a primeira prova. Terás outra prova evidente. Disse o Senhor a meu Senhor: senta-te à minha direita (Sl 109,1). O Senhor diz isto ao Senhor, não ao servo (Cat. 7,2), mas ao Senhor de todas as coisas. Seu Filho, a quem tudo submeteu. Quando diz que tudo lhe está sujeito (Hb 2,8), compreendemos que não está sujeito aquele que tudo lhe sujeitou... (1Cor 15,27) para que Deus seja tudo em todas as coisas (1Cor 15,28). Senhor de tudo é o Filho unigênito, mas continua Filho obediente do Pai, que não se arroga o domínio. Recebeu-o dele em virtude de decisão espontânea, naturalmente, pois o Filho não usurpou o domínio, nem o Pai o invejou pela investidura. Ele mesmo diz: Tudo me foi dado pelo Pai (Mt 11,27). Foi-me dado, não como se anteriormente não o possuísse, e guardo-o bem, não privando o doador.

10. O Filho de Deus é, portanto. Senhor. Senhor que nasceu em Belém da Judeia, conforme anunciou o anjo aos pastores: Anuncio-vos uma grande alegria: nasceu-vos hoje o Cristo Senhor, na cidade de Davi (Lc 2,10). Dele alhures algum dos apóstolos diz: Enviou sua palavra aos filhos de Israel, anunciando-lhes a paz por Jesus Cristo que é Senhor de todos (At 10,36). Ao dizer de "todos", nada absolutamente podes subtrair ao seu domínio. Quer os anjos, quer arcanjos, quer principados, quer potestades (Cl 1,16), quer qualquer uma das coisas enumeradas pelos apóstolos (Ef 1,21): tudo está sob o domínio do Filho. Dos anjos é Senhor, como está escrito nos Evangelhos: *Então o diabo se afastou dele e chegaram os anjos e o serviram* (Mt 4,11). Não se diz: *e o ajudaram*, mas: *o serviram*. Que ofício servil! Estando Ele para nascer da Virgem, Gabriel se prestou ao serviço, exercendo a própria dignidade que consiste em servir (Lc 1,16). Prestes a viajar para o Egito, a fim de destruir os ídolos manufaturados do Egito (Is 19,1), de novo um anjo apareceu em sonho a José (Mt 2,13). Ao ressurgir, depois de crucificado, o anjo anunciou a Boa-nova e disse às mulheres, como bom servidor que era: *Ide, dizei aos apóstolos: Ele ressuscitou e vai adiante de vós para a Galileia. Elis que vo-lo disse* (Mt 28,7), afirmando apenas: não transgredi o mandato; atesto o que vos disse para que, se vós fordes negligentes, eu me eximo da censura, que será dirigida aos descuidosos. Este, portanto, é o um só Senhor Jesus Cristo, do qual diz a leitura: *Porque, ainda que muitos sejam chamados deuses, quer no céu, quer na terra, para nós não há mais do que um Deus Pai, de quem tudo procede e para quem nós existimos; e um só Senhor Jesus Cristo, por quem são todas as coisas e nós outros igualmente existimos* (1Cor 8,5-6).

11. Jesus Cristo é designado com nome duplo: Jesus, porque salva; Cristo, porque é sacerdote. Este conhecimento levou Moisés, o maior entre os profetas, a escolher a denominação de dois homens eleitos, a saber, Ausé, seu próprio sucessor, a quem chamou de Jesus [Josué], e o próprio irmão Aarão a quem apelidou Cristo (Nm 13,17; Ex 29,4). Queria ele significar através destes dois homens exímios que a dignidade sacerdotal e régia estariam unidas no único Jesus Cristo. Pois Cristo é sumo sacerdote, conforme Aarão, porquanto não se exaltou a si mesmo, fazendo-se Pontífice, mas aquele que disse: Tu és sacerdote para sempre, segundo a ordem de Melquisedec (Hb 5,5-6). Em vários sentidos Jesus, filho de Nave, foi o tipo de Cristo. Começou a dirigir o povo no Jordão (Js 3,1), donde também Cristo, depois de batizado, começou a pregar o Evangelho (Mt 3,13). O filho de Nave constituiu doze homens para distribuir a herança (Js 14,1; Nm 24,17ss.); Jesus envia os apóstolos em número de doze para o mundo inteiro como arautos da verdade (Mt 10,5). Ele, o tipo de Cristo, salvou a meretriz Raab (Js 4,5; Hb 11,31). O verdadeiro [Cristo] diz: Eis que os publicanos e as meretrizes vos precedem no Reino de Deus (Mt 21,21). Só com alaridos, de modo tipológico, ruíram os muros de Jericó (Js 6,20). E Jesus, por ter dito: Não ficará pedra sobre pedra (Mt 24,2), o templo dos judeus, situado em nossa frente, caiu. Não foram, porém, estas palavras que causaram a ruína, mas o pecado dos ímpios provocou a queda.

12. Um é o Senhor Jesus Cristo, nome admirável, preanunciado, indiretamente, pelos profetas. Diz o Profeta Isaías: Eis, aí vem teu Salvador, tendo consigo a recompensa (Is 62,11). Mas Jesus, entre os hebreus, é interpretado Salvador. Como a profecia previsse o assassínio do Senhor pelos judeus, encobriu-lhe o nome; não queria que seu nome fosse conhecido e assim se lhe armassem ciladas mais prontamente. Foi chamado Jesus, não pelos homens, mas sabidamente pelo anjo, que não veio por própria conta, mas enviado pelo poder de Deus, dizendo a José: Não temas acolher Maria como tua esposa, pois o que nela foi concebido é obra do Espírito Santo. Dará à luz um filho, a quem porás o nome de Jesus (Mt 1,20). E ajunta logo, dando a razão deste nome: Pois Ele salvará o povo de seus pecados (Mt 1,21). Imagina como pôde o que ainda não nascera ter um povo, a não ser que existiu antes de nascer. Na pessoa de Cristo afirma o profeta: Ainda no seio de minha mãe Ele pronunciou meu nome (Is 49,1), porquanto o anjo predisse que seria chamado Jesus. Com respeito às perseguições de Herodes, diz: Cobriu-me com a sombra de sua mão (Is 49,2).

13. Jesus, portanto, na língua hebraica significa Salvador; aquele que sara, na grega. Sendo médico das almas e dos corpos é curador dos espíritos. Cura os que são corporalmente cegos; dá luz à inteligência. É médico dos fisicamente coxos, conduz os pecadores à penitência; diz ao paralítico: Não peques mais (Jo 5,14) e: toma teu leito e anda (Jo 5,8). Tendo-se tornado paralítico pelo estado pecaminoso. Cristo sarou-lhe primeiro a alma para em seguida dar também ao corpo a cura. Se alguém, pois, sofre da alma pelo pecado, tem o seu médico; se aqui estiver alguém de minguada fé, diga-lhe: Ajuda a minha incredulidade (Mc 9,24). Se alguém padece sofrimentos corporais não descreia: aproxime-se dele (pois ainda em casos tais Ele cura) e reconheça que Jesus é o Cristo.

14. Os judeus o têm em conta de Jesus, mas não acreditam que seja Cristo. Por isto diz o apóstolo: Quem é o mentiroso senão aquele que nega que Jesus é o Cristo? (1Jo 2,22). Cristo, porém, é o sumo sacerdote, possuindo um sacerdócio intransferível; não começou a ser sacerdote no tempo, nem possui sucessor no seu sumo sacerdócio. Isto vos foi exposto na homilia dominical, durante a sinaxe, sobre o tema: Segundo a ordem de Melquisedec (Sl 109,4; Hb 5,6). Não recebe o sacerdócio pela sucessão corporal. Não foi ungido com óleo comum, mas antes dos séculos foi ungido pelo Pai. É superior aos outros, por ser sacerdote com juramento: Pois uns foram constituídos sacerdotes sem juramento, mas este o foi com juramento por aquele que disse: Jurou o Senhor e não se arrependerá (Hb 7,20s.; Sl 109,4). Bastara para segurança a simples vontade do Pai. Mas agora a segurança se duplicou; à vontade acresce o juramento: A fim de que, por duas coisas imutáveis, nas quais é impossível que Deus minta, sejamos fortemente encorajados na fé (Hb 6,18), nós que aceitamos Cristo Jesus como Filho de Deus.

15. Quando o Cristo veio, os judeus o negaram (Jo 19,15). Os demônios, porém, confessaram-no (Lc 4,41). Não o desconheceu o patriarca Davi, dizendo: Preparei uma lâmpada para o meu Cristo (Sl 131,17). Uns interpretaram esta lâmpada como o brilho da profecia; outros como a carne assumida da Virgem, conforme o dito apostólico: Trazemos este tesouro em vasos de barro (2Cor 4,7). Não o ignorava o profeta quando diz: E anuncia aos homens o seu Ungido (Am 4,13). Conheceu-o Moisés; conheceu-o Isaías e conheceu-o Jeremias. Nenhum dos profetas o desconhecia. Reconheceram-no mesmo os demônios: porém ele os intimava. E acrescenta-se: porque sabiam que Ele era o Cristo (Lc 4,41). Os sumos sacerdotes o desconheciam e os demônios o confessavam. Os sumos sacerdotes o ignoravam e a samaritana o anunciou, dizendo: Vinde ver um homem que me disse tudo o que eu tenho feito. Não será ele o Cristo? (Jo 4,29).

16. Este Jesus é aquele que veio como sumo sacerdote dos bens futuros (Hb 9,11). Na sua liberalidade divina nos comunicou a todos seu nome próprio. Quem entre os homens é rei não divide seu título régio com outros. Jesus Cristo, porém, sendo Filho de Deus, dignou-se chamar-nos cristãos. Mas dirá alguém: Novo é o nome dos cristãos e antes não estava em uso. As novidades, muitas vezes, são contestadas só por serem novas. Já o profeta o preveniu dizendo: Os meus servos receberão um nome novo que será abençoado sobre a terra (Is 65,15s.). Perguntemos aos judeus: Servis ao Senhor ou não? Mostrai-me, então, o vosso nome novo. Pois já éreis chamados judeus e israelitas sob Moisés e sob os outros profetas, bem como depois do cativeiro da Babilônia e até o presente. Onde está, pois, o nome novo? Nós, porém, já que servimos ao Senhor, temos um nome novo. Novo é na verdade, mas é exatamente este nome novo que será abençoado sobre a terra. Este nome percorre o universo. Os judeus estão restringidos a um país só; os cristãos chegam até os extremos da terra: pois o que se anuncia é o nome do unigênito Filho de Deus.

17. Queres agora saber por que os apóstolos conheceram o nome de Cristo e o anunciaram? Tinham-no eles em si mesmos? Paulo disse aos seus ouvintes: Ou procurais uma prova de que Cristo fala em mim? (2Cor 13,3). Paulo prega o Cristo dizendo: Não pregamos a nós mesmos, mas ao Senhor Jesus Cristo. Quanto a nós, somos servos vossos por amor de Jesus (2Cor 4,5). E quem era Paulo? Anteriormente era perseguidor de

Cristo. Oh! grande milagre! o que fora perseguidor, agora se tornou arauto de Cristo. E por quê? Levado pelo dinheiro? Não havia ninguém que assim o teria persuadido. Fora, porventura, por sentir-se cheio de reverência, por tê-lo visto presente (sobre a terra)? Ele já subira ao céu. Saíra Paulo para a perseguição e, depois de três dias em Damasco, o perseguidor se tornara arauto. Que força agiu nele? (At 9,9ss.). Comumente se citam testemunhas amigas para atestar em favor de amigos; mas eu te produzi uma testemunha que antes fora inimigo. E ainda duvidas? Respeitável é o testemunho de Pedro e João. Mas alguém poderia suspeitar, pois eram íntimos de Cristo. Quem poderia duvidar da verdade, se alguém, tendo sido primeiramente inimigo de Cristo, depois morre por Ele?

18. Tendo chegado a esta altura do discurso, devo admirar o modo de agir do Espírito Santo: Como é que restringiu as epístolas dos outros apóstolos a pequeno número e deu a Paulo, o antigo perseguidor, a graça de escrever catorze? Não é porque Pedro e João fossem menores que restringiu a eles esta graça. Deus nos livre! Para que a doutrina fosse indubitável, concedeu ao antigo inimigo e perseguidor a graça de escrever mais para que assim todos crêssemos. Todos se admiravam de Paulo dizendo: Não é este o homem que antes perseguia? Não veio aqui para nos levar presos a Jerusalém? (At 9,21). Não vos espanteis, responde Paulo. Eu sei que me é duro recalcitrar contra o aguilhão (At 9,5); sei que não sou digno de ser chamado Apóstolo porque persegui a Igreja de Deus (1Cor 15,9), mas foi na ignorância (1Tm 1,13). Acreditava que a mensagem de Cristo era a dissolução da lei; não sabia ainda que Ele viera, não para ab-rogar a lei, e sim levá-la à perfeição (Mt 5,17). A graça de Deus superabundou em mim (1Tm 1,14).

19. Diletíssimos, existem muitos testemunhos verídicos sobre Cristo. Atesta o Pai do céu a respeito do Filho (Mt 3,17; 17,5); atesta o Espírito Santo descendo corporalmente em forma de pomba (Lc 3,22); atesta o arcanjo Gabriel, trazendo a Maria a Boa-nova (Lc 1,27-38); atesta a Virgem Mãe de Deus (Lc 1,27-38); atesta o bem-aventurado local do presépio (Lc 2,7); o Egito que recebeu o Senhor na sua infância o atesta (Mt 2,14); atesta Simeão que o recebeu nos seus braços e disse: Agora, Senhor, já podes deixar ir em paz teu servo, segundo a tua palavra, porque meus olhos viram a tua salvação que preparaste ante a face de todas as nações (Lc 2,28-31). Ainda Ana, a profetiza, viúva piedosíssima e devota, dá testemunho dele; atesta João Batista (Lc 2,36-38), o maior entre os profetas, iniciador do Novo Testamento, que reúne em si os dois Testamentos, o Antigo e o Novo; entre os rios atesta o Jordão (Mt 3,13); entre os mares atesta o Mar de Tiberíades (Jo 6,1); atestam os cegos, atestam os coxos, atestam os mortos ressuscitados (Mt 11,5); os demônios atestam dizendo: Que há entre nós e ti, Jesus? Sabemos quem és: o Santo de Deus (Mc 1,24). Atestam-no os ventos que recebem ordens e se calam (Mt 8,26s.); atestam-no os cinco pães que fartaram cinco mil homens (Mt 14,16-21). Atesta-o o santo lenho da cruz, guardado até hoje entre nós e cujas partículas foram levadas pelos fiéis até os confins da terra. Atesta-o a palmeira no vale que forneceu os ramos aos meninos que então o aclamaram (Jo 12,13). Atesta-o o Getsêmani (Mt 26,36), mostrando a quem tem fantasia a figura de Judas. Esta santa montanha do Gólgota, elevada acima de todas, atesta-o (Mt 27,33); atesta-o o sepulcro santíssimo e a pedra até hoje aqui deitada (Mt 27,60); atesta-o o sol que agora brilha, mas que então, ao tempo da salvífica paixão, se eclipsou (Lc 23,45); atestam-no as trevas que se fizeram, então, da sexta à nona hora; a luz que brilhou desde a nona hora até à tarde (Mt 28,45) atesta-o; atesta-o o santo monte das Oliveiras onde subiu ao Pai (At 1,12); atestam-no as nuvens prenhes de chuva, ao receberem o Senhor (At 1,9); atestam-no as portas do céu ao recolherem o Senhor, do qual diz o salmista: Levantai, príncipes, vossos portais; levantai-vos, ó pórticos eternos, e entrará o Rei da glória (Sl 23,7). Atestam-no os antigos inimigos, dos quais um é o bem-aventurado Paulo. Durante pouco tempo foi inimigo, mas durante muito tempo prestou serviço. Os doze apóstolos o atestam, não só por palavras, mas ainda nos sofrimentos e na própria morte, anunciando a verdade; a sombra de Pedro, curando em nome de Cristo os enfermos, atesta-o (At 5,15); atestam-no os sudários e mantos que, outrora, através de Paulo, pela virtude de Cristo, realizaram curas (At 19,12); os persas e godos e todos os que vêm dos gentios o atestam e não temem morrer por aquele que não conheceram com os olhos carnais; atestam-no até hoje os demônios que são expulsos pelo ministério dos fiéis.

20. Sendo tantos e tão diversificados os testemunhos – e ainda seria possível ampliá-los mais – poderia alguém não crer em Cristo? Se alguém anteriormente foi infiel, creia agora; alguém que acreditava, cresça ainda mais na fé. Crendo em nosso Senhor Jesus Cristo, sabe ainda de quem deriva teu nome. Chamas-te cristão. Honra este nome, para que, por ti, não seja blasfemado nosso Senhor Jesus Cristo, o Filho de Deus. Antes, brilhem vossas boas obras perante os homens, para que, vendo os homens, glorifiquem em nosso Senhor Jesus Cristo o Pai que está nos céus (Mt 5,16), a quem a glória agora e pelos séculos. Amém.

Catequese 11
Filho de Deus unigênito

Feita em Jerusalém de improviso sobre: Filho de Deus Unigênito, que do Pai nasceu verdadeiro Deus antes de todos os séculos: por quem tudo foi feito. Leitura da Epístola aos Hebreus: Muitas vezes e de muitos modos Deus outrora falou aos pais pelos profetas, a nós nestes últimos dias nos falou pelo Filho (Hb 1,1) etc.

1. Que esperamos em Jesus Cristo vos foi suficientemente exposto ontem, conforme minha capacidade. Não se deve crer simplesmente em Cristo Jesus, como se fosse um dos muitos que abusivamente se denominam cristos (Cat. 16,3). Pois eles foram cristos em figura e imagem. Este é o verdadeiro Cristo. Ele não foi, como alguns dos homens, elevado à dignidade sacerdotal.

Desde a eternidade possui-a da parte do Pai. Para que não o tenhamos em conta de um cristo comum, a pregação da fé nos preveniu e nos declarou explicitamente: cremos em um só Senhor Jesus Cristo, o Filho unigênito de Deus.

2. Ao ouvires a palavra Filho, não penses em filho adotivo, mas por natureza: Filho unigênito que não possui outro irmão. Por esta razão é chamado Unigênito, porque na dignidade da divindade e natividade do Pai, não tem irmão. Chamamo-lo Filho de Deus não por nossa iniciativa, mas o próprio Pai chamou a Cristo de Filho. E o nome verdadeiro é imposto aos filhos pelos pais.

3. A seu tempo, nosso Senhor Jesus Cristo se fez homem. Foi ignorado pela grande massa. Querendo ensinar o que se ignorava, reuniu os discípulos e perguntou: Quem dizem ser o Filho do Homem? (Mt 16,13). Perguntou isso não para se vangloriar, mas para lhes manifestar a verdade, a fim de que, vivendo com Deus, Filho de Deus Unigênito, não o considerassem como simples homem. Como os discípulos respondessem: Uns dizem que é Elias, outros que Jeremias (Mt 16,14), disse-lhes: deve-se perdoá-los porque são ignorantes; mas vós, os apóstolos, os que em meu nome purificastes leprosos e expulsastes demônios e ressuscitastes mortos, não deveis desconhecer aquele por cuja força realizais os milagres. Por se calarem todos (pois a doutrina excedia as forças humanas), Pedro, o príncipe dos apóstolos, o sumo arauto da Igreja, tomou a palavra, não por cálculo humano nem por astúcia, mas iluminado pelo Pai e não somente lhe disse: Tu és Cristo, mas: O Filho de Deus vivo (Mt 16,16). Depois desta confissão realmente sobre-humana, é declarado bem-aventurado. E confirmando que era o Pai quem o revelara, diz o Salvador: Bem-aventurado és tu, Simão Bar Jona, porque não foi a carne e o sangue que isto te revelou, mas meu Pai que está nos céus (Mt 16,17). Quem, portanto, reconhece nosso Senhor Jesus Cristo como Filho de Deus, participa da bem-aventurança; quem nega o Filho de Deus é um infeliz e desgraçado.

4. Ao ouvires a palavra "filho", não deves tomá-la em sentido impróprio, mas como Filho verdadeiro, Filho por natureza. Filho que é sem princípio. Não Filho que veio da escravidão para a adoção; Filho, porém, que nasceu antes dos séculos por uma geração imperscrutável e sempre incompreensível. Ao ouvires falar em Primogênito, não o entendas de modo humano (Hb 1,6). Os primogênitos entre os homens têm ainda outros irmãos. E alhures se diz: Meu primogênito é Israel (Ex 4,22). E do mesmo modo como Rubem, assim Israel foi privado da primogenitura, pois aquele subiu ao leito de seu Pai (Gn 49,4) e Israel, expulsando da vinha o Filho do Pai (Mt 20,39), crucificou-o. A outros diz a Escritura:

Sois filhos do Senhor vosso Deus (Dt 14,1). E alhures: Eu disse: Sois deuses, e todos filhos do Altíssimo (Sl 81,6). Disse, não gerei. Estes receberam em virtude da Palavra de Deus a adoção de filhos que possuíam. Jesus não nasceu outra coisa do que já era. Nasceu Filho do Pai desde o começo, constituído acima de todo o começo e dos tempos. Filho em tudo semelhante ao Pai que o gerou; eterno do eterno Pai, vida da vida gerado, luz da luz, verdade da verdade, sabedoria da sabedoria, rei do rei. Deus de Deus e poder do poder.

5. Se o Evangelho te diz: Livro da geração de Jesus Cristo, filho de Davi, filho de Abraão (Mt 1,1), deves referir estas palavras à natureza humana. Foi realmente filho de Davi na consumação dos séculos, mas Filho de Deus antes de todos os séculos, sem início. Assumiu o que não tinha; o que tem possui-o desde sempre, gerado do Pai. Tem Ele dois pais: um, Davi, segundo a carne e outro, Deus Pai, segundo o ser divino. Enquanto descende de Davi está sujeito ao tempo, pode ser tocado e possui ascendentes que podem ser recenseados. Com respeito à divindade, não está sujeito ao tempo nem possui genealogia. Sua geração quem a explicará? (Is 53,8). Deus é espírito (Jo 5,24); e quem é espírito, espiritualmente gerou como ser incorporal numa geração imperscrutável e incompreensível. O próprio Filho diz do Pai: O Senhor me disse: Tu és meu filho, eu hoje te gerei (Sl 2,7). Este hoje não é um hoje recente, mas um hoje sempiterno; é um hoje intemporal, antes de todos os séculos: *Do ventre, antes da aurora, eu te gerei* (Sl 109,3).

6. Crê, pois, em Jesus Cristo, Filho de Deus vivo. Filho unigênito, conforme diz o Evangelho: *Assim amou Deus o mundo, que entregou seu Filho unigênito, para que todo aquele que crer nele não pereça, mas tenha a vida eterna* (Jo 3,16). E ainda: *Quem nele crê não é julgado* (Jo 3,17) porque passou da morte para a vida (Jo 5,24). *O que recusa crer no Filho não verá a vida, mas a cólera de Deus pesa sobre ele* (Jo 3,36) porque não creu no Filho unigênito de Deus (Jo 3,18). Dando testemunho disto, afirmou João: *E vimos sua glória, glória como de Unigênito do Pai, cheio de graça e de verdade* (Jo 1,14). Diante dele tremiam os demônios e diziam: *Ah! que há entre nós e ti, Jesus, Filho de Deus vivo?* (Lc 14,34; Mc 5,7).

7. Cristo é Filho de Deus por natureza e não por adoção, gerado do Pai. *Quem ama o que gerou ama o gerado* (1Jo 5,1). Quem despreza o gerado transfere a contumélia ao que gerou. Ao ouvires que Deus gerou, não penses logo em coisas corporais, para não supores uma geração passageira. Serias ímpio. *Deus é espírito* (Jo 4,24) e a geração é espiritual. Os corpos geram corpos. E os corpos para gerar precisam de tempo. Mas o nascimento do Filho do Pai não carece de tempo. O que nasce cá na terra nasce imperfeito. O Filho de Deus nasce perfeito: o que é agora, Ele o foi desde o início, gerado que foi sem início. Nós nascemos, passando da ignorância infantil para o uso da razão. Imperfeita, ó homem, é lua geração: O teu progresso é vagaroso, por crescimento. No caso de Cristo, não cogites nada disto, nem suponhas uma fraqueza naquele que gerou; pois se tivesse gerado algo imperfeito, este com o tempo adquiriria o que é perfeito, censurando ao genitor a fraqueza, porquanto o que com o tempo posteriormente se adquiriu, isto o pai desde o início não deu.

8. Não imagines a geração de Cristo como algo humano, assim como Abraão gerou Isaac. Abraão gerou Isaac, não por própria vontade, mas por concessão graciosa de um outro. Quando Deus Pai gera, não entra a ignorância ou hesitação. Afirmar que ignorava tê-lo gerado é a máxima impiedade. E dizer que durante certo tempo hesitou, tomando-se depois pai, é o mesmo grau de impiedade: Deus não foi anteriormente sem filho, tornando-se depois pai. Teve sempre o Filho, gerando-o não como os homens geram, mas como só Ele o sabe, que o gerou antes de todos os séculos como verdadeiro Deus.

9. Sendo o Pai verdadeiro Deus, gerou o Filho semelhante a si, verdadeiro Deus. Não como os professores que geram discípulos, nem como Paulo que diz a alguns: Pois em Cristo Jesus, pelo Evangelho, vos gerei

(1Cor 4,15). Neste caso, quem não era filho por natureza ter-se-ia feito filho pelo ensinamento. Lá se trata de Filho por natureza, de filho verdadeiro, não como vós, ó iluminandos, que agora vos tornastes filhos de Deus. Na verdade, também vós vos tornastes filhos pela graça da adoção, conforme está escrito: Todos os que o receberam deu-lhes poder de virem a ser filhos de Deus, àqueles que creem em seu nome, os quais não nasceram do sangue nem da vontade da carne, nem da vontade do varão, mas de Deus nasceram (Jo 1,12s.). Nós nascemos realmente pela água e pelo Espírito (Jo 3,5); Cristo não nasceu assim do Pai (Cat. 3,14), pois por ocasião do batismo reboou sua voz que dizia: Este é meu Filho (Mt 3,17; 17,5). Não disse: Este agora se fez meu filho, e sim: Este é meu Filho, para mostrar que já antes do batismo era filho.

10. O Pai gerou o Filho, não como o intelecto humano gera uma palavra. A mente em nós na verdade é subsistente, mas a palavra, pronunciada e lançada ao ar, se perde. Nós sabemos que Cristo foi gerado, não como palavra perecível, mas como palavra subsistente e viva, não proferida pelos lábios e difundida nos ares. Foi gerado pelo Pai como pessoa desde a eternidade e inefavelmente: Pois no princípio era o Verbo e o Verbo estava com Deus e o Verbo era Deus (Jo 1,1). Sentado à direita (Sl 109,1), o Verbo conhece a vontade do Pai e a seu arbítrio tudo criou; o Verbo desce e sobe (Ef 4,10); a palavra proferida não desce nem sobe. O Verbo fala e diz: O que vi junto do Pai eu anuncio (Jo 8,38). É Verbo cheio de poder, reinando sobre todas as coisas, pois tudo o Pai entregou ao Filho (Jo 13,3; Mt 11,27).

11. O Pai gerou, portanto, não como o pode compreender algum dos homens, mas somente como Ele o sabe. Não prometemos explicar como o gerou. Afirmamos somente que não o gerou de tal modo. Não só a geração do Filho pelo Pai nos é um enigma, mas mesmo a geração de qualquer coisa criada. Pergunta à terra: será que ela te responderá? (Jo 12,8). E se pesquisares tudo o que existe sobre a terra, não és capaz de dizer como é essa geração. A terra não pode explicar a natureza de seu formador e plasmador. Não só a terra o ignora, mas também o sol: pois no quarto dia foi criado o sol, não conhecendo as coisas que foram criadas nos três dias anteriores; quem ignora as coisas criadas nos três dias anteriores a ele, como poderia explicar o Criador? Nem mesmo o céu pode dar informação, pois ao desejo do Pai Cristo firmou o céu que se assemelha à fumaça (Is 51,6); nem os céus dos céus o noticiarão, nem as águas que estão acima dos céus (Sl 148,4). Por que lastimas desconhecer o que os céus ignoram? Não só os céus desconhecem a geração, mas até os próprios anjos. Se alguém (se possível fora) subisse ao primeiro céu e visse o coro dos anjos lá residentes e perguntasse como Deus gerou seu Filho, talvez dirão: Temos outros maiores acima de nós, perguntai a eles. Sobe, então, ao segundo céu e ao terceiro; avança até tronos e dominações, principados e potestades (Cl 1,16). E se alguém, o que é impossível, chegasse até eles, mesmo eles não poderiam dar informações, pois também eles ignoram.

12. Sempre vi com assombro a curiosidade daqueles temerários que com sua pretensa piedade caem na impiedade. Desconhecendo os tronos e as dominações, criaturas de Cristo, e os principados e as potestades, têm a ousadia de querer perquirir o Criador. Dize-me primeiro, ó homem insolentíssimo, em que se distingue o trono das dominações e então indaga as verdades referentes a Cristo. Dize-me quem é o principado, quem a potestade, quem a virtude, quem o anjo, e só então perscruta com curiosidade o Criador: pois tudo foi feito por Ele (Jo 1,3). Não queres interrogar os tronos e as dominações e nem o podes. Que outro conhece as profundezas de Deus a não ser só o Espírito Santo (1Cor 2,10) que falou pelas Escrituras divinas? (2Pd 1,21). No entanto, nem o próprio Espírito Santo falou nas Escrituras da geração do Filho pelo Pai. Por que, pois, perscrutas laboriosamente o que nem o Espírito Santo escreveu nas Escrituras? Tu que não entendes o que está escrito, sondas o que não está escrito? Há nas Divinas Escrituras muitas questões difíceis: não atinamos com o que está escrito. Por que pesquisamos o que não está escrito? Basta-nos saber que Deus gerou um só e único Filho.

13. Não te envergonhes de tua ignorância, pois a tens em comum com os anjos. Só quem gera conhece o gerado; quem é gerado conhece o gerador. Quem gerou conhece o que gerou. O Espírito Santo de Deus atesta nas Escrituras: Deus foi gerado sem princípio. Pois quem dos homens conhece o que há no homem, senão o espírito do homem que nele está? Assim também as coisas de Deus ninguém as conhece senão o Espírito de Deus (1Cor 11,11). Como o Pai tem a vida em si mesmo, assim também deu ao Filho ter a vida em si mesmo (Jo 5,26). E: Para que todos honrem o Filho como honram o Pai (Jo 5,23). E ainda: Assim como o Pai dá vida aos que quer, assim também o Filho aos que quer dá a vida (Jo 5,21). Nem o gerador sofreu diminuição alguma, nem ao gerado falta algo. (Sei que já vos falei várias vezes deste assunto, mas para vossa segurança deve ser repetido.) Nem o que gerou tem pai, nem o que foi gerado tem irmão; nem o gerador foi transformado em filho, nem o gerado se fez pai. De um só Pai, um único Filho unigênito. Não existem dois ingênitos, nem dois unigênitos; mas um é o Pai ingênito (pois ingênito é quem não tem pai) e um é o Filho, desde a eternidade gerado, não nascido no tempo, mas gerado antes dos séculos; não cresceu aos poucos, mas foi gerado o que agora é.

14. Cremos, portanto, no Filho unigênito de Deus, gerado do Pai como verdadeiro Deus. O Deus verdadeiro não pode gerar um falso deus, como já foi dito. Também não necessita de deliberação antes de gerar; mas gerou desde a eternidade, e gerou mais depressa do que podem exprimir nossos pensamentos e nossas palavras. Pois nós, falando no tempo, gastamos tempo; mas no poder divino a geração é intemporal. E como já se acentuou várias vezes, o Pai não conduziu o Filho do não ser para o ser, nem adotou como filho o que não existia. Antes, sendo o Pai eterno, eterna e inefavelmente gerou o Filho como único, que não possui irmão. Não são dois os princípios. Princípio do Filho é o Pai (1Cor 11,3); um é o princípio. O Pai gerou o Filho, Deus verdadeiro, chamado Emanuel (Is 7,14). Emanuel, traduzido, significa Deus conosco (Mt 1,23).

15. Queres saber que é Deus aquele que foi gerado do Pai e depois se fez homem? Escuta o profeta que diz: É Ele nosso Deus, junto do qual nenhum outro se compara. Conhece a fundo os caminhos que conduzem à sabedoria, dando-a Jacó, seu servo, e a Israel, seu amado. Foi então que se deu a sua aparição sobre a terra, onde conversou com os homens (Br 3,36-38). Vês como Deus, depois da legislação mosaica, se fez homem? Toma mais esta prova da divindade de Cristo que foi lida há pouco: Teu trono, ó Deus, subsistirá pelos séculos dos séculos (Sl 44,6; Hb 1,8). Para que não se cresse que, por ocasião de seu advento na carne, tivesse Ele ascendido gradualmente até à divindade, se diz claramente: Por isto ungiu-te Deus, teu Deus, com óleo de alegria como a nenhum dos teus companheiros (Sl 44,7; Hb 1,9). Como vês, Cristo é Deus ungido por Deus Pai.

16. Queres ter uma terceira prova da divindade de Cristo? Escuta Isaías a dizer: O trabalho do Egito e o comércio da Etiópia (Is 45,14) e logo a seguir: A ti suplicarão, dizendo: Deveras Deus está em ti e nenhum outro Deus há mais. Verdadeiramente, Tu és o Deus que se encobre, o Deus de Israel, o Deus salvador (Is 45,15). Vês como o Deus Filho que possui em si a Deus Pai diz quase a mesma coisa que afirmou nos Evangelhos: O Pai em mim e eu no Pai (Jo 14,11). Não disse: Eu sou o Pai, mas: O Pai em mim e eu no Pai. E mais, não disse: Eu e o Pai sou um, mas: Eu e o Pai somos um (Jo 10,30), para não separarmos o Pai do Filho, nem cairmos na confusão da filho-paternidade[41], São um pela dignidade da divindade, uma vez que Deus gerou Deus; um pela prerrogativa régia, pois o Pai não reina sobre uns e o Filho sobre outros, sublevando-se à semelhança de Absalão contra o Pai: mas sobre aqueles que o Pai reina,

---

41. Como já se disse anteriormente em outras palavras, a filho-paternidade é a doutrina segundo a qual o Pai é o Filho e o Filho é o Pai.

reina também o Filho. Um são eles, porque não há entre eles discórdia ou separação. Não são umas as vontades do Pai e outras as do Filho. Um são eles, pois não são umas as obras criadas por Cristo e outras as criadas pelo Pai. Existe só uma criação de todas as coisas: a do Pai que opera através do Filho: Porque Ele falou e tudo se fez; Ele ordenou e tudo foi criado (Sl 148,5), como diz o salmista. Quem fala, fala a quem escuta; e quem ordena, ordena a quem está presente.

17. O Filho, portanto, é verdadeiro Deus. Tem Ele o Pai em si, mas não foi transformado no Pai. Não foi o Pai que se fez homem, mas o Filho. A verdade deve ser dita livremente. Não foi o Pai que sofreu por nós; Ele enviou aquele que devia sofrer por nós. Jamais digamos: Houve tempo em que o Filho não existia, nem admitamos a filho-paternidade; antes caminhemos na via régia, não nos desviando nem para a direita nem para a esquerda (Nm 20,17). Na intenção de honrar o Filho, não o queiramos chamar de Pai, nem tampouco, querendo honrar o Pai, rebaixemos o Filho à condição de criatura. O único Pai seja adorado pelo único Filho, e a adoração não pode ser dividida. Um só Filho deve ser anunciado. Desde os séculos está sentado à direita do Pai. Não conquistou o direito de estar sentado à direita do Pai, gradualmente, através do tempo, depois da paixão, mas o possui desde toda a eternidade.

18. Quem viu o Filho, viu o Pai (Jo 14,9); porquanto o Filho é em tudo semelhante ao Gerador: vida da vida, luz da luz, poder do poder, Deus de Deus. As qualidades divinas são no Filho imutáveis; e quem foi achado digno de ver a divindade do Filho chegou ao gozo de quem o gerou. Não é minha esta palavra, mas do Filho unigênito: Há tanto tempo que eu estou convosco e não me conheces, Filipe? Quem me viu, viu o Pai (Jo 14,9). Para dizê-lo resumidamente: não vamos nem separar nem confundir [o Pai e o Filho]. Nem podes afirmar que o Filho é estranho ao Pai, nem perfilhar os que dizem que o Pai, às vezes, é Pai e, às vezes, Filho: tudo isto é impróprio e ímpio e não é ensinamento da Igreja. Mas o Pai, depois de gerar o Filho, continua Pai e não esteve sujeito a mudanças. Gerou a Sabedoria (1Cor 1,24), mas não ficou sem sabedoria; gerou a força (1Cor 1,24) e não enfraqueceu; gerou Deus, e Ele próprio não perdeu a divindade. Nem o Pai perdeu algo por diminuição ou mudança, nem o Gerado sente alguma carência: perfeito é quem gerou, perfeito o gerado. Deus é quem gerou. Deus é quem foi gerado. Este é o Deus de todos, mas designa o Pai como seu Deus, pois não se envergonha de dizer: Subo a meu Pai e vosso Pai; meu Deus e vosso Deus (Jo 20,17).

19. Para que não creias que Deus é Pai na mesma medida do Filho e das criaturas, distinguiu claramente como segue: Pois não disse: Subo ao nosso Pai, a fim de que não houvesse equiparação entre as criaturas e o Unigênito. Disse: Meu Pai e vosso Pai; de um modo é meu, isto é, segundo a natureza; de outro, vosso, por adoção. E ainda: Para meu Deus e vosso Deus: meu, como Filho legítimo e unigênito; vosso, como criaturas. Portanto, o Filho de Deus é verdadeiro Deus, nascido antes de todos os séculos, inefavelmente. Muitas vezes vos repito a mesma coisa para se fixar em vossas mentes. Que Deus tenha um Filho deves crê-lo. O modo, porém, não o queiras investigar: procurando não o encontrarás. Não te exaltes para que não caias: Pensa somente no que Deus te ordenou (Ecl 3,22). Dize-me primeiro quem é o gerador, e só depois aprende quem seja a quem Ele gerou. Se não és capaz de abarcar o Gerador, não queiras perscrutar o modo como foi gerado.

20. Basta ao temente de Deus saber, como já o disse, que Deus possui um só Filho, um único, a quem gerou por via natural, cuja existência não começou em Belém, mas antes de todos os séculos. Escuta o que diz o Profeta Miqueias: E tu, Belém, da casa de Éfrata, não és a menor entre as milhares de Judá. De ti sairá para mim aquele que é chamado a governar Israel. Suas origens remontam aos tempos antigos, aos dias da eternidade (Mq 5,2). Não atendas para o seu nascimento temporal em Belém, mas adora o que eternamente foi gerado do

Pai. Não dês ouvido se alguém fala da origem temporal do Filho, mas reconhece: o Pai é seu princípio intemporal. Na verdade, o princípio intemporal e incompreensível e sem princípio do Filho é o Pai. A fonte do rio da justiça (Sl 45,5), do Unigênito, é o Pai que o gerou pelo modo que só Ele conhece. E se queres saber que nosso Senhor Jesus Cristo é também Ele rei eterno, ouve-o mais uma vez a dizer: Abraão, vosso Pai, regozijou-se de que haveria de ver o meu dia; viu-o e alegrou-se (Jo 8,56). A seguir, como os judeus achassem dura esta palavra, disse-lhes esta, ainda mais dura: Antes que Abraão nascesse, eu sou (Jo 8,58). E mais uma vez diz ao Pai: E agora Tu, Pai, glorifica-me junto de ti com a mesma glória que eu tive junto a ti, antes que o mundo existisse (Jo 17,5). Diz Ele claramente: Antes que o mundo existisse, eu possuo a glória junto a ti. E ainda: Porque me amaste antes da criação do mundo (Jo 17,24). Com isto exprime claramente: possuo junto a ti glória eterna.

21. Creiamos, portanto, em um só Senhor Jesus Cristo, Filho Unigênito de Deus que do Pai nasceu verdadeiro Deus antes de todos os séculos: por quem tudo foi feito (Jo 1,3). Quer tronos, quer dominações, quer principados, quer potestades, tudo foi feito por Ele (Cl 1,16) e nada do que se fez foi subtraído ao seu domínio. Emudeça toda a heresia que introduz vários criadores e autores do mundo; cale-se a língua que ousa blasfemar a Cristo, o Filho de

Deus; fechem a boca os que afirmam que o sol é Cristo. Cristo é o plasmador do sol, e não o sol visível. Emudeçam os que afirmam que o mundo é criação dos anjos, querendo negar as prerrogativas do Unigênito. Quer as coisas visíveis, quer as invisíveis, quer os tronos, quer as dominações (Cl 1,16), quer tudo quanto tem nome (Ef 1,21), tudo foi feito por Cristo. É o rei de todas as criaturas, não porque se apropriou de alheios espólios, mas porque exerce o reinado sobre as próprias criaturas, conforme diz o Evangelista João: Todas as coisas foram feitas por Ele e sem Ele nada se fez (Jo 1,3). Todas as coisas foram feitas; isto é, operando o Pai pelo Filho.

22. Quero agora citar um exemplo para aclarar o que foi dito, ainda que saiba que ele seja fraco. No mundo visível poderia ser algo comparado adequadamente com o poder divino e invisível? Ainda que fraco, seja dito por fracos a fracos. Como um rei que tem um filho e quer construir uma cidade, submetendo ao filho corregente o seu plano, este, tomando-o, executa o projeto; assim, quando o Pai quis criar o universo, o Filho tudo realizou com o beneplácito do Pai. Mesmo que o plano ateste a verdadeira autoridade do Pai, o Filho tem do mesmo modo poder sobre as criaturas. Nem o Pai foi privado do império sobre as próprias criaturas, nem o Filho reina sobre criaturas alheias. Como já foi dito, não foram os anjos que criaram o mundo, mas o

Filho unigênito, gerado antes de todos os séculos. Nada se exclui da obra daquele que tudo criou. Por ora sejam ditas apenas essas coisas com a graça de Cristo.

23. Voltemos à confissão da fé e terminemos agora o nosso sermão. Cristo criou todas as coisas, quer digas anjos, quer arcanjos, quer dominações, quer tronos. Isto não porque ao Pai faltasse poder para a formação das criaturas, mas porque queria que o Filho dominasse sobre criaturas por Ele próprio produzidas, dando o Pai ao Filho a instrução. Por respeito ao próprio Pai diz o Unigênito: O Filho nada pode fazer por si mesmo, senão o que vê o Pai fazer; porque o que este faz, fá-lo igualmente o Filho (Jo 5,19). E ainda: Meu Pai opera até agora e eu opero também (Jo 5,17). Não existe oposição entre os agentes. Pois tudo o que é meu é teu, e o que é teu é meu (Jo 17,10), diz o Senhor nos Evangelhos. E isto se deduz claramente tanto do Antigo quanto do Novo Testamento. Quem diz: Façamos o homem à nossa imagem e semelhança (Gn 1,26), manifestamente falava a algum presente. De modo mais patente o declarava o salmista: Porque Ele disse e tudo foi feito; Ele ordenou e tudo existiu (Sl 32,9). Era o Pai que falava e ordenava. O Filho, por seu beneplácito, tudo executava. Exprimiu-o ainda misticamente Jó, dizendo: Ele sozinho estendeu os céus e caminha sobre o mar como sobre solo firme (Jó 9,8). Para os inteligentes, aqui se exprime que aquele que, estando entre nós, andou sobre o mar, é o mesmo que antes criara os céus. E de novo o Senhor diz: Não tomaste da terra lodo e formaste um ser vivente, não o dotaste de linguagem e o colocaste sobre a terra? (Jó 38,14). E logo a seguir: Abriram-se para ti por acaso por temor as portas da morte? Temem-te, porventura, à tua vista, os porteiros do inferno? (Jó 38,17). Isto significa que aquele que, por bondade, desceu à mansão dos mortos, desde o princípio plasmou o homem do lodo.

24. Cristo, o Filho unigênito de Deus, é, portanto, também o criador do mundo. Pois estava no mundo e o mundo foi feito por Ele (Jo 1,10). Veio ao que era seu (Jo 1,11), como nos ensina o Evangelho. Mas não só das coisas visíveis, mas também das invisíveis Cristo é criador, por beneplácito do Pai. Nele, conforme o apóstolo, foram criadas todas as coisas, as que estão no céu e as que estão na terra, as visíveis e as invisíveis: quer tronos, quer dominações, quer principados, quer potestades; tudo foi criado por Ele e para Ele. Ele é antes de tudo e tudo nele subsiste (Cl 1,16-17). E se mencionas os séculos, também destes, por beneplácito do Pai, Jesus Cristo é o criador. Nestes últimos dias nos falou pelo Filho a quem constituiu herdeiro de tudo, por quem fez também o universo (Hb 1,2). A Ele a glória, a honra, o poder com o Pai e o Espírito Santo, agora e sempre e pelos séculos dos séculos. Amém.

Catequese 12
Que se encarnou e se fez homem

Feita em Jerusalém de improviso sobre: Que se encarnou e se fez homem. Leitura de Isaías: E prosseguiu o Senhor em falar a Acaz dizendo: Pede para ti um sinal. E mais adiante: Eis que uma virgem conceberá e dará à luz um filho e lhe chamarão pelo nome Emanuel (Is 7,10.14) etc.

1. Alunos da pureza e discípulos da castidade, celebremos com lábios cheios de pudor o Deus nascido da Virgem. Tendo sido achados dignos de participar das carnes do Cordeiro espiritual, comamos a cabeça com os pés (Ex 12,9), entendendo pela cabeça a divindade e pelos pés a humanidade. Ouvintes dos santos Evangelhos, demos fé a João, o teólogo. Depois de dizer: No princípio era o Verbo e o Verbo estava em Deus e o Verbo era Deus (Jo 1,1), logo acrescenta: E o Verbo se fez carne (Jo 1,14). Não é lícito adorar um simples homem como também não é justo chamá-lo Deus sem falar, de modo piedoso, da humanidade. Se Cristo é Deus, como de fato o é, sem ter assumido a humanidade, estamos longe da salvação. Seja, pois, adorado como Deus. Creia-se também que se encarnou. Não adianta chamá-lo homem, silenciando sua divindade; nem é proveitoso à salvação confessar a humanidade separada da divindade. Confessemos, portanto: o rei e médico apareceu. Jesus Rei, trazendo a medicina, cingiu-se com a toalha da humanidade (Jo 13,4) e curou o que estava enfermo. O mestre perfeito das crianças se fez pequeno com os pequenos, para dar aos simples o discernimento (Pr 1,4). Desceu à terra o pão celestial para alimentar os famintos.

2. Os judeus, porém, rejeitaram o que veio, esperando de modo mau o que há de vir. Repudiaram o Cristo verdadeiro e, enganados, receberão o impostor. Nisto se torna verdadeira a sentença do Salvador, que diz: Eu vim em nome de meu Pai e vós não me recebestes; se outro vier em seu próprio nome, vós o receberão (Jo 5,43). Seria bom perguntar aos judeus: É verás o Profeta Isaías ao dizer: nascerá Emanuel da Virgem (Is 7,14), ou é mentiroso? Pois se o incriminam de mentiroso, nisto nada há de admirar: eles têm o costume não só de acusar os profetas de mentirosos, mas até de lapidá-los. Se o profeta é verdadeiro, mostrai o Emanuel. Ou antes, o que deve vir, quem vós esperais, nascerá de uma virgem ou não? Porquanto, se não nascer de uma virgem, caluniais o profeta. Se esperais este nascimento para o futuro, por que rejeitais o que já se realizou?

3. Andem, portanto, os judeus em seus caminhos de erro, uma vez que assim desejam. A Igreja de Deus seja glorificada. Nós, porém, acreditamos que Deus Verbo se humanou realmente, não por vontade do varão ou da mulher, como dizem os hereges, mas nasceu da Virgem e do Espírito Santo, conforme o Evangelho, não em aparência, mas em verdade. Que de fato recebeu da Virgem a natureza humana, terás a prova logo mais. É só esperar o tempo da doutrina. Múltiplo é o erro dos heréticos: uns negam simplesmente ter Ele nascido da Virgem; outros concedem ter Ele nascido, sim, mas da coabitação de mulher com um homem. Outros afirmam que Cristo não é Deus humanado, mas um homem deificado. Ousam dizer que o Verbo preexistente não se fez homem, mas que um homem, por seu mérito, foi coroado.

4. Tu, porém, lembra-te do que foi dito ontem sobre a divindade. Crê que aquele mesmo unigênito Filho de Deus nasceu da Virgem. Dá fé ao evangelista João que diz: E o Verbo se fez carne e habitou entre nós (Jo 1,14). O Verbo, na verdade, é eterno, antes de todos os séculos nascido do Pai, mas recentemente se fez carne, por nossa causa. Muitos replicam e dizem: Que tamanha causa pode haver para descer Deus à humanidade? É absolutamente possível à natureza de Deus conversar com os homens? (Br 3,38). E é possível uma virgem conceber sem varão? – Sendo tantas as contradições e tão variegada a batalha, com a graça de Cristo e a oração dos presentes, vamos resolver as dificuldades uma a uma.

5. Em primeiro lugar devemos indagar por que Cristo desceu à terra. Não dês atenção às minhas elucubrações, pois pode haver engano nisto tudo. Porém, se não for trazida para cada ponto a prova de um profeta, não creias no que se diz. Se não for trazido um testemunho das Divinas Escrituras sobre a Virgem, sobre o lugar, sobre o tempo e sobre o modo do nascimento de Cristo, não dês crédito ao testemunho do homem (Jo 5,34). Sobre aquele que agora no presente ensina pode cair uma sombra de suspeita, mas quem, em são juízo, poderia suspeitar de quem profetizou há mais de mil e tantos anos? Se, pois, procuras a causa do advento de Cristo, recorre ao primeiro livro das Escrituras. Em seis dias fez Deus o mundo. Mas o mundo foi criado por causa do homem. O sol brilha com vivíssimos fulgores, mas foi feito para luzir em prol do homem. Todos os seres vivos existem para servir a nós: as plantas e as árvores foram criadas para nosso uso. Todas as criaturas são boas (Gn 1,31), mas nenhuma é a imagem de Deus, a não ser o homem. O sol foi plasmado por uma só ordem, mas o homem pela mão de Deus: Façamos o homem à nossa imagem e semelhança (Gn 1,26). Uma imagem de madeira de um rei desta terra é honrada; quanto mais não deve ser honrada a imagem racional de Deus? Mas esta mais excelente das criaturas que no paraíso vivia, a inveja do diabo de lá a expulsou (Sb 2,24). O inimigo encheu-se de alegria sobre a queda de quem tinha tido inveja. Quererás, porventura, que o inimigo continue a se alegrar? Ele, não tendo coragem de se aproximar do homem que era mais forte, se aproximou da mulher, mais fraca, que ainda era virgem. Só depois de sua expulsão do paraíso Adão conheceu sua mulher Eva (Gn 4,1).

6. Na sucessão das gerações dos homens Caim e Abel são os segundos. Caim é o primeiro assassino. Mais tarde sobreveio o dilúvio por causa da grande maldade dos homens. Fogo desceu do céu sobre os habitantes de Sodoma, por causa de suas iniquidades. Mais tarde Deus escolheu Israel. Também se perverteram, e a geração dos eleitos foi vulnerada: enquanto Moisés estava na presença de Deus no monte, o povo adorou o bezerro em lugar de Deus (Ex 32,1.4). Ainda nos tempos do legislador Moisés, que dissera: Não cometerás adultério

(Ex 20,13), um homem teve a coragem de entrar num lupanar para prostituir-se (Nm 25,6). Depois de Moisés foram enviados profetas para curar Israel. Para curar tinham sido enviados, mas não conseguiram vencer a violência do mal, como um deles se queixou: Ai de mim, desapareceram os piedosos da terra; não há quem seja íntegro entre os homens (Mq 7,2). E ainda: Todos se extraviaram e se perverteram; não há mais ninguém que faça o bem, nem um, nem um sequer (Sl 13,3). E mais uma vez: Ao mesmo tempo se derramaram sobre a terra: roubo e adultério e homicídio (Os 4,2). Imolaram seus filhos e suas filhas aos demônios (Sl 105,37). Ocupavam-se com augúrios, venefícios e com as vaidades das superstições. E novamente: Amarrando suas vestes com cintos, faziam cortinas junto aos altares (Am 2,4).

7. Grandíssima era a chaga do gênero humano: da planta dos pés ao alto da cabeça não havia nele coisa sã (Is 1,6). Não havia lugar para aplicar cataplasma, ou óleo, ou ligaduras. Então, choravam os profetas, se afligiam e diziam: Quem enviará de Sião a salvação? (Sl 13,7). Ou ainda: Estenda-se a tua mão sobre o homem que escolhes-te, sobre o Filho do Homem que fortificaste, e não mais nos apartaremos de ti (Sl 79,18-19). Outro profeta orava, dizendo: Inclina, Senhor, os teus céus e desce (Sl 143,5). As chagas da humanidade vão além das possibilidades de nossa medicina. Mataram os teus profetas, derribaram os teus altares (1Rs 19,10). Nós somos incapazes de reparar os males. Precisamos de ti como reparador.

8. O Senhor escutou as preces dos profetas: o Pai não permitiu que o gênero [humano] se perdesse na ruína; mandou seu Filho e Senhor do céu como médico. E diz um dos profetas: O Senhor que vós buscais virá e virá de repente. Como? Virá o Senhor ao seu templo (Ml 3,1), onde o lapidastes (Jo 8,59). Em seguida, um outro profeta, ao ouvir isto, lhe diz: Anunciando a salvação de Deus, falas baixinho? Dando a Boa-nova da salvação pela presença de Deus, falas às escondidas? Sobe a uma alta montanha, tu que anuncias a Boa-nova a Sião. Dize às cidades de Judá: Que direi? Eis que vosso Deus, eis que o Senhor vem com poder (Is 40,9s.). O Senhor mais uma vez disse: Eis que venho e estabelecerei meu tabernáculo no teu meio, diz o Senhor. E muitas nações se achegarão ao Senhor (Zc 2,10-11). Os israelitas rejeitaram a salvação por mim oferecida. Venho para reunir todos os povos e as línguas (Is 66,18), pois veio ao que era seu e os seus não o receberam (Jo 1,11). Vens e que graça distribuis aos gentios? Venho para congregar todos os povos e realizarei no meio deles um sinal (Is 66,18s.): de minha luta na cruz darei sobre a testa o selo régio a todos os meus soldados. E outro profeta diz: Inclinou os céus e desceu, e as nuvens escuras estavam debaixo de seus pés (Sl 17,10). Sua descida dos céus foi ignorada pelos homens.

9. Em seguida, ao ouvir seu pai Davi dizer isto, Salomão edificou o templo maravilhoso e, antevendo quem nele entraria, disse cheio de admiração: Será verdade que Deus habita com homens sobre a terra? (1Rs 7,27). Certamente, respondeu Davi, antecipando a resposta no salmo atribuído a Salomão no qual se lê: Descerá como a chuva sobre a relva! (Sl 71,5). Chuva em razão de sua origem celeste; relva por causa da humanidade. Pois a chuva, ao descer à relva, é recebida em silêncio; e os Magos, ignorando o mistério da natividade [de Cristo], perguntaram: Onde está o Rei dos judeus que acaba de nascer? (Mt 2,2). E Herodes, perturbado, indagou sobre o recém-nascido e disse: Onde há de nascer o Cristo? (Mt 2,4).

10. Quem é este que nasceu? Di-lo o salmista logo em seguida: Ele viverá tão longamente como dura o sol, tanto quanto ilumina a lua, através das gerações (Sl 71,6). E ainda outro profeta diz: Exulta de alegria, filha de Sião, solta gritos de júbilo, filha de Jerusalém: eis que vem a ti o teu Rei, justo e salvador (Zc 9,9). Muitos são os reis. De qual falas, ó profeta? Dá-nos um sinal que os outros reis não possuem. Se dizes que é rei revestido de púrpura, esta prerrogativa de vestimenta já é conhecida; se é alguém rodeado de soldados e assentado em carro dourado, também isto já é privilégio de outros. Dá-nos um sinal que caracterize o rei cuja presença anuncias. E o profeta responde: Eis que vem a ti o teu Rei, justo e salvador; Ele é manso e vem montado num jumento, no potro de uma jumenta (Zc 9,9) e não em carros de batalha. Aí tens o único e singular sinal do Rei que vem. Dos reis foi Jesus o único que se sentou em potro sem arreios, quando como rei entrou em Jerusalém entre as aclamações do povo (Mt 21,7). E que fez este Rei ao chegar? E Tu, no sangue da aliança, libertaste teus cativos da fossa sem água (Zc 9,11).

11. Pode ter acontecido que um rei veio montado num jumento. Mas dá-nos ainda outro sinal de reconhecimento. De onde o rei fez sua entrada? E não nos dês um sinal longe da cidade, para que o reconheçamos. Indica um ponto nas proximidades, perceptível aos nossos olhos, para que possamos contemplar aqui da cidade o lugar. O profeta, de novo, responde, dizendo: Os seus pés se apoiarão no Monte das Oliveiras, defronte de Jerusalém, para o lado do Oriente (Zc 14,4). Alguém, estando dentro da cidade, não enxerga o lugar?

12. Temos deste modo dois sinais. Desejamos conhecer um terceiro. Dize-me que faz o Senhor ao chegar? Responde outro profeta: Eis o nosso Deus... Ele mesmo virá e nos salvará. Então se abrirão os olhos dos cegos e se desimpedirão os ouvidos dos surdos; então o coxo saltará como um cervo e a língua do tartamudo dará gritos de alegria (Is 35,4). Dê-nos ainda outro testemunho. Mencionas a chegada do Senhor, ó profeta, que faz sinais como nunca alguém os tinha feito (Jo 15,24). Que outro sinal manifesto ainda aduzes? O Senhor mesmo entra em juízo com os anciãos e magistrados de seu povo (Is 14). Um sinal singular. O Senhor é julgado pelos servos dos anciãos e é paciente.

13. Lendo isto, os judeus não o ouvem. Taparam os ouvidos do coração para não ouvirem. Nós, porém, cremos em Jesus Cristo, que veio em carne e se fez homem. Caso contrário, não o teríamos compreendido. Porquanto, assim como Ele era, não o poderíamos ver ou fruir. Por isso fez-se como nós para que fôssemos achados dignos de o fruir. Se não somos capazes de fixar o sol que foi feito no quarto dia, seria possível vermos a Deus, seu criador? Em fogo desceu o Senhor sobre o Monte Sinai e o povo não pôde resistir e disse a Moisés: Fala-nos tu mesmo e te ouviremos; não nos fale Deus, para que não morramos (Ex 20,19). E outra vez: Qual é o mortal capaz de ouvir como nós a voz do Deus vivo, que falou do meio do fogo, e permanecer ainda vivo? (Dt 5,26). Se ouvir a voz de Deus que fala é causa de morte, ver o próprio Deus não provocaria a morte? De que te admiras? O próprio Moisés disse: Estou aterrado e trêmulo (Hb 12,21).

14. Que mais quererias? Que se tornasse causa de nossa perdição o que viera para nossa salvação, já que os homens não poderiam suportar, ou antes, acomodaria a graça ao nosso modo de ser? Daniel não suportou a visão de um anjo e tu suportarias a vista do Senhor dos anjos? Gabriel apareceu e Daniel caiu por terra (Dn 10,9). Como apareceu? Qual sua forma? Seu rosto brilhava como o relâmpago, não como o sol; seus olhos eram como tochas ardentes, não como uma fornalha ardente. Sua voz ressoava como o rumor da multidão (Dn 10,6), não como a de doze legiões de anjos (Mt 26,53). E mesmo assim o profeta caiu por terra. E aproximou-se dele o anjo e disse: Não temas, Daniel; levanta-te, cria coragem, foram ouvidas as tuas palavras (Dn 10,12-18). E disse Daniel: Levantei-me trêmulo. Mas não respondeu até que uma mão semelhante à de um homem o tocou. E quando o que lhe aparecera foi transmudado em visão de homem, Daniel começou a falar. E o que falou? Meu Senhor, com a tua vista reviraram-se as minhas entranhas. Não ficou força em mim e até me faltou fôlego. Se a aparição de um anjo privou o profeta de voz e força, a aparição do próprio Deus não te deixaria sem fôlego? E até que, como diz a Escritura, uma como visão de homem me tocou, Daniel não se refez. Provada a fraqueza de nossa debilidade, o Senhor assumiu o que o homem procurava. Querendo o homem escutar quem lhe fosse semelhante pela natureza, tomou o Salvador uma natureza de sentimentos iguais, para mais facilmente os homens se deixarem instruir.

15. Terás ainda uma prova. Veio Cristo para ser batizado e santificar o batismo. Veio para fazer milagres, andando sobre as águas do mar (Mt 14,25). Uma vez que, antes do seu advento na carne, o mar o avistou e fugiu e o Jordão retrocedeu (Sl 113,3), o Senhor assumiu o corpo, para que o mar, avistando-o, o sustentasse, e o Jordão, sem medo, o recebesse. Isto, aliás, é uma causa, mas há ainda outra. Pela virgem Eva veio a morte; era mister que, por uma virgem, ou antes, de uma virgem aparecesse a vida, a fim de que, como a serpente enganou aquela, a esta o Anjo Gabriel desse a Boa-nova. Abandonando a Deus, os homens fabricaram simulacros de forma humana. Como se enganassem na adoração de deuses feitos por mãos humanas. Deus se fez verdadeiramente homem para desfazer o engano. O diabo se aproveitou de nossa carne como arma na luta contra nós. Disso sabendo, Paulo disse: Mas sinto outra lei em meus membros, a qual repugna a lei da minha mente e me escraviza... (Rm 7,23). Portanto, fomos salvos com as mesmas armas com que o diabo nos combatia. O Senhor assumiu de nós nossa semelhança para salvar a humanidade. Assumiu a nossa semelhança a fim de outorgar ao que carece de alguma coisa graça tanto maior, para que a humanidade pecadora entrasse em comunhão com a divindade. Onde abundou o pecado, superabundou a graça (Rm 5,20). Era necessário que por nós sofresse o Senhor. Mas o diabo não teria ousado aproximar-se dele se o tivesse conhecido. Se o houvessem conhecido nunca teriam crucificado o Senhor da glória (1Cor 2,8). Uma presa de morte, portanto, se fez o corpo, a fim de que, ao esperar poder devorá-lo, o dragão vomitasse até os que já tragara. Pois a morte, prevalecendo, os devorara (Is 25,8). E ainda: Deus enxugou toda a lágrima de todas as faces (Is 25,8).

16. Foi à toa que Cristo se humanou? Por acaso nossas doutrinas são palavras de heresia e sofismas humanos? Não são as Divinas Escrituras nossa salvação? Não o são também as predições dos profetas? Guarda, pois, este depósito inabalável, e ninguém consiga demover-te [da verdade]. Crê que Deus se fez homem. Ora, já se demonstrou que era possível Ele se humanar. Se os judeus preferem continuar na incredulidade, assim os questionemos: Que há de estranho em nosso anúncio, quando afirmamos que Deus se humanou? Vós não alegais que Abraão recebeu a Deus como hóspede? (Gn 18,3). Que há de estranho em nosso anúncio, quando Jacó diz: Porque vi a Deus face a face, conservei a vida? (Gn 22,30). O Deus que comeu com Abraão (Gn 18,8), também comeu conosco. Que há de estranho, pois, no que anunciamos? Aduziremos duas testemunhas, que estiveram na presença do Senhor no Monte Sinai (Ex 19,2.3; 1Rs 19,8s.): Moisés esteve na fenda da rocha (Ex 33,22) e Elias esteve, a seu tempo, na caverna da rocha (1Rs 19,13). Estes mesmos, presentes ao Transfigurado no Monte Tabor, falaram aos discípulos da passagem que havia de suceder em Jerusalém (Lc 9,30s.). Que fosse possível que [Deus] se encarnasse, está cabalmente provado, conforme expus acima. Quem quiser ainda outras provas, se encarregue de encontrá-las.

17. Prometo-vos falar do tempo e lugar do advento do Salvador. Não sejamos acusados, ao nos afastarmos, de não termos cumprido a promessa. Convém, porém, que os novéis da Igreja não sejam admitidos antes de serem fortalecidos. Indaguemos, pois, o tempo em que o Senhor apareceu, já que, apesar de ser recente este advento, há quem a Ele se opõe. E ainda se contradiz: Jesus, ontem e hoje, o mesmo pelos séculos (Hb 13,8). O Profeta Moisés nos explica: O Senhor vosso Deus suscitará um profeta dentre os vossos irmãos, como eu (Dt 18,15; At 7,37). Por ora reserve-se o como eu que a seu tempo será explicado. – Ora, quando veio este profeta esperado? Recorre, diz, ao que por mim foi escrito. Esquadrinha a profecia de Jacó que se refere a Judá: Judá, teus irmãos te louvarão (Gn 49,8), e o que se segue, para não citar o trecho inteiro. Não arredará o cetro de Judá nem a vara de comando dentre seus pés até que venha aquele a quem foi reservada, e Ele é a expectação, não dos judeus, mas das nações (Gn 49,10). Como sinal do advento de Cristo ele deu fim ao principado dos judeus. Se não estão sujeitos aos romanos, ainda não apareceu Cristo. Se ainda têm o príncipe do gênero de Judá e Davi, o Esperado ainda não veio. Peja-me falar da história recente de seus assim ditos patriarcas, de sua geração, de sua mãe. É tarefa dos entendidos. Mas por que sinal se reconhece que veio a expectação das nações? Di-lo em seguida: Ele ata o seu jumentinho à vide (Gn 49,11). Vês aí o jumentinho tão claramente predito por Zacarias (9,9).

18. Pedes ainda outro testemunho do tempo [da encarnação do Verbo]. Disse-me o Senhor: Tu és meu Filho, eu hoje te gerei (Sl 2,7). E logo mais: Tu os governarás com cetro de ferro (Sl 2,9). Já o disse anteriormente que o cetro de ferro designa claramente o domínio dos romanos. Deste domínio lembremos ainda o que diz Daniel. Pois, contando e interpretando a Nabucodonosor toda a descrição da estátua, expôs-lhe também o sentido de toda a visão (Dn 2,27ss.): a pedra que se deslocou da montanha sem intervenção de mão alguma (Dn 2,34-35) – isto é, produzida não por obra humana – deveria dominar sobre o universo inteiro. E diz lucidamente: E nos dias desses reis, o Deus dos céus suscitará um reino que jamais será destruído e cuja soberania jamais passará a outro povo (Dn 2,44).

19. Procuramos, no entanto, indicação mais clara dos tempos de seu advento, pois o homem é dificilmente levado a crer se não lhe dissermos claramente o número dos anos. Quais são, pois, as circunstâncias e qual é o ponto exato do tempo [da encarnação]? Quando não havia mais reis de Judá e o estrangeiro Herodes era rei. Diz o anjo que fala a Daniel – anote bem o que digo –: Sabe, pois, e compreende isto: desde a declaração do decreto sobre a restauração de Jerusalém até o Cristo chefe, haverá sete semanas e sessenta e duas semanas (Dn 9,25). Ora, sessenta e nove semanas de anos perfazem quatrocentos e oitenta e três anos. Quer Daniel com isto dizer que decorridos quatrocentos e oitenta e três anos desde a reconstrução de Jerusalém, não havendo mais príncipe próprio, viria um rei estrangeiro, sob o qual nasceria o Cristo. Ora, o medo Dario reconstruiu [Jerusalém] no sexto ano de seu reinado (Esd 6,15), no primeiro ano da sexagésima sexta Olimpíada dos gregos. Olimpíada, entre os gregos, chama-se o certame que se realiza de quatro em quatro anos, tendo em vista o dia intercalado cada quadriênio que se soma das três horas que sobram em todo ano solar. Herodes começou a reinar na centésima octogésima Olimpíada, no seu quarto ano. Da sexagésima sexta olimpíada até a centésima octogésima sexta vão cento e vinte olimpíadas e algo mais. Somam, portanto, as cento e vinte olimpíadas 480 anos. Os três anos restantes, necessários para completar o número das semanas, caem exatamente entre o primeiro e o quarto ano. Tens, portanto, a demonstração das Escrituras que dizem: *Desde a declaração do decreto sobre a restauração de Jerusalém até o Cristo chefe haverá sete semanas e sessenta e duas semanas*. Por ora tens esta demonstração cronológica, mesmo que não faltem outras interpretações das semanas de anos preditas em Daniel.

20. Fica agora sabendo do lugar da promissão. Diz Miqueias: *E tu, Belém, casa de Éfrata, não és tão pequena que não contes entre os clãs de Judá. De ti sairá para mim aquele que é chamado a governar Israel. Suas origens remontam aos tempos antigos, aos dias do longínquo passado* (Mq 5,2). De resto, como habitante de Jerusalém já sabes o que está escrito no Sl 131 sobre o lugar [do advento de Cristo]: *Nós ouvimos dizer que estava em Éfrata e depois o encontramos nos campos da selva* (Sl 131,6). Há poucos anos, o lugar estava coberto de mato. Ouviste de novo Habacuc que diz ao Senhor; *Ao se aproximarem os anos serás reconhecido; ao chegar o tempo serás mostrado* (Hab 3,2). E qual, ó profeta, é o sinal da vinda do Senhor? Ele o diz a seguir: *Serás conhecido entre duas vidas*. É manifesto que alude ao Senhor: ao vir em carne, vives e morres; ressurgindo dos mortos vives de novo. De que parte de Jerusalém virá Ele? Do Oriente ou do Ocidente, do Norte ou do Sul? Diga-nos claramente. E ele o diz abertamente, respondendo: *Deus vem de Temã (Temã significa sul) e o Santo vem do Farã,* monte umbroso e denso (Hab 3,3), o que coincide com o que diz o salmista: Depois o encontramos nos campos da selva (Sl 131,6).

21. Continuamos a inquirir de que pessoa e como Ele virá. Isto nos ensina Isaías: Eis que a virgem conceberá e dará à luz um filho e chamá-lo-ão Emanuel (Is 7,14). A isto contradizem os judeus, pois têm o mau costume antigo de fazer objeções contra a verdade. Dizem que está escrito, não a virgem, mas a donzela. Mesmo que aceite deles a explicação, encontro a verdade. Deve-se perguntar a eles: Quando é violada, a virgem clama, antes de sofrer violência (Dt 22,27) ou depois de tê-la sofrido? Se, pois, a Escritura diz alhures: A donzela gritou, mas não havia ninguém que a socorresse, porventura aqui não se fala de uma virgem? Mas para compreenderes com maior clareza que na divina Escritura uma virgem é chamada também donzela, escuta o Livro dos Reis que diz de Abisac, a sunamita: E era donzela muito formosa (1Rs 1,4). Sabe-se que ela foi escolhida como virgem e levada à presença de Davi.

22. Mas de novo objetam os judeus: Estas palavras sobre Ezequias são ditas a Acaz. Leiamos a Escritura: Pede que te conceda um sinal que venha do fundo da mansão dos mortos ou lá do alto (Is 7,11). Antes de tudo, o sinal deve ser extraordinário. Foi um sinal: a água que brotou do rochedo (Ex 7,6), a divisão do mar

(Ex 14,21s.), o retrocesso do sol (2Rs 20,11) e outras coisas semelhantes. O que vou dizer contém uma prova mais convincente contra os judeus (sei que estou alongando demasiadamente o sermão e canso os ouvintes; mas suportai a prolixidade da prática; estas coisas se dizem de Cristo e não se trata de bagatelas). Foi no reinado de Acaz que Isaías disse aquelas palavras. Ora, Acaz só reinou dezesseis anos (2Rs 16,2) e durante estes é que lhe foi dirigida a profecia. Convence os judeus de contradição o Rei Ezequias, filho e sucessor de Acaz, que começou a reinar quando tinha vinte e cinco anos (2Rs 18,2). Porquanto o tempo da profecia é limitado pelo espaço de dezesseis anos. Nascera ele nove anos antes da profecia feita a Acaz. Por que, pois, de quem já nascera e mesmo antes do reinado de Acaz, seu pai, fora mister proferir a profecia? O profeta não disse: Ela concebeu, mas sim: Ela conceberá, falando do futuro.

23. Sabemos com certeza que o Senhor nasceu de uma virgem. Falta ainda mostrar de que linhagem é a virgem. O Senhor fez a Davi um juramento de que não se retratará: Colocarei em teu trono um descendente de tua raça (Sl 131,11). E mais: Dar-lhe-ei uma perpétua descendência e seu trono terá a duração do céu (Sl 88,30). E ainda. Prometi pela minha santidade: a Davi não faltarei jamais; sua posteridade permanecerá eternamente e seu trono, como o sol, subsistirá diante de mim. Como a lua, existirá sem fim (Sl 88,36-38). – Vês que esta palavra trata de Cristo e não de Salomão, pois seu trono não durou como o sol. Se alguém contradisser pelo fato de Cristo não se assentar no trono de madeira de Davi, opor-lhe-ei aquele dito: Na cátedra de Moisés sentaram-se os escribas e fariseus (Mt 23,2). Não se cogita da cátedra de madeira, mas da autoridade doutrinal. Assim também, procures no trono de Davi não o trono feito de madeira, mas sua autoridade régia. Deste fato são testemunhas as crianças que aclamam: Hosana ao filho de Davi: bendito o Rei de Israel (Mt 21,9). Ainda os cegos dizem: Filho de Davi, tem piedade de nós (Mt 9,27). E Gabriel o atesta claramente, dizendo a Maria: E o Senhor Deus lhe dará o trono de Davi, seu pai (Lc 1,31-32). E Paulo afirma: Lembra-te de que Jesus Cristo, da linhagem de Davi, ressuscitou dos mortos, segundo o meu Evangelho (2Tm 2,8). E no começo da Epístola aos Romanos diz: Nascido da descendência de Davi, segundo a carne... (Rm 1,3). Crê, portanto, naquele que nasceu de Davi, confiando na profecia que diz: Naqueles dias a raiz de Jessé brotará e se levantará quem há de reger os povos. Nele as nações porão a sua esperança (Is 11,10).

24. Os judeus, porém, se veem em grandes apuros pelas razões aduzidas. Previra-o Isaías, dizendo: E quererão e se tornarão presa de chamas; porque um menino nos (não a eles) é dado (Is 9,5s.). Toma nota: primeiro era Filho de Deus, depois nos foi dado, acrescentando logo mais: E a paz não terá fim (Is 9,7). O império dos romanos tem seu termo, mas o reino do Filho de Deus não tem fim. Os reinos dos persas e medos têm seus limites; o do Filho de Deus não os têm. E [Isaías] continua: Sobre o trono de Davi se sentará e sobre o reino para firmá-lo (Is 9,7). A santa Virgem descendia, pois, de Davi.

25. Convinha a Ele que é puríssimo e Mestre de pureza proceder de casto tálamo. Se aquele que, bom sacerdote de Jesus, se abstém de mulher, como Jesus poderia ter nascido de varão e mulher? Porque foste tu – se diz nos salmos – que me extraíste do ventre (Sl 21,10). Atende bem à palavra: me extraíste do ventre. Com isso se quer dizer que sem a cooperação de varão procedeu do ventre e nasceu de carne de uma virgem, pois o modo de nascer de um matrimônio é bem diferente.

26. Não se envergonha de tomar carne destes membros quem é autor dos próprios membros. E quem no-lo diz? Diz o Senhor a Jeremias: Antes que fosses formado, desde o ventre te conheci; antes de saíres das entranhas maternas, eu te santifiquei (Jr 1,5). Por acaso, aquele que ao formar os membros do homem não se envergonhou de tocá-los, deveria se envergonhar de formar a santa carne, o "véu da divindade"? É Deus quem, até o dia de hoje, forma o feto humano no ventre, conforme está escrito em Jó: Não me ordenhaste como leite e coalhaste como queijo? De pele e carne me revestiste, de ossos e nervos me teceste (Jó 10,10s.). Nada há de impuro na formação do homem, a não ser quando ele é manchado pelo adultério e pela devassidão. Quem formou Adão, formou também Eva; e com mãos foram feitos macho e fêmea. Nenhum dos membros do corpo era no início, ao ser criado, impuro. Calem-se os hereges todos que, desprezando o corpo, desprezam quem o criou. Lembrar-nos-emos da palavra de Paulo: Não sabeis que vosso corpo é templo do Espírito Santo? (1Cor 6,19). E ainda o profeta, em nome de Jesus, predisse: Minha carne provém deles (Os 9,2). E alhures está escrito: Por isso os abandonará até o tempo da parturiente (Mq 5,3). E qual é o sinal? Segue logo: Parirá, e os restantes dos irmãos se converterão (Mq 5,3). E quais são as arras dos esponsais da Virgem, a santa esposa? Desposar-te-ei com fidelidade (Os 2,20). Com palavras parecidas Isabel a saúda: Bem-aventurada a que teve fé, porque se cumprirá o que lhe fora dito da parte do Senhor (Lc 1,45).

27. Mas gregos e judeus nos lançam em rosto e dizem que é impossível ter Cristo nascido de uma virgem. Aos gregos fechemos a boca alegando fatos dos mitos deles. Vós que afirmais que as pedras ao serem atiradas se transformam em homens, como ousais dizer que é impossível uma virgem dar à luz? Vós que fabulais que uma filha nasceu do cérebro, como podeis afirmar que não é possível nascer um filho de ventre virginal? Como renegais a nossa doutrina que é verdadeira, se da coxa de vosso Zeus, como de uma madre prenhe, fazeis nascer Dionísio? Sabe que não estou dizendo coisas indignas de meu auditório. Mas referimos tudo isso para que, oportunamente, possas refutar com as suas próprias fábulas as suas alegações.

28. Aos da circuncisão assim revido com a pergunta: O que é mais fácil: parir uma anciã estéril e desconhecendo as regras ou uma virgem mocinha gerar um filho? Estéril era Sara; tinha passado da idade (Gn 11,30; 18,11), mas pôde gerar um filho (Gn 21,2). Portanto, se a estéril, contra a natureza, pode gerar um filho, contra a natureza uma virgem pode se tornar mãe. Logo, ou aceitas ambos os fatos ou a ambos rejeitas. Pois foi o mesmo Deus que fez aquilo e realizou isto. Não terás coragem de dizer que aquilo era possível a Deus e isto não. E ainda mais. Que força da natureza pode numa hora transformar a mão de um homem e restituí-la? Como foi restituída à antiga forma a mão de Moisés que se fizera branca como a neve? (Ex 4,6s.). Dirás que foi a vontade de Deus que operou a mudança. Lá a vontade de Deus pode operar e aqui não pode? Aquele sinal foi só para os egípcios, mas este milagre se destinava ao mundo inteiro. Ó judeus, o que é mais difícil: que uma virgem gere ou que uma vara se torne um ser vivo? Concedeis sob Moisés que uma vara reta se tornou serpente, terrível para quem a atirou ao chão (Ex 4,5); e o que antes segurara a vara na mão fugiu diante do dragão; e realmente era um dragão. Mas não fugiu do que segurara na mão, mas de medo de quem provocara a mudança: a vara tinha dentes e olhos de dragão. Se de uma vara brotam olhos que veem, então, pela vontade de Deus, de um ventre virginal não pode nascer uma criança? Silencio-me do que a vara de Aarão produziu em uma noite e que as outras plantas levam vários anos para produzir (Nm 17,8). Quem não sabe que uma vara que foi descascada, mesmo que se plante no meio de um rio, não cresce nunca? Mas como Deus não está a serviço da natureza das árvores e é o criador da natureza, a vara infrutuosa, seca e descascada floriu, apareceram botões e amadureceram amêndoas. Aquele, pois, que por amor do sacerdote, prefiguração do verdadeiro sacerdote, deu à vara o vigor sobrenatural de produzir frutos, não poderia conceder a uma virgem o dar à luz?

29. É bom relembrar estes fatos. Mas os judeus continuam a contradizer. Não dão crédito a este exemplo da vara se não forem persuadidos por outros partos semelhantes, maravilhosos e sobrenaturais. Por isso aperta-os com a seguinte pergunta: De que nos inícios nasceu Eva? Que mãe concebeu aquela que não possui mãe? Pois diz a Escritura (Gn 2,22) que ela foi feita de uma costela de Adão. Portanto, Eva nasceu de uma costela masculina, sem intervenção de mãe. E não poderia nascer um menino do ventre virginal, sem cooperação de varão? O gênero feminino estava obrigado a retribuir graças aos homens. Eva nascera de Adão, não concebida de mãe, mas somente de varão como que parturejada. Maria retribuiu assim a dívida desta graça, quando, não de varão, mas de si somente, por virtude do Espírito Santo, por um milagre de Deus, teve um filho.

30. Mas temos à mão um milagre ainda maior. Que nasçam corpos de corpos é maravilhoso e, no entanto, possível. Mas que o pó da terra produza um homem é mais estupendo ainda. Que o barro amassado assumisse a córnea e o brilho dos olhos, isto é mais prodigioso. Que do pó informe nascesse a solidez dos ossos e a delicadeza dos pulmões e a diversidade dos outros membros é uma maravilha. Que o barro animado se mova, percorra o orbe e edifique é um prodígio. Que o barro ensine, fale, realize obras de arte e governe (Jó 38,14), é um espanto. Ó judeus, nada aprendestes! Donde nasceu Adão? Não tomou Deus do pó da terra para formar este pigmento admirável? (Gn 2,7). Que dizer, pois? Barro é transformado em olho, e uma virgem não geraria um filho? Se o que a juízo do homem é impossível se realizou, o que é possível não se realizaria?

31. Irmãos, lembremo-nos destas realidades. Usemo-las como armas ofensivas. Não suportemos os heréticos que ensinam ter sido o advento de Cristo só aparente. Também abominemos aqueles que dizem que o nascimento do Salvador foi de homem e mulher, os que têm a ousadia de afirmar que foi de José e Maria, porque está escrito: E recebeu sua esposa (Mt 1,24). Lembremo-nos de Jacó que antes de tomar Raquel a si disse a Labão: Dá-me minha mulher (Gn 29,21). Como Raquel era chamada mulher de Jacó, só pela promessa, antes mesmo de realizar as núpcias, assim também Maria, pelos desposórios[42], foi dita esposa de José. Repara como o Evangelho é minucioso ao falar, quando diz: No sexto mês o Anjo Gabriel foi enviado da parte de Deus a uma cidade da Galileia, chamada Nazaré, a uma virgem desposada com um varão de nome José... (Lc 1,26). E de novo, ao se fazer o recenseamento, quando José subiu para se alistar, o que diz a Escritura? Subiu também José da Galileia... para se alistar com Maria, a mulher de que era noivo, que estava grávida (Lc 2,4s.). Estava grávida; mas diz, não sua mulher, mas sua noiva. Pois Deus enviou seu Filho, diz Paulo, não gerado de varão

---

42. Cirilo supõe haver entre Maria Santíssima e São José um simples desposório, noivado, e por isso não verdadeiro matrimônio, como pensa grande parte dos Padres e teólogos. Para São Cirilo, esposar significava usar do matrimônio. Daí não falar de esponsais.

e mulher, mas nascido de mulher só (Gl 4,4); isto é, de virgem. Pois, como já o demonstramos, por mulher devemos entender também a virgem. De uma virgem nasceu aquele que torna as almas virginais.

32. Tu te admiras deste nascimento. Admirou-se a própria [virgem] que iria gerar. Diz ela a Gabriel: Como poderá ser isto, pois não conheço varão? Ao que ele replicou: O Espírito Santo virá sobre ti e a virtude do Altíssimo cobrir-te-á com sua sombra. Por isso, o Santo gerado [de ti] será chamado Filho de Deus (Lc 1,34s.). Puro e incontaminado é o parto. Pois onde sopra o Espírito Santo toda impureza some. Sem impureza é a natividade na carne do Unigênito da Virgem. E se os hereges contradizem a verdade, argui--os o Espírito Santo. Enfastia-se a virtude do Altíssimo que a cobriu de sombra (Lc 1,35). Estará contra eles no dia do juízo com rosto severo o anjo Gabriel (Lc 1,35). Envergonhá-los-á o lugar do presépio que recebeu o Senhor (Lc 2,7). Darão, então, testemunho os pastores que receberam a Boa-nova (Lc 2,10). O Exército dos anjos que louvaram e cantaram e disseram: Glória a Deus nas alturas e na terra paz aos homens por Ele amados (Lc 2,13s.) dão testemunho. Também dão testemunho o templo a que foi levado, então, no quadragésimo dia (Lc 2,22), os pares de rolas que foram oferecidos por Ele (Lc 2,24), Simeão (Lc 2,28) que o tomou nos braços e a Profetiza Ana que ali estava presente (Lc 2,36).

33. Ao dar Deus testemunho, ao coatestar o Espírito Santo e Cristo dizer: Por que procurais matar o homem que vos falou a verdade? (Jo 7,20; 8,40), calem-se os hereges que negam a sua natureza humana, pois contradizem ao que afirma: Apalpai-me e vede; um espírito não tem carne nem ossos como vedes que tenho (Lc 24,39). Seja adorado o Senhor nascido da Virgem. Reconheçam as virgens quem é coroa de sua vida. Reconheçam também os monges a glória da castidade; nós [homens] não somos privados do dom da integridade. O Salvador passou nove meses no ventre da Virgem; e varão foi o Senhor durante trinta e três anos, de modo que, se a Virgem pode se gloriar do tempo de nove meses, nós [homens] muito mais nos podemos gloriar pelos muitos anos [que o Senhor viveu em castidade].

34. Todos, com a graça de Deus, moços e moças, jovens e velhos, trilhemos o caminho da castidade (Sl 143,12). Não corramos atrás da lascívia, mas louvemos o nome de Cristo. Não desconheçamos a glória da pureza, pois angélico é o prêmio e sobre-humano o empenho. Respeitemos os nossos corpos que brilharão como o sol (Mt 13,43). Não manchemos por um mesquinho prazer um corpo de tão grande valor. Breve é o pecado e de pequena duração; mas de muitos anos e eterna a vergonha. Anjos que perambulam neste mundo são os seguidores da castidade. As virgens terão com a virgem Maria sua parte. Sejam banidos todo ornato luxuoso, todo olhar curioso, todo andar ocioso, toda a veste e perfume que provoque a sensualidade. Aroma seja para todos a oração feita com o bom odor, as boas obras e a santificação dos corpos. Que o Senhor, nascido da Virgem, diga de nós, homens castos e mulheres coroadas: Porei o meu tabernáculo no meio deles e andarei entre eles; e serei seu Deus e eles serão meu povo (Lv 26,12; 2Cor 6,16). A Ele a glória pelos séculos dos séculos. Amém.

Catequese 13
Crucificado e sepultado

Feita em Jerusalém de improviso sobre as palavras: Crucificado e sepultado. Leitura de Isaías: Senhor, quem acreditou no que ouvimos? A quem foi revelado o braço do Senhor?... (Is 53,1). Como um cordeiro, Ele foi conduzido à matança (Is 53,7) etc.

1. Glória da Igreja Católica é toda obra de Cristo. Glória das glórias, porém, é a cruz. Sabendo disto, Paulo diz: Quanto a mim, Deus me livre que eu me glorie senão na cruz de Cristo (Gl 6,14). Algo maravilhoso foi o fato de o cego de nascença, em Siloé, recobrar a vista (Jo 9,7ss.). Mas o que significa este um contra os cegos de todo o mundo? Algo grande e sobrenatural é o fato de Lázaro, morto há quatro dias, ressuscitar (Jo 9,39.44). Mas só para ele se manifestou esta graça.

E que será dos mortos pelo pecado de todo o orbe? (Ef 2,1). Algo estupendo fornecerem cinco pães, como fontes, alimento para cinco mil homens (Mt 14,21). Mas que é isto em comparação com os famintos pela ignorância em todo o universo? (Am 8,11). É um prodígio ter sido solta a mulher que satanás mantinha atada havia dezoito anos (Lc 13,11.13). Mas que é isto em comparação com todos nós que estávamos amarrados com as cadeias de nossos pecados? (Pr 5,22). A coroa de glória da cruz iluminou todos os cegos na ignorância, libertou todos os que estavam amarrados pelo pecado e remiu todo o mundo dos homens.

2. Não te espantes se todo o orbe foi remido. Não era um homem comum que por Ele morreu, mas o Filho unigênito de Deus. Na verdade, o pecado de um só homem, Adão, pôde introduzir a morte no mundo. Se, pois, pela queda de um só indivíduo a morte veio reinar sobre o mundo (Rm 5,17), por que, pela justiça de um só, em maior abundância, não reinaria a vida? E se então [nossos pais] em virtude do lenho do qual comeram foram expulsos do paraíso (Gn 3,22-23), porventura, pelo lenho de Jesus, com muito mais facilidade os crentes não entrarão no paraíso? Se o primeiro homem, formado da terra, causou a morte universal, o que o formou da terra (Gn 2,7) não traria a vida eterna, sendo Ele mesmo a vida? (Jo 14,6). Se Fineias, tomado de zelo, matou quem cometeu um ato vergonhoso e com isso aplacou a ira de Deus (Nm 25,8.11), Jesus não matando um outro, mas entregando a si mesmo como propiciação (1Tm 2,6), não afastaria dos homens a ira [de Deus]?

3. Não nos envergonhemos, portanto, da cruz do Salvador. Antes, nela nos gloriemos. Porque a doutrina da cruz é escândalo para os judeus e loucura para os gentios (1Cor 1,18.23), mas para nós salvação. É loucura para os que se perdem; para nós que nos salvamos, é poder de Deus (1Cor 1,18.54). Como já se disse, não foi um simples homem que morreu, mas o Filho de Deus, Deus feito homem. Se outrora o cordeiro imolado por ordem de Moisés afastou o exterminador (Ex 13,23), o Cordeiro de Deus que tira o pecado do mundo (Jo 1,29) com muito maior razão não libertará do pecado? Se o sangue de uma ovelha irracional trouxe a salvação, o do Unigênito, com mais razão, não te salvará? Se alguém não der crédito ao poder do Crucificado, interrogue os demônios. Se alguém descrê das palavras, creia nos fatos manifestos. Muitos homens foram crucificados através do mundo, mas diante de nenhum os demônios se apavoram. Mas à simples vista do sinal da cruz de Cristo que foi por nós crucificado, apavoram-se os demônios. Eles foram mortos por causa dos próprios pecados. Este pelos alheios. Ele, porém, não cometeu pecado, nem na boca dele se achou engano (1Pd 2,22). Não foi Pedro que disse isto, uma vez que se poderia suspeitar que o fazia para lisonjear o Mestre. Quem o disse foi Isaías (53,9), que não esteve presente com o corpo, mas previu, em espírito, seu advento na carne. Por que cito somente um profeta como testemunha? Toma como testemunha Pilatos que o condenou. Diz ele: Não achei neste homem delito algum (Lc 23,14). Depois de dar este veredito, lavando as mãos, disse: Sou inocente do sangue deste justo (Mt 27,24). Há ainda uma outra testemunha da inocência de Jesus: o ladrão que como primeiro entrou no paraíso e que censurou o companheiro dizendo-lhe: Recebemos o digno castigo de nossas obras; este, porém, nada fez de mau (Lc 23,41). Tu e eu estivemos presentes no julgamento.

4. Verdadeiramente, Jesus padeceu por todos os homens. A cruz não é uma invenção. Aliás, a redenção também o seria. Não foi aparente a morte. A salvação também seria um mito. Se a morte fosse só aparente, teriam razão os que diziam: Lembramo-nos de que este sedutor, ainda vivo, disse: depois de três dias ressuscitarei (Mt 27,63). Foi, pois, real a Paixão. Ele foi verdadeiramente crucificado. Não nos envergonhamos disto. Foi crucificado e não o negamos. Antes, ao dizê-lo, me glorio. Mesmo que o negássemos, argui-me este Gólgota, em cuja proximidade estamos agora todos reunidos; argui-me o lenho da cruz, que dividido em partículas foi levado para todo o mundo. Confesso a cruz, pois conheço a ressurreição. Se tivesse permanecido crucificado, talvez não a confessaria. Escondê-la-ia depressa com meu mestre. Mas, uma vez que à cruz segue a ressurreição, não me envergonho de pregar a cruz.

5. Tendo-se humanado por todos, foi por eles crucificado. Mas não por motivo de pecados próprios. Não foi levado à morte por causa da avareza, pois é o mestre da pobreza. Não foi condenado por motivo de sensualidade, pois Ele ensina expressamente: todo aquele que olha uma mulher desejando-a, já adulterou com ela em seu coração (Mt 5,28). Não foi condenado por ter espancado ou batido em alguém, pois ofereceu a outra face a quem o esbofeteava (Mt 5,39; 36,67). Não que fizesse pouco da lei, pois foi o cumpridor da lei (Mt 1,17). Não que tenha blasfemado algum profeta, pois era Ele o anunciado pelos profetas (Jo 1,45). Não que tivesse defraudado o salário de alguém, pois sem recompensa ou paga realizava as curas. Não pecou por palavras, nem por obras, nem por desejos. Ele não cometeu pecado, nem na boca dele se achou engano. Ultrajado, não replicava com injúrias, e atormentado, não ameaçava (1Pd 2,22s.). Chegou à paixão, não obrigado, mas de espontânea e livre-vontade. Se alguém, tomado de compaixão, lhe dissesse ainda agora: Não o permita

Deus, Senhor (Mt 16,22), dirá de novo: Retira-te de mim, satanás (Mt 16,23).

6. Queres persuadir-te ainda mais de que se entregou espontaneamente à paixão? Os outros homens, que morreram contrafeitos, desconhecem seu destino. Este prenunciou sua paixão: Eis que o Filho do Homem será entregue para ser crucificado (Mt 26,2). Sabes por que o amador dos homens não fugiu da morte? Para que o mundo todo não perecesse por seus pecados. Eis que subimos a Jerusalém. O Filho do Homem será entregue e o crucificarão (Mt 20,18). E ainda: Dirigiu-se Ele resolutamente a Jerusalém (Lc 9,51). Desejas saber expressamente como a cruz é glória para Jesus? Ouve-o dele mesmo e não de mim. Traía-o Judas, que se tornara ingrato para com seu Senhor. Saído há instantes da mesa e tendo bebido do cálice da bênção (Jo 13,30), quis derramar o sangue inocente como bebida de salvação. Quem comia de seu pão urdia contra Ele a traição (Sl 40,10). As mãos que seguravam o pão abençoado, logo mais, através do dinheiro da traição, maquinavam a morte. Censurado, ouviu a palavra: Tu o disseste (Mt 26,25). Logo depois, abandonou a sala. Disse, então, Jesus: Chegada é a hora em que o Filho do Homem será glorificado (Jo 12,23). Vês como considerava a cruz como sua própria glória. Se Isaías não considerava vergonha ser serrado ao meio, Cristo se envergonharia de morrer pelo mundo? Agora o Filho do Homem foi glorificado (Jo 13,31). Não que Ele antes não possuísse a glória. Fora glorificado com a glória que teve antes que o mundo existisse (Jo 17,5.24). Como Deus, possuía a glória desde sempre. Agora era glorificado por levar a coroa da paciência. Abandonou a vida, não constrangido, não violentado, mas voluntariamente. Escuta o que Ele diz: Tenho poder para dar a minha vida e poder para tornar a toma-lá (Jo 10,18). Porque quero, entrego-me aos inimigos, pois se não o quisesse, isto não aconteceria. Chegou, pois, à paixão de livre-escolha. Alegrou-se de tão boa obra. Satisfeito com a coroa [do sofrimento], comprazeu-se com a salvação dos homens. Não se envergonhou da cruz. Salvou, pois, todo o universo. Quem tomou sobre si a paixão, não era um homem vil, mas o Deus feito homem, tendo combatido com paciência e merecido o prêmio.

7. Contradizem-nos os judeus, sempre prontos para a contradição, porém lentos para a fé. Por isto diz o profeta que acaba de ser lido: Senhor, quem acreditou no que pregamos? (Is 53,1). Os persas aceitaram a fé; os judeus não. Veem-no aqueles a quem não foi anunciado e os que não ouviram entenderão (Rm 15,21; Is 52,15). Os que meditaram, rejeitarão aquele em quem meditaram. – Mas nos objetam [os judeus] assim: Portanto o Senhor padeceu? Então,

mãos humanas foram mais potentes do que a força do Senhor? Lede as Lamentações: Pois lamentando-se o Profeta Jeremias nas Lamentações escreveu coisas dignas de lamentação. Viu a nossa ruína, contemplou a vossa queda. Chorou a Jerusalém de então, pois a atual não será chorada. Aquela crucificou o Cristo; esta o adora. Chorando, portanto, diz: O sopro de nossa boca, o Cristo Senhor, foi preso por causa de nossa corrupção (Lm 4,20). Será que estou falando coisas inventadas? Eis que o profeta atesta que o Cristo Senhor foi preso pelos homens. Que se segue daí? Dize-me, ó profeta! E ele responde: À tua sombra, como dissemos, viveremos entre as nações (Lm 4,20). Com isto se insinua que a graça da vida vai estar, não em Israel, mas entre os gentios.

8. Sendo múltipla a contradição dos judeus, com a ajuda de vossas orações, o quanto o permitir a brevidade do tempo e com a graça do Senhor, citaremos alguns testemunhos sobre a paixão. Toda a história de Cristo está descrita. Nada fica na dúvida, pois tudo está atestado. Tudo foi consignado nas tábuas proféticas, não em tábuas de pedra, mas pelo Espírito Santo tudo foi claramente descrito. Ao ouvires o que o Evangelho refere de Judas (Mt 27,3.9), não deves aceitar o testemunho? Ouviste que seu lado foi aberto pela lança (Jo 19,34.37). Não deves ver se também isto está escrito? Ouviste que foi crucificado no Horto (Jo 19,41). Não há razão para pesquisares se isto está igualmente escrito? Ouviste que foi vendido por trinta dinheiros (Mt 26,15). Não queres aprender qual o profeta que isto afirmou? Ouviste que foi dessedentado com vinagre (Jo 19,29-30). Aprende onde se encontra isto escrito. Ouviste que foi sepultado num sepulcro cavado na rocha e foi rolada uma pedra à sua entrada (Mt 27,60). Não quererás receber uma testemunha dentre os profetas? Ouviste que foi crucificado junto com os ladrões (Mt 27,38). Não deverás ver onde isto está escrito? Ouviste que foi sepultado (Mt 27,59-60). Não deverás perquirir se algo alhures se encontra escrito? Ouviste que ressurgiu (Lc 24,34). Não é mister verificar que não queremos iludir-te ao ensinar tal fato? Pois nossa palavra e nossa pregação não consistem em discursos persuasivos de sabedoria humana (1Cor 2,4). Não fazemos uma construção sofística, pois não tem consistência. Palavras não são vencidas por palavras, pois elas passam: mas pregamos o Cristo crucificado (1Cor 1,23) que já foi com antecedência anunciado pelos profetas. Recebendo os meus testemunhos, escreve-os no coração. Sendo muitos e restando pouco tempo, ouve agora alguns dos principais argumentos. Tomando nosso sermão como base, toma sobre ti o trabalho de pesquisar os restantes. Não esteja a tua mão só estendida para receber, mas também preparada para trabalhar (Ecl 14,26). Deus concede todos os favores. Se alguém de vós se acha falto de sabedoria, peça-a a Deus (Tg 1,5) e receberá. Deus, movido por vossas orações, nos conceda a nós que falamos o dom da palavra; a vós que nos ouvis, a graça da fé.

9. Busquemos, portanto, os testemunhos referentes à paixão de Cristo. Reunimo-nos não para fazer uma exegese teórica das Escrituras, mas para nos aprofundarmos mais nas verdades da fé. Já recebeste os testemunhos do advento de Cristo. Que andou sobre o mar (pois abristes um caminho pelo mar (Sl 76,20) – está escrito – caminhais sobre o mar, como em terra firme (Jó 9,8)) e que realizou várias curas, já o aprendeste em outra ocasião. Começarei, pois, por onde começou a paixão. Judas foi o traidor. Aproximou-se de Jesus e parou, com palavras pacíficas (Sl 34,20), mas intenções inimigas. Diz dele o salmista: Meus amigos e meus próximos se aproximam de mim e param (Sl 37,12). E de novo: Suas palavras são mais untuosas do que o óleo, e eles próprios como dardos (Sl 54,22). Salve, Rabi (Mt 26,49), e entregou o Mestre à morte. E não respeitou o lembrete de quem lhe dizia: Judas, com um beijo entregas o Filho do Homem (Lc 22,48). Fora como se Jesus lhe dissesse: Lembra-te do significado do teu nome. Judas quer dizer confissão: fizeste um pacto, recebeste o dinheiro, confessa-o logo. Ó Deus, não cales o meu louvor porque a boca do pecador e a boca do traidor abriram-se contra mim. Falaram contra mim com língua aleivosa e com palavras de ódio me cercaram (Sl 108,1s.). Que alguns dos sumos sacerdotes estiveram presentes e que foi preso às portas da cidade, tu o ficaste sabendo há dias. Certamente te lembras da exegese do salmo que assinala o tempo e o lugar com as palavras: Voltaram à tarde e padeceram fome como cães e rodearam a cidade (Sl 58,7.15).

10. Ouve agora a história dos trinta dinheiros: E eu lhes direi: Dai-me a recompensa que me é devida e, se não, deixa disso (Zc 11,12) etc. Vós me deveis recompensa pela cura dos cegos e dos coxos. Em vez de ação de graças vós me dais ignomínia. Em vez de adoração, troça. Vês como a Escritura conhece com antecedência o futuro: Então pagaram-me pelo meu salário trinta moedas de prata (Zc 11,12). Com que exatidão a profecia o previu! Quantas coisas o Espírito Santo sabia sem errar. Não disse dez, não disse vinte, mas trinta, exatamente quantas de fato eram. Dize-me também aonde vai parar esta soma, ó profeta. Quem a recebeu guardá-la-á ou vai entregá-la? Ao entregá-la, para onde vai? Diz o profeta: E tomei as trinta moedas de prata e lancei-as na casa do Senhor para a fundição (Zc 11,13). Agora compara a profecia com o Evangelho: Pois, levado pelo arrependimento. Judas, diz, atirou as moedas de prata ao templo e se retirou (Mt 32,3.5).

11. É preciso aclarar melhor as contradições aparentes. Os que fazem pouco dos profetas dizem que o profeta afirma: E lancei-as na casa do Senhor para a fundição (Zc 11,13). O Evangelho, ao contrário, diz: E deram-nas pelo campo do oleiro (Mt 27,10). Escuta de como ambos dizem a verdade. Por conseguinte, os judeus pretensamente religiosos, bem como os sumos sacerdotes, vendo Judas arrependido a dizer: Pequei, entregando sangue inocente (Mt 27,4), replicaram: A nós que nos importa? Tu te a venhas (Mt 27,4). A vós que o crucificastes não importaria? Quem recebeu o preço do assassínio e o restitui se avirá. E vós, os assassinos, não vos avireis? Então dizem entre si: Não é lícito lançá-las no tesouro, pois são o preço de sangue (Mt 27,7). De vossa própria boca provém a vossa condenação. Se o preço é sujo, a ação também o é. Mas, se levando Cristo à cruz realizastes uma ação justa, por que não aceitais o preço? Como não discordam eles se o Evangelho, por sua parte, diz "campo do oleiro" e o profeta "fundição"? Não só os ourives têm seu forno de fundição, nem só os que trabalham o bronze têm seu forno, mas também os oleiros dispõem de seu forno para o barro. Separam as partes finas, oleosas e aproveitáveis da terra de saibro, coam toda a matéria inaproveitável e fundem água e argila, a ponto de esta imediatamente poder ser usada para fabricar um vaso. Por que, pois, te admiras se o Evangelho mais claramente fala de campo do oleiro e o profeta propõe mais enigmaticamente a profecia? Toda profecia, por natureza, é geralmente indeterminada.

12. Prenderam a Jesus e introduziram-no no pátio do sumo sacerdote (Lc 27,54). Queres ter a prova certa de que também isto está escrito? Diz Isaías: Ai da sua alma! porque tramaram maus planos contra si mesmos, dizendo: Prendamos o justo, pois nos ficou incômodo (Is 3,9s.). Na verdade, ai da sua alma. Vejamos por quê. Isaías foi serrado ao meio e, depois disto, o povo ficou curado. Jeremias foi lançado ao lodo da cisterna (Jr 38,6), mas a chaga de Judas foi sarada. Era mais leve, porque cometida contra um homem. Mas, uma vez que os judeus pecaram, não contra um homem, mas contra Deus feito homem, ai da sua alma! – Atemos o justo. Não podia soltar-se a si mesmo, dirá alguém, aquele que livrou das correntes da morte a Lázaro, morto havia quatro dias (Jo 8,39.44), e a Pedro no cárcere das cadeias de ferro? (At 12,7). Preparados estavam os anjos, dizendo: Rompamos os seus laços (Sl 2,3), mas abstiveram-se porque o Senhor queria suportar tudo isso. Outrossim, foi Jesus levado diante do tribunal dos anciãos (Mt 27,59). Tens para o testemunho: O Senhor mesmo entrará em juízo diante dos anciãos do seu povo e dos seus príncipes (Is 3,14).

13. Quando o sumo sacerdote, à sua pergunta, ouve a verdade, ficou indignado (Mt 27,63) e um servo mau inflige uma bofetada a Jesus (Jo 18,22). Aquela face, que outrora resplandecera como o sol (Mt 17,2), quis ser maltratada por mãos infames. Outros, achegando-se, cospem na face daquele que com a saliva curara o cego de nascença (Jo 9,6). Isto retribuís ao Senhor? Este povo é estulto e não sábio (Dt 32,6). O profeta, cheio de admiração, exclama: Senhor, quem deu crédito ao que pregamos? (Is 53,1). É realmente uma coisa incrível: Deus, o Filho de Deus, o braço do Senhor (Is 53,1) suporta tais coisas. Mas para que não descressem os que se salvarão, o Espírito Santo escreveu com antecedência na pessoa de Cristo, dizendo (pois foi Ele próprio que, então, falou isto e agora mais tarde estava presente (Is 52,6)): Entreguei meu dorso aos flagelos (Is 50,6). De fato, Pilatos, depois de flagelá-lo, entregou-o para que o crucificassem (Mc 15,15). Entreguei minha face aos que me batiam, não desviei minha face da injúria dos escarros (Is 50,6). É como se dissesse: Prevendo que me iriam bater, não afastei a minha face. Pois como poderia fortalecer os meus discípulos para morrerem pela verdade, se eu próprio tivesse temido a morte? Eu disse: Aquele que ama a sua alma perde-a (Jo 12,25). Se tivesse amado a minha vida e não praticasse o que pregava, que mestre teria sido? Primeiro, portanto, sendo Deus, quis suportar os sofrimentos dos homens, para que nós homens não nos envergonhássemos de sofrer por parte dos homens semelhantes humilhações por sua causa. Como podes verificar, os profetas previram claramente essas coisas. Pelo pouco tempo, omitimos muitos testemunhos das Escrituras, como já disse. Se alguém se der ao trabalho de perquirir toda a matéria, nenhuma das ações de Cristo ficará sem ser atestada.

14. Atado, foi Jesus de Caifás a Pilatos (Mt 27,2). Haverá para isto também uma prova na Escritura? E amarrando-o, levaram-no como presente ao Rei Jarim (Os 10,7). Oporá um ouvinte crítico: Pilatos não era rei (para omitir muitos pontos nesta questão intrincada). Como, então, o ataram e o levaram como presente ao rei? Lê o Evangelho: Informado Pilatos de que ele era da Galileia, enviou-o a Herodes (Lc 23,6-7). Herodes era, então, rei e estava presente em Jerusalém. E vê a exatidão do profeta. Diz que Ele foi enviado como presente: Naquele dia Pilatos e Herodes fizeram-se amigos um do outro, pois antes eram inimigos (Lc 23,12). Convinha que aquele que iria pacificar a terra e o céu (Cl 1,20) reconciliasse primeiro os que o haveriam de condenar. Pois estava presente o Senhor mesmo, aquele que congraça os corações dos príncipes (Jó 12,24). Atém-te ao que os profetas com tanta precisão e verdade atestam.

15. Admira o Senhor diante do juiz. Permitiu ser levado pelos soldados de lá para cá. Pilatos estava sentado no tribunal ao julgar (Mt 27,19). O que está sentado à direita do Pai (Sl 104,1), foi julgado estando de pé (Mt 27,11). O povo que fora libertado da terra do Egito e de muitos outros lugares clamava contra Ele: Fora, fora com ele, crucifica-o! (Jo 19,15). Por que, ó judeus? Por que sarou vossos cegos? ou por que fez vossos coxos andarem e conferiu tantos benefícios? O profeta, consternado, disse a respeito: Contra quem abris a vossa boca e a quem mostrais a vossa língua? (Is 57,4). E o próprio Senhor diz de si nos profetas: Minha herança foi para mim qual leão na selva a rugir contra mim; eis por que o tenho em aversão (Jr 12,8). Não fui eu que o rejeitei. Foram eles que me rejeitaram. Portanto, digo logo em seguida: Abandonei minha casa (Jr 12,7).

16. Ao ser julgado, Jesus se calava (Mt 27,14). Pilatos se compadeceu dele e lhe disse: Não ouves o que dizem contra ti? (Mt 26,62; 27,13). Dizia isso não porque conhecesse o julgado, mas porque temia o sonho da mulher que lhe fora comunicado (Mt 27,19). E Jesus se calava. Diz o salmista: Fiz-me como um homem que não ouve, e que na boca não tem réplicas a dar (Sl 37,15). E de novo: Eu, porém, sou como um surdo que não ouve, como um mudo que não abre os lábios (Sl 37,14). Já anteriormente, se te lembras, ouviste isto.

17. Os soldados rodeiam Jesus e o escarnecem (Mt 27,27). O Senhor é para eles objeto de escárnio e o Amo é alvo de opróbrio. Viram-me e abanaram as suas cabeças (Sl 108,25). Figuradamente é insinuada a sua dignidade régia. Zombam, mas se ajoelham (Mt 27,29).

Os soldados pregam-no à cruz, depois de tê-lo vestido de púrpura e depois de ter colocado em sua cabeça uma coroa (Jo 19,2). Que importa seja ela de espinhos? Todo imperador é aclamado pelos soldados. Devia, pois, também Jesus ser coroado em figura pelos soldados, a tal ponto que dele diz a Escritura no Cântico dos Cânticos: Saí e vede, filhas de Jerusalém, o Rei Salomão, com o diadema com o qual sua mãe o coroou (Ct 3,11). Há um mistério naquela coroa: era redenção dos pecados, libertação da condenação.

18. Adão recebeu sua condenação: A terra será maldita em tuas obras; ela produzirá para ti espinhos e abrolhos (Gn 3,17s.). Por isso Jesus toma sobre si os espinhos, para suspender a condenação. Por isso foi sepultado na terra, a fim de que a terra amaldiçoada, em lugar da maldição, recebesse a bênção. No tempo do [primeiro] pecado fez uma tanga de folhas de figueira. Por esta razão Jesus deu como sinal do fim [dos tempos] a figueira. Ao iniciar a paixão amaldiçoou a figueira: não toda figueira, mas aquela única, simbolicamente, dizendo: Que nunca mais ninguém coma fruto de ti (Mc 11,14); isto é, a condenação está suspensa. Sendo que nossos primeiros pais se revestiram de folhas de figueira, Jesus quando veio não encontra na figueira nada para comer. Quem é que não sabe que a figueira no inverno não dá frutos, mas exibe somente folhas? Se todos o sabiam, será que Jesus não o sabia? Sabia-o, mas mesmo assim se aproximou como a procurar; não ignorando que nada ia encontrar, queria com isso insinuar que sua maldição só atingia as folhas.

19. Já que tocamos na história do paraíso, admiro realmente a verdade das figuras. No paraíso, a queda; no jardim, a salvação; do madeiro, o pecado; e o pecado até o madeiro [da cruz]. Ao meio-dia, enquanto passeava o Senhor, [Adão e Eva] se esconderam (Gn 3,8); ao meio-dia o ladrão é introduzido pelo Senhor no paraíso (Lc 23,43). Oporá, porém, alguém: O que estás a falar são fantasias tuas. Mostra-me, com o auxílio de um profeta, o lenho da cruz. Se não conseguires trazer o testemunho de um profeta, não crerei. Escuta, pois, a Jeremias e crê: Não saberia eu que era como um manso cordeiro, que é levado a ser vítima? (Jr 11,19). (Assim, como interrogação deves ler este trecho tal qual o citei; pois será que aquele que disse: sabeis que dentro de dois dias é a Páscoa, e o Filho do Homem será entregue para ser crucificado (Mt 26,2), o ignorava?) Não sabia eu que era como um manso cordeiro que é levado a ser vítima? (Jo 11,19). (Que cordeiro? João Batista nos dá a explicação, dizendo: Eis o Cordeiro de Deus, que tira o pecado do mundo (Jo 1,29).) Formaram maus desígnios contra mim, dizendo (quem conhece os pensamentos teria desconhecido o evento futuro? E o que disseram?): Ponhamos pau no seu pão (Jr 11,19). Se o Senhor te achar digno, proximamente, saberás que, segundo o Evangelho, o pão era imagem de seu corpo. Vinde, pois, ponhamos pau no seu pão e o exterminemos da terra dos vivos (a vida não é aniquilada; por que vos afadigais à toa?) e não haja mais memória de seu nome (Jr 11,19). Vão é o vosso intento; o seu nome existe antes do sol, na Igreja (Sl 121,17). Que a Vida fosse suspensa na cruz, Moisés, deplorando, o confessa: A tua vida estará como que suspensa diante de ti. Temerás de dia e de noite, sem nenhuma esperança de viver (Dt 28,66). E o que foi lido há pouco: Senhor, quem acreditou ao ouvir a nossa voz? (Is 53,1).

20. Moisés simbolizou esta figura, crucificando a serpente, para que o mordido pela serpente vivesse e para que, fixando a serpente de bronze, se salvasse pela fé (Nm 21,9). Ora, a serpente de bronze crucificada salvou (Nm 21,9; Jo 3,14s.). O Filho de Deus, feito carne, crucificado, não salvaria? É sempre através do lenho que vem a vida. Nos tempos de Noé a salvação veio pela arca de madeira (Gn 7,23). O mar, ao ver nos tempos de Moisés a vara, simbolicamente, cedeu por reverência ao ser ferido (Ex 14,16-21). Ora, o que a vara de Moisés conseguiu, não consegui-lo-ia a cruz do Salvador? Por amor à brevidade, omito muitas das figuras. Sob Moisés um madeiro tornou a água doce (Ex 15,25). E do lado de Jesus manou água sobre a cruz (Jo 19,34).

21. O primeiro dos sinais de Moisés foi sangue e água; do lado de Jesus foi o último de todos os sinais. Em primeiro lugar mudou Moisés o rio em sangue (Ex 7,20); Jesus, em último, verteu água com sangue de seu lado. Isto talvez em vista das duas vozes: do juiz [Pilatos] e do povo que vociferava ou por causa dos crentes e dos incrédulos. Enquanto Pilatos dizia: sou inocente, lavou com água as mãos, e a plebe vociferava aos gritos: O sangue dele caia sobre nós (Mt 27,24s.). Sangue e água saíram do lado: a água, talvez, para o juiz, e o sangue para os que vociferavam. Pode ser ainda compreendido de outra maneira: para os judeus o sangue; para os cristãos a água; para aqueles, como insidiadores, do sangue se originou a maldição; para ti que agora crês, a salvação pela água. Nada aconteceu à toa. Ao explicar as Escrituras, nossos Pais dão ainda outra causa para aquele fato. Uma vez que o batismo, conforme os Evangelhos, tem uma dupla eficácia salvífica, uma que é dada aos catecúmenos pela água e outra pelo próprio sangue aos santos mártires nas perseguições, sangue e água saíram do lado do Salvador e confirmam a graça da confissão em favor de Cristo tanto no batismo como nos tempos do martírio. – Há ainda outra explicação para a chaga do lado. A causa primeira foi a mulher formada do lado [de Adão]. Mas Jesus, que veio para perdoar homens e mulheres, permitiu que lhe abrissem o lado por amor às mulheres, para assim tirar o pecado.

22. Se alguém continuar a esquadrinhar, encontrará ainda outras causas. No entanto, o que foi dito seja suficiente pelo pouco tempo e para não ficar molesto aos ouvidos do auditório, embora não se deva temer fadiga de ouvir apregoar as lutas do Senhor, coroado especialmente neste santo Gólgota. Outros somente ouvem falar dele, mas nós o vemos e tocamos. Ninguém se canse. Pega pela mesma cruz as armas contra os inimigos. Fixa a fé na cruz como troféu contra aqueles que a contradizem. Sempre que quiseres começar uma discussão a favor da cruz de Cristo contra os infiéis, primeiro faze com a mão o sinal da cruz de Cristo e o adversário se calará. Não te envergonhes de confessar a cruz. Pois os anjos se gloriam, dizendo: Sabemos que buscais Jesus, o crucificado (Mt 28,6). Não poderias ter dito, ó anjo: Sei que buscais o meu Senhor? Todavia diz ele com ênfase: Eu sei: o crucificado. A cruz é coroa, não vergonha!

23. Retornemos à demonstração tirada dos ditos proféticos. O Senhor foi crucificado. Recebeste as provas. Vês o lugar do Gólgota... Aclamas alegre, concordando. Cuida que não mudes de sentimento no tempo da perseguição. Não só no tempo de paz deves exultar com a cruz, mas tem a mesma fé em épocas de perseguição. Não sejas amigo de Jesus em tempo de paz e em tempo de lutas, seu inimigo. Recebes agora o perdão dos pecados e os dons espirituais dos carismas régios.

Quando vier a luta, combate generosamente pelo teu rei. Jesus, que não cometera pecado algum, foi crucificado por ti; e tu não te deixarias crucificar por aquele que por ti foi crucificado? Tu não lhe fazes nenhum favor, pois primeiro recebeste. Rende-lhe graças se podes repor a dívida àquele que por ti foi crucificado no Gólgota, que significa *lugar do crânio* (Jo 19,7). Quem foi que, profeticamente, chamou este lugar de Gólgota, onde a verdadeira cabeça, Cristo, sofreu a cruz? Conforme diz o Apóstolo: Ele é a imagem do Deus invisível (Cl 1,15). E logo em seguida: E Ele é a cabeça do corpo da Igreja (Cl 1,18). E ainda: A cabeça de todo varão é Cristo (1Cor 11,3). E de novo: Ele é a cabeça de todo o principado e potestade (Cl 2,10). A cabeça se submeteu à paixão no Calvário. Oh! apelido profético, cheio de sentido. O próprio nome como que te admoesta, dizendo: Não olhes o Crucificado como um simples homem: Ele é a cabeça de todo o principado e potestade. Assim, a cabeça de toda a potestade foi pregada à cruz que, por seu lado, tem o Pai como cabeça: Pois a cabeça de todo varão é Cristo; mas a cabeça de Cristo é Deus (1Cor 11,3).

24. Cristo foi, portanto, depois de ser condenado à morte, crucificado por nós. Fazia frio (Jo 18,18) e por isso um lume foi aceso. Foi crucificado à hora terceira (Mc 15,25). Da hora sexta até a hora nona se fez escuridão (Mt 27,45). Da hora nona em diante de novo se fez luz. Ora, isto também está escrito? Vejamos. Diz Zacarias: E será: naquele dia não haverá luz, mas sim frio e gelo durante um dia (frio pelo qual se aquecia Pedro) e aquele dia é conhecido do Senhor (Zc 14,6s.). (O quê? Será que não conhece os outros dias? Muitos são os dias, mas este é o dia da Paixão do Senhor, que o Senhor fez (Sl 117,24).) E aquele dia é somente conhecido do Senhor: não será nem dia nem noite (Zc 14,7). Que quer o profeta dizer com estas palavras enigmáticas? Aquele dia não é nem dia nem noite. Como, pois, o chamaremos? O Evangelho interpreta os fatos. Não era dia, pois o sol não refulgiu do Oriente ao Ocidente por igual [como nos outros dias], mas no meio do dia, isto é, da hora sexta à hora nona fez-se trevas (Mt 27,45). A escuridão estava, pois, intercalada. Deus chamou a escuridão de noite (Gn 1,5). Por esta razão não era nem dia nem noite. Não reinava plena luz, de modo que se pudesse chamar dia, nem plena escuridão que se pudesse chamar noite. Depois da hora nona, refulgiu o sol; também isto o profeta predisse. Depois de afirmar: não será nem dia nem noite, acrescenta: E na tarde aparecerá a luz (Zc 14,7). Vês a exatidão dos profetas? Vês como se realizou tudo o que foi anunciado com antecedência?

25. Queres saber com exatidão a hora em que o sol se eclipsou? Foi na quinta hora, na oitava ou na décima?

Dize-o definitivamente aos judeus incrédulos, ó profeta: quando foi o ocaso do sol? Di-lo o Profeta Amós: Naquele dia acontecerá, diz o Senhor Deus, que o sol se porá ao meio-dia (pois as trevas se fizeram desde a hora sexta) e farei cobrir a terra de trevas na maior luz do dia (Am 8,9). Que hora exata é esta, ó profeta, e que dia? E converterei as vossas festas em luto (Am 8,10) (a paixão se realizou nos dias dos ázimos e na festa da Páscoa (Mt 21,2; Mc 14,1)) e porei o país num pranto desfeito como por um filho único; e os que o acompanham como num dia de amargura (Am 8,10). No dia dos ázimos e na festa, as mulheres batiam no peito e se lamentavam (Lc 23,27). Os apóstolos, escondidos, se desfaziam em pranto. É de admirar a exatidão da profecia.

26. Dirá alguém: Dá-me ainda outro sinal. Qual é o outro sinal exato sobre o que aconteceu [a Paixão de Cristo]? Jesus, ao ser crucificado, tinha uma só túnica e um só manto. Mas os soldados dividiram o manto em quatro partes. A túnica não foi dividida, porque dividida não teria mais utilidade para ninguém. Sobre ela os soldados lançaram sorte (Jo 19,23s.). O manto é dividido, a túnica, sorteada. Ora, será que este fato está nas Escrituras? Sabem-no os assíduos cantores de salmos da Igreja que, à imitação dos exércitos angélicos, cantam sem cessar os louvores de Deus. Foram eles achados, dignos de cantar neste santo Gólgota e dizer:

Repartiram entre si as minhas vestes e lançaram sorte sobre minha túnica (Sl 21,19). Pelo sorteio, foi o que fizeram os soldados.

27. Diante do tribunal de Pilatos Jesus estava revestido com um manto vermelho, pois foi lá que lhe lançaram em cima um manto de púrpura (Mt 27,28). Será que isto está escrito? Diz Isaías: Quem é este que vem de Edom, de Bosrá com as vestes avermelhadas? (Is 63,1). (Quem é este que, por escárnio, é revestido de púrpura? É este o sentido, entre os hebreus, da palavra Bosrá.) Por que é, pois, vermelha a tua veste e tuas roupas como as dos que pisam num lagar? (Is 63,2). E ele responde e diz: Estendi as minhas mãos todo o dia para um povo incrédulo e rebelde (Is 65,2).

28. Estendeu os braços na cruz, para abarcar os extremos da terra. O Gólgota, aqui, é o centro da terra. Não é minha a palavra; é o profeta que o diz: Operou a salvação no meio da terra (Sl 73,12). Estendeu as mãos humanas aquele que com suas mãos espirituais firmou o céu (Sl 32,6). E estavam pregados com cravos, a fim de que, pregada ao madeiro a humanidade morta e carregada com os pecados dos homens, morresse o pecado, e nós ressuscitássemos na justiça. Já que por um homem veio a morte, por um homem veio também a vida (Rm 5,12.17; 1Cor 15,21); por um homem, isto é, o Salvador, que espontaneamente se entregou à morte. Lembra-te do dito:

Tenho poder de dar a minha vida e poder para tornar a tomá-la (Jo 10,18).

29. Quem suportou tamanhas coisas, veio para a salvação de todos. Mas o povo recompensou-lhe mal o benefício. Diz Jesus: Tenho sede (Jo 19,28). Fez brotar para eles a água de uma pedra duríssima e exige os frutos da vinha que plantou (Jr 2,21; Is 5,2). Mas que fez a vinha? Esta, que por natureza provém de pais santos, pela escolha livre de Sodoma (a sua vinha vem de Sodoma e seus ramos de Gomorra (Dt 32,32)), ofereceu ao Senhor sedento vinagre, embebido numa esponja, presa numa vara (Jo 14,29). E deram-me fel por comida e na minha sede apresentaram-me vinagre (Sl 68,22). Vês como os profetas predisseram tudo com clareza. Mas que qualidade de fel ofereceram à sua boca? Deram-lhe, se diz, vinho com mirra (Mc 15,23). A mirra tem o gosto de fel e é extremamente amarga. Isto retribuís ao Senhor? Isto, ó vinha, pagas ao teu Senhor? (Dt 32,6). É com justiça que Isaías vos deplora com antecedência, ao dizer: O meu amado adquiriu uma vinha plantada numa colina fertilíssima (Is 5,1). E para citar tudo: E esperava, diz-se, que desse boas uvas, isto é, ansiava que rendesse vinho, mas ela produziu espinhos (Is 5,2). Vês a coroa com que fui coroado. Como a mostrarei? Mandarei às nuvens que não derramem sobre ela chuva (Is 5,6). Foram afastadas deles as nuvens, isto é, os profetas; os profetas estarão daí para frente na Igreja, conforme diz Paulo: Quanto aos profetas, que falem dois ou três e ou outros julguem (1Cor 14,29). E ainda: a uns Deus deu, na Igreja, serem apóstolos, a outros profetas (Ef 4,11). Profeta foi Ágabo, que atou seus próprios pés e mãos.

30. Sobre os ladrões que com Ele foram crucificados (Lc 23,32) se diz: Foi posto no número dos malfeitores (Is 53,2). Ambos tinham sido anteriormente criminosos, mas um deixou de sê-lo. Um foi criminoso até o fim, não susceptível à graça. Enquanto tinha as mãos pregadas, sua língua feria, blasfemando. Os judeus que passavam meneavam a cabeça e injuriavam o Crucificado, cumprindo-se assim o que está escrito: Viram-me e abanaram suas cabeças (Mt 27,39; Sl 108,25). E um dos ladrões entrava no coro de insultos. O outro censurou o que insultava (Lc 23,39-41). Foi para ele o fim da vida e o começo da conversão. Foi a entrega da alma e a percepção antes [dos outros] da salvação. Depois de repreender o companheiro, disse: Lembra-te de mim, Senhor, pois a ti se dirige a minha palavra. Deixa o outro de lado, pois está com os olhos da alma cegados. Lembra-te de mim. Não digo: lembra-te das minhas obras: elas me angustiam. Todo homem costuma ter simpatia pelo companheiro de viagem; viajo contigo para a morte; lembra-te de mim, teu companheiro de viagem. Não digo: Lembra-te agora, mas sim: quando chegares ao teu reino (Lc 23,40-42).

31. Que poder te iluminou, ó ladrão? Quem te ensinou a adorar a quem contigo foi condenado e crucificado? Oh! luz eterna que iluminas os que estão cobertos de trevas! Por esta razão com justiça também ouviu a palavra: Tem confiança, não que tuas ações sejam dignas de receber o consolo, mas porque o rei te cumula de graças. A tua petição se refere a uma coisa que está muito longe, mas a concessão da graça bastante próxima. Em verdade te digo: hoje estarás comigo no paraíso (Lc 23,43). Por conseguinte, hoje ouviste a minha voz e não endureceste teu coração (Sl 94,8). Com toda a pressa pronunciei a sentença de condenação sobre Adão, com toda a pressa te perdoo. Àquele fora dito: No dia em que dele comerdes, de morte morrereis (Gn 2,17). Tu, hoje, recebeste a fé; hoje recebes a salvação. Aquele pelo lenho caiu; Tu, pelo lenho, és introduzido no paraíso. Não temas a serpente. Não te expulsa, pois caiu do céu (Lc 10,18). Não te digo: hoje morrerás, mas sim: hoje estarás comigo. Tem coragem. Não serás rejeitado. Não temas a espada de fogo (Gn 3,24). Respeita o Senhor. Oh! tamanha e indizível graça! Abraão, o homem de fé (Gl 3,9), não entrara; e o ladrão entra. Nem Moisés e os profetas entraram; e o ladrão criminoso entra. Admirou-se de ti também Paulo, dizendo:

Onde abundou o pecado, superabundou a graça (Rm 5,20). Os que suportaram o calor (Mt 20,12) ainda não entraram; quem chegou pelas onze horas entrou. Ninguém murmure contra o pai de família, pois disse: Amigo, não te faço agravo. Não posso fazer dos meus bens o que quero? (Mt 20,13.15). O ladrão quer praticar boas obras, mas a morte se antecipa. Não espero só as ações, mas também recebo a fé. Vim para apascentar entre os lírios; vim ainda para apascentar nos jardins (Ct 6,1-2). Encontrei a ovelha perdida e tomo-a sobre meus ombros (Lc 15,5), pois abraçou a fé, depois de ela própria confessar: Ando errante como ovelha tresmalhada (Sl 118,176). Lembra-te de mim, Senhor, quando chegares ao teu reino (Lc 23,42).

32. Deste jardim aqui no Cântico dos Cânticos já cantei anteriormente para minha noiva quando disse a ela: Entra no meu jardim, minha irmã, minha esposa (Ct 5,1) (havia perto do local onde Ele foi crucificado um horto (Jo 19,41)). O que colhes ali? Colhi a minha mirra (Ct 5,1). Ele tomou vinho misturado com mirra e vinagre. Tendo-os tomado, disse: Tudo está consumado (Jo 19,30). Cumpriu-se o mistério, cumpriu-se o que estava escrito, perdoados estavam os pecados. Cristo, porém, constituído Pontífice dos bens futuros, através do tabernáculo melhor e mais perfeito, não feito por mãos de homens, isto é, não desta criação nem pelo sangue dos bodes e bezerros, mas pelo seu próprio sangue, entrou uma vez para sempre no santuário, depois de ter conquistado uma redenção eterna. Porque, se o sangue dos bodes e touros e a cinza da vaca, com que se aspergem os impuros, os santifica para a pureza da carne, quanto mais o sangue de Cristo? (Hb 9,11-14). E ainda: Temos, pois, irmãos, em virtude do sangue de Jesus, firme confiança de entrar no santuário que Ele nos abriu, como caminho novo e vivo através do véu, isto é, de sua carne (Hb 10,19-20). Porque a carne, o véu, foi desonrada, por isso o véu do templo – que era uma figura – se rasgou, conforme está escrito: E eis que o véu do templo rasgou-se de cima a baixo em duas partes (Mt 27,51). Nada dele sobrou. Porque o Senhor dissera: Eis que vossa casa será deserta (Mt 23,38). A própria casa foi demolida.

33. Suportou o Salvador tudo isto, pacificando pelo sangue de sua cruz tanto as coisas da terra quanto as do céu (Cl 1,20). Pelo pecado éramos inimigos de Deus, e decidira Deus que o pecador devia morrer. Das duas coisas uma era necessária: ou o Deus de verdade devia matar a todos ou, compadecido da humanidade, suspender o juízo. Mas contempla a sabedoria de Deus: ficou fiel à firmeza da condenação e à eficácia da humanitária benignidade. Cristo carregou os nossos pecados em seu corpo sobre o madeiro, a fim de que, mortos para o pecado, vivêssemos para a justiça (1Pd 2,24). Não era alguém de pouca importância quem morreu por nós: não era uma ovelha irracional; não era um simples homem; não era um anjo (Is 63,9), mas Deus feito homem. A iniquidade dos pecadores não era tanta quanta a justiça de quem morreu por nós. Não pecamos tanto quanto excedeu a justiça daquele que entregou a vida por nós. Entregou-a quando quis e de novo a tomou quando quis (Jo 10,18). E queres saber que deu a vida não constrangido, nem contrafeito entregou a alma? Eleva sua voz ao Pai, dizendo: Pai, em tuas mãos entrego o meu espírito (Lc 23,46). Entrego, para retomá-lo. Tendo dito isto, expirou (Mt 27,50). Isso não para muito tempo, pois bem depressa ressuscitou de novo dos mortos.

34. Eclipsou-se o sol (Lc 23,45), por causa do sol da justiça (Ml 4,2). Fenderam-se as pedras (Mt 27,51), por amor da pedra racional (1Cor 10,4). Os sepulcros se abriram e os mortos ressuscitaram (Mt 27,52), em virtude daquele que estava livre entre os mortos (Sl 87,6). Fez sair os seus cativos do lago, em que não há água (Zc 9,11). Não te envergonhes do Crucificado, mas dize com confiança: Foi Ele que tomou sobre si nossas fraquezas e carregou nossas dores, e nós fomos curados pelas suas feridas (Is 53,4s.). Não sejamos, pois, ingratos ao nosso benfeitor. E continua o profeta: Foi levado à morte pelos pecados de meu povo, e darei os ímpios em recompensa da sua sepultura e os ricos em recompensa de sua morte (Is 53,8s.). Por isso diz Paulo expressamente: Cristo morreu pelos nossos pecados, segundo as Escrituras, e foi sepultado e ressuscitou ao terceiro dia, segundo as Escrituras (1Cor 15,3-4).

35. Queremos saber exatamente onde Cristo foi sepultado. Sua sepultura foi feita por mãos de homens ou sobressaía sobre a terra à moda dos sepulcros dos reis? O sepulcro foi construído de tijolos? E que foi colocado nele? Ó profetas, fazei para nós a descrição exata da sepultura, onde foi posto o corpo e onde o havemos de procurar. Eles nos respondem: Olhai a rocha dura que escavastes (Is 51,1). Considerai e acautelai-vos (Ecl 2,11). Nos Evangelhos lês: Num sepulcro cavado (Lc 23,53), que era cavado numa rocha (Mc 15,46). E depois disto que houve? Qual foi a porta do sepulcro? De novo um outro profeta nos informa: Tiraram-me a vida na cova e puseram sobre mim uma pedra (Lm 3,53). Eu, a pedra angular, eleita, preciosa (1Pd 2,6), pedra de escândalo para os judeus (1Pd 2,8; Is 28,16) e de salvação para os que creem, estive por curto espaço de tempo dentro da rocha. Foi fincado, pois, o lenho da vida na terra, a fim de que a terra, que fora amaldiçoada, conseguisse a bênção e fossem libertados os mortos.

36. Não nos envergonhemos, pois, de confessar o Crucificado. Na fronte com desassombro façamos com os dedos o sinal da cruz, e tracemos a cruz em tudo: sobre o pão que comemos, sobre o cálice que bebemos; à saída e à volta; antes de dormir; ao deitar e ao levantar; ao andar e ao descansar. É uma grande proteção: gratuita, por causa dos pobres; fácil, por causa dos fracos. De Deus vem a graça. A cruz é o sinal dos crentes e o terror dos demônios, pois os expôs publicamente à vergonha, arrastando-os em cortejo triunfal (Cl 2,15). Quando veem a cruz, lembram-se do Crucificado. Temem quem esmagou as cabeças do dragão (Sl 73,14). Não desprezes, por ser gratuito este sinal; antes por este motivo honra tanto mais o benfeitor.

37. Se um dia fores envolvido em alguma disputa e não tens à mão as provas, continue em ti inabalável a fé. Antes instrui-te melhor para tapar a boca dos judeus com os profetas e dos gregos com os mitos que entre eles correm. Eles [os gentios] adoram quem foi fulminado pelo raio; mas o raio que vem do céu não cai casualmente. Se eles não se envergonham de adorar os fulminados como odiados de Deus, tu te envergonharias de adorar o Predileto e Filho de Deus, o Crucificado? Pela vergonha que me causa, deixo de referir os vícios dos seus pretensos deuses e os omito pelo pouco tempo. Os entendidos os refiram. Feche-se também a boca de todos os hereges. Foge de quem afirma que a cruz foi somente uma quimera. Aborrece quem diz que [Cristo] foi crucificado em aparência. Pois, se foi crucificado em aparência, e da cruz vem a salvação, também a salvação é aparente. Se aparente é a cruz, igualmente a ressurreição é aparente. Se Cristo não ressuscitou, ainda estamos em nossos pecados (1Cor 15,17). Se fantasia foi cruz, fantasia também é a ascensão. E se fantasia foi a ascensão, fantasia também é a segunda vinda, e todo o resto fica sem fundamento.

38. Toma por fundamento inamovível a cruz e constrói sobre Ele a fé. Não renegues o Crucificado. Se o negares, terás muitos acusadores. Judas, o traidor, te acusa por primeiro, pois o traidor soube que [Cristo] fora condenado à morte pelos sumos sacerdotes e anciãos (Mt 27,3). Atestam-no os trinta dinheiros (Mt 26,16); atesta-o o Getsêmani (Mt 26,36) onde se efetuou a traição. Não digo o Monte das Oliveiras, no qual oravam os apóstolos presentes na noite (Lc 22,30). Atesta-o a lua noturna; atesta-o o dia e o sol em eclipse (Lc 23,45), pois não suportou ver o crime dos assassinos. Acusa-te o fogo, junto ao qual, de pé, Pedro se aquecia (Jo 18,18). Se negares a cruz, espera-te o fogo eterno. Digo-te coisas duras, para que não experimentes coisas piores. Lembra as espadas que no Getsêmani avançaram contra Ele (Mt 26,55), a fim de que não sofras a espada eterna. Acusa-te a casa de Caifás, que pela atual desolação demonstra o poder de quem lá foi então julgado. Levantar-se-á contra ti no dia do juízo o próprio Caifás; levantar-se-á contra ti o servidor, que deu a bofetada em Jesus (Jo 18,22), e os que o ataram e o levaram. Levantar-se-ão contra ti Herodes e Pilatos, dizendo mais ou menos: Por que negas quem diante de nós foi acusado falsamente pelos judeus e sobre o qual sabíamos que não tinha cometido nenhum crime? (Lc 23,14s.). Eu, Pilatos, lavei, então, as mãos (Mt 27,24). Levantar-se-ão contra ti as falsas testemunhas (Mt 26,60) e os soldados que o revestiram com o manto de púrpura e lhe puseram a coroa de espinhos (Jo 19,2) e o crucificaram no Gólgota (Jo 19,17), lançando a sorte sobre a túnica (Jo 19,24). Acusar-te-á Simão Cireneu, que carregou a cruz após Jesus (Lc 23,26).

39. Acusar-te-á, dentre os astros, o sol eclipsado (Lc 23,45); das coisas terrestres, o vinho misturado com mirra (Mc 15,23); das varas, a cana (Mt 27,48); dentre as plantas, o hissopo; dos seres marinhos, a esponja (Jo 19,29); das árvores, o lenho da cruz. Denunciar-te-ão os soldados, como já referi, que o pregaram à cruz e sortearam as suas vestes (Mt 27,35); o soldado que com a lança lhe abriu o lado (Jo 19,34); as mulheres que estavam, então, presentes (Mt 27,55); o véu do templo que, então, se rasgou (Mt 27,51); o pretório de

Pilatos (Mt 27,27) que pelo poder do réu foi reduzido à desolação atual. Acusar-te-á o Gólgota, o santo, o eminente, este que aqui ainda hoje subsiste e prova até hoje que por amor de Cristo as rochas, então, se fenderam (Mt 27,51); o sepulcro próximo, onde foi depositado e a pedra posta na porta (Mt 27,60) que até hoje jaz ao lado do sepulcro; os anjos que, então, apareceram (Jo 20,12); as mulheres que o adoraram depois da ressurreição (Mt 28,9); Pedro e João que correram para o sepulcro (Jo 20,34) e Tomé que meteu a mão no lado e os dedos no lugar dos pregos (Jo 20,27). Por nossa causa Tomé o tocou com firmeza. Aquilo que tu, que não estavas presente, devias saber, Tomé, presente, por vontade de Deus verificou.

40. Tens como testemunhas da cruz os doze apóstolos, o universo e o mundo dos homens que creem no Crucificado. O próprio fato de tu estares agora aqui presente devia assegurar-te o poder do Crucificado. Quem te trouxe para cá? que soldados? com correntes foste sujeitado? que sentença de juiz te obrigou a vir? Na verdade, o troféu salvífico de Jesus, a cruz, reuniu a todos. A cruz amansou os persas, domou os citas; a cruz trouxe aos egípcios, em lugar do culto dos gatos e cães e todo o variegado erro, a adoração de Deus. A cruz até hoje cura as doenças, expulsa os demônios e destrói a impostura dos venefícios e encantações.

41. A cruz há de aparecer um dia do céu com Jesus (Mt 24,80). Antecederá como sinal de vitória o rei, para que os judeus vejam a quem transpassaram (Jo 19,37: Zc 12,10-12; Ap 1,7) e, reconhecendo a quem desonraram na cruz, levados de arrependimento, lamentem-se (pois eles se lamentarão tribo contra tribo; então se arrependerão quando já não houver mais tempo de arrependimento). Nós, porém, nos gloriemos da cruz, ufanos, pois adoramos o Senhor que foi enviado e crucificado por nós. Nós adoramos, ao lado do Espírito Santo, a Deus Pai que enviou Cristo. A Ele a glória pelos séculos dos séculos. Amém.

Catequese 14
Ressuscitou dos mortos, subiu aos céus e está sentado à direita do Pai

Feita em Jerusalém de improviso sobre as palavras: Que ressuscitou dos mortos ao terceiro dia e subiu aos céus e está sentado à direita do Pai. Leitura da Primeira Epístola aos Coríntios; Trago-vos à memória o Evangelho que vos tenho pregado... que ressuscitou ao terceiro dia segundo as Escrituras (1Cor 15,1-4) etc.

1. Alegra-te, Jerusalém, e exultai todos os que a amais (Is 66,10). Jesus ressurgiu. Regozijai-vos todos os que antes estivestes de luto, tendo conhecimento dos atos audaciosos e dos crimes dos judeus. Quem nestes lugares aqui por eles fora maltratado, ressuscitou.

E como a lembrança da cruz nos trouxe bastante tristeza, assim o anúncio da ressurreição alegre os presentes. O luto se converta em gozo (Sl 29,12) e o pranto em júbilo. Encha-se nossa boca de alegria e exultação (Sl 120,8) por quem depois de sua ressurreição disse: Alegrai-vos (Mt 28,9). Sei como os amigos de Cristo nos dias passados se encheram de luto, quando nosso sermão terminou com a morte e o sepultamento, sem anunciar a ressurreição. A mente ficou como que suspensa sem ouvir o que mais desejava. Ressuscitou, portanto, o morto, o livre entre os mortos (Sl 137,5) e o libertador dos mortos. Aquele que permitiu ser desonrado, na sua paciência, cingido com a coroa de espinhos, este, ressurgindo, coroou-se com o diadema de vitória sobre a morte.

2. Como em tudo que se refere à cruz trouxemos testemunhos, também agora, do mesmo modo, terás os fatos que provam a credibilidade da ressurreição. O apóstolo que temos à mão diz: Foi sepultado, e ressuscitou ao terceiro dia segundo as Escrituras (1Cor 15,4). Sendo que o Apóstolo nos remete aos testemunhos das Escrituras, é bom reconhecer a esperança de nossa salvação, e em primeiro lugar aprender se as Divinas Escrituras nos anunciam o tempo de sua ressurreição; se ela acontece no verão, no outono ou depois do inverno. De que lugar o Salvador ressurgiu e qual o nome do lugar da ressurreição que lhe atribuem os admiráveis profetas. Se mulheres o procuraram e não o encontraram, encontrando-o se regozijaram. Ao ler os Evangelhos, devemos pensar não que eles sejam mito ou ilusão poética.

3. Que o Salvador foi sepultado, ouviste expressamente na catequese anterior. Diz Isaías: Sua sepultura será na paz (Is 57,2); sua sepultura pacificou o céu e a terra (Cl 1,20), conduzindo os pecadores a Deus. E: O justo foi arrebatado pela injustiça e sua sepultura será na paz (Is 57,1). E: E lhe dará os ímpios em recompensa de sua sepultura (Is 53,9). E há nas Escrituras a profecia de Jacó que diz: Deita-se como um leão, como um leãozinho; quem o despertará? (Gn 49,9). E semelhante a este é o testemunho no Livro dos Números: Deitando-se, adormeceu como um leão, como um leãozinho (Nm 24,9). E muitas vezes ouvistes o salmo que diz: Vós me reduzistes ao pó da morte (Sl 21,16). Veremos o lugar nestas palavras: Olhai a rocha que talhastes (Is 51,1). – Sigam agora os testemunhos da própria ressurreição.

4. Diz-se, portanto, em primeiro lugar no Sl 11,6: Em atenção à miséria dos desvalidos e ao gemido dos pobres, agora me levantarei, diz o Senhor (Sl 11,6). Mas este testemunho continua duvidoso para alguns, porque o Senhor também se levanta muitas vezes na ira, para tomar vingança de seus inimigos (Sl 7,7). Vai, portanto, ao Sl 15 que diz com toda clareza: Guarda-me, Senhor, porque esperei em ti. E em seguida: Não congregarei os seus propósitos sanguinários nem sequer me lembrarei de seus nomes para os pronunciar. Pois, me renegaram e escolheram para seu rei o Imperador César (Jo 19,15). E em seguida: Eu contemplava sempre o Senhor diante de mim, porque está à minha direita para me sustentar. E depois de algumas palavras: E, além disso, mesmo durante a noite, os meus rins me ensinaram. Depois diz com toda a evidência: Porque não deixarás minha alma no inferno, nem permitirás que o teu Santo experimente corrupção. Não disse: Não deixarás o teu Santo ver a morte, porque não teria morrido; mas sim: Não verei a corrupção, nem permanecerei na morte! Fizeste-me conhecer os caminhos da vida. Eis que claramente é a vida anunciada depois da morte. Venhamos ao Sl 29: Eu te glorificarei, Senhor, porque me recebeste e não permitiste que os meus inimigos se alegrassem à minha custa. Que aconteceu? Não foste liberado das mãos dos inimigos? Ou foste solto quando estavas a ponto de ser batido? Ele próprio bem manifesto o diz: Senhor, tiraste minha alma da habitação dos mortos. Lá ele diz profeticamente: Não abandonarás; e aqui, o que vai acontecer, como já acontecido: Tiraste. Dentre os que descem ao túmulo, Tu me salvaste. Em que tempo vai acontecer isto? Pela tarde vem o pranto, mas de manhã volta a alegria, pois pela noite foi o luto dos discípulos e pela manhã a alegria da ressurreição.

5. Queres também saber o lugar? De novo se lê no Cântico dos Cânticos: Eu desci ao jardim das nogueiras (Ct 6,10). Havia perto do local onde fora crucificado um horto (Jo 19,41). Ainda que agora pela munificência de um imperador ali levantem belos edifícios, anteriormente fora horto e até o dia de hoje temos disto vestígios e restos. Um jardim fechado, uma fonte selada (Ct 4,12). Selado pelos judeus que diziam: Lembramo-nos de que este sedutor, ainda vivo, disse: Depois de três dias ressuscitarei. Manda, pois, guardar o sepulcro (Mt 27,63-66) etc. E em seguida: Eles foram e puseram guardas no sepulcro, depois de selarem a pedra. Com razão disse alguém a respeito deles: E os condenarás ao descanso (Jó 7,18). Quem é a fonte selada (Ct 4,12) ou quem é chamado nascente de água viva? (Ct 4,15). É o próprio Salvador, do qual está escrito: Porque em ti está a fonte da vida (Sl 35,9).

6. Ora, o que diz Sofonias, na pessoa de Cristo, aos discípulos? Prepara-te, madruga, corrompido está todo o resto da vindima (Sf 3,7), isto é, dos judeus, aos quais não foi deixada uma uva de salvação, nem um cachinho da sobra. Sua videira é cortada. Medita o que diz aos discípulos: Prepara-te, madruga, pela manhã espera a ressurreição. E em seguida, na sequência da mesma Escritura, diz: Portanto, espera-me, diz o Senhor, para o testemunho no dia da ressurreição (Sf 3,8). Compreendes com isto que o profeta previu o lugar da ressurreição, que seria chamado Martírio [Testemunho]? Por que motivo, conforme o costume das outras igrejas, o lugar do Gólgota e da Ressurreição é chamado, não igreja, e sim martírio? Talvez em vista do profeta que diz: Para o dia da ressurreição, no martírio.

7. Quem é este e qual o sinal do ressuscitado? No mesmo texto profético se diz logo a seguir: Então mudarei a língua dos povos (Sf 3,9) – depois da ressurreição, com a missão do Espírito Santo, foi concedida a graça das línguas (At 2,4) – para que sirvam ao Senhor sob um único jugo (Sf 3,10). O que se acrescenta no mesmo profeta como prova de que serviriam ao Senhor sob um único jugo? Os que habitam da outra banda dos rios da Etiópia virão de lá trazer suas ofertas. Sabes o que está escrito nos Atos (At 8,27): como o eunuco etíope veio das outras bandas dos rios da Etiópia. Sendo que a Escritura indica o tempo, a propriedade do lugar e os acontecimentos depois da ressurreição, crê agora com firmeza na ressurreição. Ninguém te demova de professar o Cristo ressuscitado dos mortos.

8. Terás ainda outro testemunho do Sl 87, sendo que Cristo falou pelos profetas (o que então falou (Sl 52,6), depois se fez presente): Senhor, Deus de minha salvação, de dia e de noite clamo a ti (Sl 87,1). E logo mais: Feito tal qual um homem inválido, livre entre

os mortos... (Sl 87,5s.). Não disse: Feito um homem inválido, mas tal qual um homem inválido. Foi crucificado, não por fraqueza, mas voluntariamente; sua morte não resultou de fraqueza involuntária: Já sou contado entre os que descem à tumba (Sl 87,9). E qual o sinal? Afastaste de mim meus conhecidos (pois os discípulos fugiram (Mt 26,56)). Será que farás milagres em favor dos mortos? (Sl 87,11). E logo adiante: E eu, Senhor, a Vós clamo; desde a aurora a ti se eleva minha prece (Sl 87,14). Vês com isto que tanto a circunstância da paixão como da ressurreição foi revelada.

9. E de onde ressuscitou o Salvador? Diz-se no Cântico dos Cânticos: Levanta-te, amiga minha (Ct 2,10); e logo em seguida: Na fenda do rochedo (Ct 2,14). Chama de fenda do rochedo a câmara que se achava então à entrada do sepulcro do Salvador. Era escavada, como ainda é costume aqui, em frente do jazigo, na própria rocha. Agora já não aparece, porque, para construir os edifícios atuais, a antecâmara foi demolida. Ante a estrutura que se fez, por régia munificência do monumento, havia anteriormente uma cova na rocha. Mas onde se encontra a rocha com a cova? No meio da cidade ou nas cercanias da muralha e nos extremos da cidade? Está dentro dos muros antigos, ou dentro do antemural construído posteriormente? No Cântico dos Cânticos se diz: Na cova da rocha, junto ao antemural (Ct 2,14).

10. Em que época ressurge o Salvador? É no tempo do verão ou em qualquer outro? De novo no Cântico dos Cânticos, um pouco antes das palavras citadas, se diz: O inverno passou. Cessaram e desapareceram as chuvas; as flores nasceram na terra, voltou o tempo da poda (Ct 2,11-12). Ora, não está agora a terra cheia de flores e não se podam as vinhas? Com a presença do xântico já vês que diz ter passado o inverno e já começou a primavera. Esta época é o primeiro mês dos hebreus [nisá] em que se celebra a festa da Páscoa: primeiro a prefigurada; agora a verdadeira. Este é o tempo da criação do mundo. Pois então disse Deus: Produza a terra ervas verdes que contenham sementes segundo a sua espécie e semelhança (Gn 1,11). Nesta época, como vês, toda planta brota. E como então Deus, criando o sol e a lua, atribui-lhes o curso de dias e noites iguais, assim há poucos dias foi o tempo do equinócio [da primavera]. Depois disse Deus: Façamos o homem à nossa imagem e semelhança (Gn 1,26). A imagem que recebeu, conservou-a, mas a semelhança perdeu por sua desobediência[43]. Ao mesmo tempo em que perde a semelhança,

---

43. Esta ideia de Cirilo e que já encontramos em Santo Ireneu e Orígenes, fala da imagem como uma realidade presente em todo homem desde a origem. Ele não a perde nem pode perdê-la. A semelhança, por sua vez, é uma realidade indicativa do processo de configuração do homem a Deus. Esta Adão possuiu, perdeu e foi restituída ao homem pelo Verbo feito carne.

recupera-a. O homem, depois de criado, foi expulso do paraíso por sua desobediência. Depois, o fiel, por sua obediência, foi reconduzido. Portanto, no mesmo tempo em que veio a queda veio a redenção. Quando as flores aparecem, voltou o tempo da poda (Ct 2,12).

11. O lugar da sepultura foi um horto. A videira que lá foi plantada diz de si: Eu sou a vide (Jo 15,1). Plantada estou, portanto, na terra para erradicar a maldição semeada por Adão (Gn 3,18). Condenada foi a terra a germinar espinhos e abrolhos; mas da terra brotou a vide verdadeira, para que se cumprisse o dito: A verdade brotou da terra e a justiça olhou do alto do céu (Sl 84,12). Que dirá aquele que foi sepultado no horto? Colho a minha mirra com meu bálsamo (Ct 5,1). E de novo: Mirra e aloés, com os bálsamos mais preciosos (Ct 4,14). Ora, tudo isto são símbolos da sepultura. Nos Evangelhos se diz: Vieram ao sepulcro as mulheres, trazendo os aromas que haviam preparado (Lc 24,1). E Nicodemos trouxe uma mistura de mirra e aloés (Jo 19,39). [No Cântico dos Cânticos] de novo está escrito: Comi meu pão com favo de mel (Ct 5,1). O que fora amargo antes da paixão, se fez doce depois da ressurreição. Depois de redivivo, entrando através de portas fechadas (Jo 20,19-26), mesmo assim não encontrou fé, pois criam ver um espírito. Mas Ele diz: Apalpai-me e vede (Lc 24,37.39). Metei os dedos no lugar dos cravos, como exigiu Tomé (Jo 20,25-27). Ainda não crendo eles, por força da alegria e da admiração, disse-lhes: Tendes aqui alguma coisa que comer? E eles deram-lhe um pedaço de peixe assado e um favo de mel (Lc 24,41-42). Como podes ver, realizou-se a palavra: Comi meu pão com meu favo de mel (Ct 5,1).

12. Mas antes de entrar pelas portas fechadas (Jo 20,19-26) o esposo e médico das almas foi buscado por aquelas ótimas e corajosas mulheres. Vieram-nas felizes ao sepulcro em busca do Ressuscitado (Mt 28,16; Lc 24,5). Ainda estavam debulhadas em lágrimas (Jo 20,11), quando com muita razão deviam regozijar-se e dançar por causa do Ressuscitado. Conforme o Evangelho, veio Maria, procurando, e não o encontrou. Depois disto, ouviu a notícia dos anjos e em seguida viu Cristo (Jo 1,13ss.). Mas será que também sobre isto há referências na Escritura? Diz-se no Cântico dos Cânticos: No meu leito busquei aquele que minha alma ama. Quando foi isto? Durante a noite, no meu leito, busquei aquele que minha alma ama (Ct 3,1). (Maria – diz [o Evangelho] – veio quando ainda era escuro (Jo 20,1)). Durante a noite, no meu leito, busquei-o (Ct 3,1). Busquei-o, mas não o encontrei. Também Maria nos Evangelhos diz: Tiraram o meu Senhor e não sei onde o puseram (Jo 20,13). Mas os anjos que então apareceram dissiparam a ignorância, pois disseram: Por que buscais entre os mortos o que vive? (Lc 24,5). Não só ressurgiu como consigo ressuscitou outros mortos. Ela o desconhecia e em seu nome diz o Cântico dos Cânticos aos anjos: Vistes acaso aquele que minha alma ama? Mal passara por eles (i. é, pelos dois anjos), encontrei aquele que minha alma ama; segurei-o e não o largarei (Ct 3,3ss.).

13. Depois da visão dos anjos, Ele próprio apareceu-lhes anunciando o que ocorrera. Relata o Evangelho: E eis que Jesus saiu ao encontro delas, dizendo-lhes: Salve! Aproximaram-se elas e abraçaram-lhe os pés (Mt 28,9). Abraçaram-no a fim de que se cumprisse: Hei de segurá-lo e não o largarei (Ct 3,4). Fraco era o corpo da mulher, mas forte sua alma. As torrentes não extinguem o amor nem os rios o submergem (Ct 8,7). Morto estivera quem era procurado, mas não se extinguira a esperança da ressurreição. E o anjo lhes diz de novo: Não temais. Não digo aos soldados: Não temais (Mt 28,5), mas a Vós. Aqueles temam, para que, ensinados pela experiência, deem testemunho e digam: Verdadeiramente este era Filho de Deus (1Jo 4,18). Mas vós não deveis temer, pois a caridade perfeita lança fora o temor (Mt 28,7). Ide e dizei aos discípulos que Ele ressuscitou... (Mt 28,8; Mc 16,8). Partiram elas cheias de alegria e temor (Sl 2,11). Há, porventura, algo sobre isto na Escritura? Diz o Sl 2, que relata a Paixão de Cristo: Servi ao Senhor com temor e alegrai-vos nele com tremor (Sl 27,11). Alegrai-vos com o Senhor que ressurgiu; com tremor, em vista do terremoto e do anjo que apareceu qual relâmpago.

14. Pontífices e fariseus, através de Pilatos, tinham selado o sepulcro, mas as mulheres viram o Senhor ressuscitado. Conhecendo de um lado a futilidade dos sumos sacerdotes e de outro a força da fé das mulheres, disse Isaías: Mulheres vindas da visão, aproximai-vos, porque é um povo não ajuizado (Is 27,11). Os sumos sacerdotes perdem o juízo e as mulheres o veem com os próprios olhos. Vindo os soldados a eles na cidade e comunicando todo o acontecido (Mt 28,11), disseram-lhes: Dizei: Vindo de noite, os discípulos roubaram-no, enquanto dormíamos (Mt 28,13). Acertadamente Isaías, falando em nome dos soldados, predisse isto: Mas dizei-nos e anunciai-nos outro erro (Is 30,10). Ressuscitou o que tinha estado vivo e com uma soma de dinheiro subornam os soldados, mas não persuadem os imperadores atuais (Mt 28,15). Os soldados de então, por dinheiro, traíram a verdade. Os imperadores atuais, na sua piedade, construíram a santa Igreja em que estamos, a da Anástase de nosso Deus Salvador, ornada de prata e ouro; e enriqueceram-na com donativos de ouro, prata e pedras preciosas. E, se a coisa chegar aos ouvidos do Procurador, nós o aplacaremos (Mt 28,14). Mesmo que convençais a eles, não persuadis o orbe. Por que razão os guardas que vigiavam a cadeia quando Pedro escapou (At 2,19) foram condenados e os guardas de Jesus Cristo não o foram? É que aqueles tiveram sua condenação de Herodes, pois não encontraram defesa para sua ignorância; enquanto estes, sabendo da verdade e escondendo-a por amor ao dinheiro, foram salvos pelos sumos sacerdotes (Mt 28,15). Só alguns dos judeus acreditaram na fábula, mas o universo creu [na verdade]. Os que esconderam a verdade foram entregues ao esquecimento. Os que a receberam, foram postos em evidência pelo poder do Salvador que não só ressurgiu dos mortos, mas consigo ressuscitou os mortos. Na pessoa destes, o Profeta Oseias diz claramente: Ele nos dará a vida em dois dias e ao terceiro dia nos ressuscitará; e nós viveremos em sua presença (Os 6,3).

15. Uma vez que as Divinas Escrituras não conseguem persuadir os judeus rebeldes e esquecidos de todas as coisas que foram escritas, se opõem à ressurreição de Jesus. Seria bom contradizê-los assim: Por que razão vos opondes à ressurreição de nosso Salvador, vós que afirmais que Elias e Eliseu ressuscitaram mortos? (2Rs 4,20; 1Rs 17,17.24). Ora, não temos mais testemunhas vivas das coisas que então aconteceram. Mas as coisas estão escritas? Ainda estas estão escritas. Por que então aceitais uma e rejeitais as outras? Hebreus escreveram aquelas; Mateus, que escreveu o Evangelho, escreveu-o na língua hebraica. Paulo, o arauto, foi hebreu de hebreus (Fl 3,5). Os doze apóstolos eram hebreus. Em seguida os quinze bispos de Jerusalém, numa sucessão ininterrupta, eram escolhidos dentre os hebreus. Por que motivo, portanto, admitis o que é vosso e credes dever rejeitar o nosso, mesmo que isto seja escrito por hebreus de vosso meio?

16. É impossível, objetará alguém, que os mortos ressuscitem. Ora, Eliseu ressuscitou a outros duas vezes: uma durante a vida (2Rs 4,20.37) e outra depois de morto (2Rs 13,21). Se cremos que o morto que foi atirado sobre o cadáver de Eliseu ressuscitou, Cristo não teria ressuscitado dos mortos? Além disto, enquanto o morto que lá tocou em Eliseu ressurgiu, o próprio ressuscitador continuou morto. Aqui, o nosso Morto ressurgiu e muitos mortos, mesmo sem o tocarem, ressuscitaram. Pois muitos corpos de santos ressuscitaram e, saindo dos sepulcros, depois da ressurreição dele, vieram à cidade santa (é manifesto de que se trata da cidade em que agora estamos) e apareceram a muitos (Mt 27,52s.). É verdade que Eliseu ressuscitou um morto, mas não dominou o orbe; ainda Elias ressuscitou um morto, mas em nome de Elias os demônios não são expulsos. Não fazemos pouco dos profetas. No entanto, exaltamos nosso Senhor que é superior a eles. Não pretendemos gloriar-nos à custa daquele [Antigo Testamento], pois também este é nosso e nele fundamentamos a nossa crença.

17. Mas continuam a objetar: Então um morto que acabara de falecer foi chamado à vida por um vivo? Provai a possibilidade de um morto de três dias ressurgir e de um homem sepultado há três dias voltar à vida. Ao procurarmos um testemunho para tal fato, o Senhor Jesus no-lo dá nos Evangelhos, dizendo: Porque assim como Jonas esteve no ventre da baleia três dias e três noites, assim o Filho do Homem estará três dias e três noites no seio da terra (Mt 12,40). Se examinamos a história de Jonas, aparece-nos grande semelhança. Jesus foi enviado para pregar a penitência; também Jonas o foi (Jn 1,2ss.). Mas ele fugiu, desconhecendo o futuro. Jesus espontaneamente tomou sobre si a obrigação de pregar a penitência da salvação. Jonas dormia no navio e roncava, enquanto o mar se enfurecia; por providência divina também aconteceu que quando Jesus dormia o mar se revoltasse (Mt 8,24s.), a fim de manifestar depois o poder do adormecido. Que estás aí a roncar? Levanta-te, invoca o teu Deus para ver e porventura nos salva (Jo 1,6). Aqui dizem ao Senhor: Senhor, salva-nos (Mt 8,25). Enquanto lá diziam: Invoca o teu Deus, aqui dizem: Salva-nos. Enquanto Jonas replicou: Pegai em mim e lançai-me ao mar, e o mar se aplacará (Jn 1,12), Jesus, Ele mesmo, increpou os ventos e o mar; e se fez grande bonança (Mt 8,26). Jonas foi atirado à fauce da baleia (Jn 1,15; 2,1). Jesus desceu voluntariamente, para que a morte vomitasse aqueles que engolira, conforme está escrito: Eu os livrarei do poder do xeol e eu os resgatarei do poder da morte (Os 13,14).

18. Chegados a esta altura do sermão, consideremos se é mais difícil um homem enterrado ressurgir dos mortos ou alguém que desceu ao ventre de uma baleia não se desfazer em tamanho calor do animal? Pois quem ignora que o calor do estômago é tanto que até dissolve ossos tragados? Como, pois, Jonas esteve três dias e três noites na barriga da baleia sem se desfazer? Como ainda, sendo que a natureza dos homens todos é tal que sem respirar este ar não possamos viver, Jonas, sem respirar este ar durante três dias, sobreviveu? Respondem os judeus e dizem: O poder de Deus descera a Jonas quando no xeol era levado de um lado para o outro. Se, portanto, o Senhor concede ao servo a força e a vida, a si próprio não poderia dar a vida? Se isto for crível, aquilo também o é; se isto for incrível, aquilo também o é; para mim, ambos os fatos são igualmente críveis. Creio que Jonas foi conservado na vida, pois a Deus tudo é possível (Mt 19,26), como creio que Cristo ressurgiu dos mortos, pois tenho para isto muitos testemunhos, tanto das Divinas Escrituras como da eficácia do Ressuscitado até os dias de hoje. Ele desceu sozinho à mansão dos mortos, mas voltou acompanhado de muitos. Entregou-se à morte, e muitos corpos de santos adormecidos, por Ele foram ressuscitados (Mt 27,52).

19. Aterrou-se a morte ao ver que um estranho descia ao xeol sem estar acorrentado com as cadeias da morte (At 2,24). Por que motivo, ó porteiros do inferno, ao vê-lo vos assustais? (Jó 38,17). Que temor insólito vos assaltou? Fugiu a morte e com sua fuga demonstrou a própria pusilanimidade. Acorreram os santos profetas, Moisés, o legislador, Abraão, Isaac e Jacó; Davi e Samuel, Isaías e João Batista que disse e atestou: És tu o que vem, ou devemos esperar outro? (Mt 11,3). Foram libertos todos os justos que a morte absorvera. Convinha que o Rei anunciado fosse o libertador dos bons arautos. Então cada um dos justos disse: Morte, onde está a tua vitória? Inferno, onde está teu aguilhão? (1Cor 15,55). Pois o autor da vitória nos libertou.

20. De nosso Salvador tornara-se tipo o Profeta Jonas, rezando no ventre da baleia: Clamei ao Senhor no meio de minha tribulação... desde o ventre do inferno (Jn 2,3). Ora, Jonas estava na baleia, e mesmo assim, estando na baleia, afirma estar no inferno, pois era tipo de Cristo que desceria à mansão dos mortos. Logo em seguida diz na pessoa de Cristo, profetizando com toda clareza: Minha cabeça desceu às raízes dos montes (Jn 2,6-7). Jonas estava no ventre da baleia; que montes são estes que te encerram? Mas eu sei, responde, que sou o tipo daquele que será depositado no sepulcro escavado na rocha. Mesmo estando no mar, Jonas diz:

Desci à terra (Jn 2,7), uma vez que era tipo de Cristo que desceu ao coração da terra (Mt 12,40). E prevendo a fraude dos judeus que quiseram levar os soldados a propagar a mentira com as palavras: Dizei que o roubaram (Mt 28,13), observou: Os que se entregam às vaidades e falsidades, abandonam a sua misericórdia (Jn 2,9). Veio quem deles se apiedava, mas foi crucificado e ressurgiu, dando seu sangue precioso pelos judeus e gentios. E os judeus, atendo-se a mentiras vãs, dizem: Dizei que o roubaram. – Sobre a ressurreição de Cristo outrossim Isaías profetiza: Tirou da terra o grande pastor das ovelhas (Is 63,11). Acrescentou *grande* (Hb 13,21) para impedir que se assemelhasse Cristo aos pastores anteriores que o precederam.

21. Já que possuímos as profecias, tenhamos nós fé. Caiam os que caem por falta de fé e os que assim o quiserem. Mas tu estás firme sobre a rocha da fé na ressurreição. Jamais um herege te leve a descrer na ressurreição. Até o dia de hoje os maniqueus afirmam que a ressurreição do Salvador foi simulada e não real. Não respeitam Paulo que diz: Nascido da descendência de Davi, segundo a carne (Rm 1,3); e logo em seguida: A partir da ressurreição dentre os mortos, Jesus Cristo, Senhor nosso (Rm 1,4). Mais uma vez ataca-os com as palavras: Não digas em teu coração: Quem subirá ao céu? ou: Quem descerá ao abismo?; isto é, para fazer

Cristo subir dentre os mortos (Rm 10,6s.). De modo semelhante, premunindo-nos, em outro lugar escreve: Lembra-te de que Jesus Cristo ressuscitou dos mortos (2Tm 2,8). E ainda: Se Cristo não ressuscitou, vã é nossa pregação, vã é a vossa fé. Seremos também falsas testemunhas de Deus, porque contra Deus testificamos que Ele ressuscitou a Cristo a quem não ressuscitou (1Cor 15,14.15). Em seguida diz: Mas agora Cristo ressuscitou dos mortos como primícias dos que morrem e apareceu a Cefas, depois aos doze (1Cor 15,20). Assim, se não dás crédito a uma testemunha, tens doze testemunhas (Cat. 4,12). Depois apareceu a mais de quinhentos irmãos de uma vez (1Cor 15,6). Se não querem crer nos doze, creiam nos quinhentos. Depois apareceu a Tiago (1Cor 15,7) seu irmão e primeiro bispo desta cidade. Se, pois, um bispo de tal importância viu nos primórdios a Jesus Cristo ressuscitado, tu, seu discípulo, não podes descrer (Cat. 6,3). Dirás: o irmão Tiago, por graça, atestou-o. Depois apareceu também a mim, Paulo, seu inimigo (1Cor 15,8). Como pode ser posto em dúvida um testemunho que até por um inimigo é anunciado: Eu que fui perseguidor (1Tm 1,13) agora prego a ressurreição.

22. Muitas são as testemunhas da ressurreição do Salvador: a noite, a luz da lua cheia, pois era a décima sexta noite (Cat. 13,25), a rocha do sepulcro que recebeu Cristo, a pedra que se levantará contra os judeus, pois ela viu o Senhor. A pedra que então foi rolada (Mt 28,8) também ela atesta a ressurreição, pois até hoje jaz ali. Os anjos de Deus, presentes, testemunham a ressurreição do Unigênito (Lc 24,4). Pedro e João, Tomé e todos os demais apóstolos; aqueles, correndo ao sepulcro (Jo 20,4), viram as faixas de linho com que fora envolvido, a jazerem ali depois da ressurreição; estes apalparam as mãos e os pés e viram (Jo 6,7) a marca dos cravos (Jo 6,27; Lc 24,39). Todos eles juntos foram insuflados pelo Redentor e foram achados dignos por força do Espírito Santo de perdoar pecados (Jo 20,22ss.). As mulheres que lhe abraçaram os pés viram a violência do terremoto e o brilho do anjo que aparecera (Mt 28,2.4.5); os panos com que fora envolvido e, ao ressurgir, largou (Jo 20,26.7); os soldados e o dinheiro contado com que foram persuadidos (Mt 28,15); o lugar ainda agora visível e este edifício da santa Igreja, construído pelo Imperador Constantino, de feliz memória, edificado por amor de Cristo e que vês tão ricamente ornamentado.

23. Testemunha da ressurreição de Jesus é também Tabita (At 9,40) que em seu nome foi ressuscitada. Pois como descrer da ressurreição de Cristo se seu nome ressuscitou mortos? Testemunha da ressurreição de Jesus é o mar, como já ouviste; dão ainda testemunho a pesca milagrosa e as brasas acesas e o peixe assado que estava sobre elas (Jo 21,6.9). Dá testemunho Pedro, que primeiro três vezes o negou e agora, depois de três vezes tê-lo confessado, recebeu a ordem de pastorear as ovelhas espirituais (Jo 21,15-17). Até hoje está aí o Monte das Oliveiras (At 1,9-12) que até agora faz erguer os olhos dos fiéis até àquele que se elevou – guia para a porta do céu pela qual entrou. Em Belém desceu do céu; do Monte das Oliveiras subiu aos céus. Lá desceu aos homens para começar os combates; aqui recebe a coroa da recompensa dos combates. Tens, portanto, muitos testemunhos: tens este lugar da ressurreição; tens o local da ascensão que fica ao Oriente. Tens os anjos que lá apareceram como testemunhas e a nuvem sobre a qual ascendeu e os discípulos que de lá voltaram (At 1,12).

24. Uma sistemática instrução na fé nos levaria agora a expor a doutrina sobre a ascensão. Mas a graça de Deus dispôs de tal modo que no domingo de ontem, na medida de nossa fraqueza, fosses instruído plenamente sobre a matéria, uma vez que por disposição da divina graça, as leituras da liturgia trataram da ascensão de nosso Salvador. Mas o que dissemos foi dito com vista à multidão dos fiéis reunidos e, com mais razão, para tua utilidade. Mas perguntamos se prestaste atenção ao que foi dito, pois sabes que o teor da fé te ensina a crer no que ressuscitou ao terceiro dia, subiu aos céus e está sentado à direita do Pai. Quero acreditar que te lembras da exposição;

mas, mesmo assim, vou rememorar rapidamente o que foi dito. Recorda-te que está expressamente escrito nos salmos: Subiu Deus entre aclamações (Sl 46,6). Nota ainda que as divinas potestades disseram umas às outras: Levantai, ó príncipes, as vossas portas... (Sl 23,7). Volte à memória o salmo que diz: Subiu às alturas, levando cativo o cativeiro (Sl 67,19; Ef 4,8). Recorda o profeta que diz: Aquele que constrói seus aposentos nos céus (Am 9,6) e tudo o mais que ontem foi exposto por causa das contradições dos judeus.

25. Quando os judeus se opõem à ascensão do Salvador como algo impossível, lembra-te do que se conta da transladação de Habacuc. Se Habacuc foi transladado, carregado pelos cabelos (Dn 14,35), muito mais o Senhor dos profetas e dos anjos, subindo do Monte das Oliveiras, sobre a nuvem, pode por próprio poder realizar a ascensão aos céus. Sempre que recordas milagres deste quilate, não esqueças de atribuir a primazia ao Senhor que é o realizador das maravilhas. Eles eram carregados, mas Ele sustenta todas as coisas (Hb 1,3). Lembra-te que Enoc foi transladado (Gn 15,25), mas Jesus subiu. Recorda o que de Elias foi dito ontem: Elias foi elevado num carro de fogo (2Rs 2,11); mas o carro de Cristo foram os dez milhares multiplicados por mil de anjos que se alegram (Sl 67,18). Elias foi elevado ao oriente do Jordão (2Rs 2,8.11.14-15). Cristo subiu aos céus ao oriente do Cedrão. Elias subiu como que aos céus (2Rs 2,11), mas Jesus subia realmente aos céus. Aquele prometeu que daria ao seu discípulo uma porção dobrada do Espírito (2Rs 2,9). Cristo deu aos seus discípulos tamanha participação na graça do Espírito Santo que não só o possuíssem em si mesmos, mas ainda que pela imposição das mãos dessem a sua comunhão aos fiéis (At 8,17-18).

26. Depois de teres investido assim contra os judeus e os teres vencido, pela alegação de narrativas paralelas, passa então para a supereminente glória do Salvador e dize: eles eram servos, mas Ele é o Filho de Deus. Esta supereminência te aparecerá com tanto mais clareza se cogitares que um servo de Cristo foi arrebatado ao terceiro céu. Se Elias foi levado até o primeiro, Paulo foi levado até o terceiro céu (2Cor 12,2), conseguindo assim uma dignidade superior. Não te envergonhes dos teus apóstolos. Não são inferiores a Moisés, nem menores do que os profetas, mas bons entre os bons, e melhores entre os bons. Elias, na verdade, foi arrebatado aos céus, mas Pedro tem as chaves do Reino dos Céus, pois a ele foi dito: O que desligares sobre a terra será desligado também nos céus (Mt 16,19). Elias foi levado só ao céu. Paulo foi arrebatado ao céu e ao paraíso (pois convinha que os discípulos de Jesus recebessem a graça em medida muito mais larga) e ouviu palavras inefáveis que ao homem não é lícito proferir (2Cor 12,4). Paulo desceu de novo, não que não fosse digno da permanência no terceiro céu, mas sim que, depois de ter gozado das coisas sobre-humanas, descesse cumulado de honras, anunciasse Cristo, morresse por ele e recebesse assim a coroa do martírio. Omito o resto da argumentação que referi ontem na prédica da liturgia dominical, pois para ouvintes atentos é o suficiente recordar os pontos da doutrina.

27. Lembra-te que eu te disse várias vezes que o Filho está sentado à direita do Pai, porque no símbolo da fé se diz a seguir: E subiu aos céus e está sentado à direita do Pai. Não vamos investigar minuciosamente a qualidade do trono, pois ultrapassa a nossa capacidade. Nem suportemos os que falsamente afirmam que o Filho, depois da cruz e ressurreição e sua ascensão aos céus, começou a sentar-se à direita do Pai só então. Pois não adquiriu o direito à sede no correr do tempo, mas desde que existe (ora, Ele foi gerado desde a eternidade) também está sentado com o Pai. E este trono, antes da vinda do Salvador na carne, o Profeta Isaías o viu, quando disse: Vi o Senhor sentado num trono elevado e excelso... (Is 6,1). Ora, como ninguém jamais viu o Pai (Jo 1,18; 1Tm 6,16), quem então apareceu ao profeta foi o Filho. Outrossim, diz o salmista: Desde então ficou estabelecido o teu trono. Tu és desde a eternidade

(Sl 92,2). Sendo rico o material probativo a este respeito, pela hora avançada, basta ter aludido a Ele.

28. Agora é preciso chamar a vossa atenção sobre o muito que diz [a Escritura] sobre o argumento de que o Filho está sentado à direita do Pai. O Sl 109 diz expressamente: Disse o Senhor a meu Senhor: Senta-te à minha direita até que ponha os teus inimigos por escabelo de teus pés. Confirmando o dito nos Evangelhos, o Salvador disse que Davi referiu isto, não por própria conta, mas inspirado pelo Espírito Santo, dizendo: Ora, como então Davi, em espírito, lhe chama Senhor, dizendo: Disse o Senhor a meu Senhor: Senta-te à minha direita?... (Mt 22,43). E nos Atos dos Apóstolos, no Dia de Pentecostes, Pedro se apresentou com os onze e, falando aos israelitas, alegou verbalmente esta prova do Sl 109 (At 2,14.34).

29. Chamo ainda a vossa atenção sobre algumas provas de que o Filho está sentado à direita do Pai. Está escrito no Evangelho segundo Mateus: Mas eu vos digo: um dia vereis o Filho sentado à direita do Poder... (Mt 26,64). Em consonância com o dito escreve o Apóstolo Pedro: Pela ressurreição de Jesus Cristo, que subiu aos céus e está sentado à direita de Deus (1Pd 3,21s.). E o Apóstolo Paulo, escrevendo aos romanos, afirma: Cristo, que morreu, ainda mais, que ressuscitou e está à direita de Deus (Rm 8,34). Escrevendo aos efésios, assim se exprime: Segundo a excelsa grandeza do seu poder, que Ele exerceu em Cristo, ressuscitando-o dos mortos e sentando-o à sua direita nos céus... (Ef 1,19s.). Aos colossenses assim ensinou: Se, pois, fostes ressuscitados com Cristo, buscai as coisas do alto, onde Cristo está sentado à direita de Deus (Cl 3,1). E na Epístola aos Hebreus diz: Tendo feito a purificação dos pecados, assentou-se à direita da Majestade nas alturas (Hb 1,3). E de novo: A qual dos anjos, porém, disse Ele jamais: Senta-te à minha direita até que eu ponha teus inimigos por escabelo dos teus pés? (Hb 1,13; Sl 109,1). E ainda: Este, tendo oferecido um único sacrifício pelos pecados para sempre, sentou-se à direita de Deus, esperando o resto até que seus inimigos sejam postos por escabelo de seus pés (Hb 10,12s.). E finalmente: De olhos fitos no autor e consumador da fé, Jesus, o qual, em vista do gozo que se lhe oferecia, suportou a cruz, sem fazer caso da ignomínia, e está sentado à direita do trono de Deus (Hb 12,2).

30. Embora existam ainda outras provas de que o Unigênito está sentado à direita de Deus, as que aduzimos para vós sejam suficientes. Mas queremos repetir o que já dissemos: o Unigênito Filho de Deus não conseguiu a prerrogativa de estar sentado à direita do Pai somente depois de sua encarnação, mas desde toda a eternidade ocupava este trono. Que Ele, o Deus de todos os homens e Pai de Cristo, o nosso Senhor Jesus

Cristo, que desceu e subiu (Ef 4,10) e está sentado com o Pai, guarde vossas, almas. Conserve vossa esperança naquele que ressurgiu inconcussa e imutavelmente. Ao mesmo tempo, vos ressuscite da morte do pecado para o seu dom celeste. Torne-vos dignos de serdes arrebatados nas nuvens ao encontro do Senhor, nos ares (1Ts 4,16), a seu tempo. E até que chegue aquele tempo de sua segunda vinda gloriosa, o nome de todos vós seja inscrito no livro dos vivos e, uma vez inscrito, nunca seja apagado (pois muitos caem e seu nome é apagado (Sl 68,29; Ap 3,5)). Conceda a todos vós o crer no Ressuscitado, viver na expectativa do que voltará e virá pela segunda vez (não virá da terra; acautela-te, ó homem, em vista dos impostores que virão). Ele está sentado no alto e está presente cá entre nós, vendo a boa ordem e a firmeza da fé de cada um (Cl 2,5). Estando ausente pela carne, não julgues que esteja também ausente pelo espírito. Está aqui no meio de nós (Jo 1,26), escutando o que dele dizemos, vendo os teus pensamentos e perscrutando os rins e os corações (Sl 7,10; Ap 2,23). Está pronto agora a apresentar os candidatos ao batismo e todos vós, no Espírito Santo, ao Pai, dizendo: Eis, aqui estou eu e os filhos que Deus me deu (Is 8,18), a quem a glória pelos séculos. Amém.

Catequese 15
E há de vir para julgar os vivos e os mortos, cujo reino não terá fim, e sobre o anticristo

Feita em Jerusalém de improviso sobre as palavras: E que há de vir para julgar os vivos e os mortos, cujo reino não terá fim, e sobre o anticristo. Leitura de Daniel: Estava eu atento ao que via até que foram postos uns tronos e o Ancião dos dias sentou-se. E a seguir: Eu estava observando estas coisas na visão noturna e eis que vi um [personagem] que parecia o Filho do Homem que vinha (Dn 7,9-15) etc.

1. Anunciamos a vinda de Cristo: não somente a primeira, mas uma segunda, muito mais formosa que a primeira. Aquela trazia o distintivo da paciência; esta, o diadema da realeza divina. Como ocorre em geral, tudo que se refere a nosso Senhor Jesus Cristo tem um duplo aspecto. Dupla é a geração: uma de Deus antes dos séculos e outra da Virgem na consumação dos séculos. Duas as descidas: uma obscura como a chuva sobre a relva (Sl 71,6) e outra brilhante, mas futura. Na primeira vinda foi envolvido em faixas e colocado na manjedoura (Lc 2,7); na segunda vestirá a luz como manto (Sl 103,2). Na primeira vinda suportou a cruz, sem fazer caso da ignomínia (Hb 12,2); na segunda virá glorioso (Mt 25,31), acompanhado do exército dos anjos. Não nos fixamos, portanto, somente na primeira vinda, mas esperamos também a segunda. Assim como na primeira vinda aclamávamos: Bendito o que vem em nome do Senhor (Mt 21,9), diremos novamente na segunda (Mt 23,39), correndo com os anjos ao encontro do Senhor (1Ts 4,16) e prostrando-nos: Bendito o que vem em nome do Senhor. O Salvador virá de novo não para ser julgado, mas para julgar os que o condenaram. Quem primeiro ao ser julgado se calava (Mt 26,62; 27,12), chamará à memória dos insidiosos os crimes que ousaram fazer-lhe sobre a cruz e dir-lhes-á: Isto fizeste e eu me calei (Sl 49,21). Outrora por desígnio divino veio ensinar os homens com persuasão, mas então dever-se-ão subjugar a seu império, necessariamente, queiram ou não.

2. Sobre estas duas vindas diz o Profeta Malaquias: *E imediatamente o dominador que vós buscais virá ao seu templo* (Ml 3,1). Eis a primeira vinda. E, de novo, sobre a segunda vinda, ele diz: *É o anjo do testamento que procurais. Ei-lo que vem, o Senhor todo-poderoso; quem poderá suportar o dia de sua vinda? Ou quem poderá manter-se à sua vista? Porque Ele será como o fogo que derrete os metais e como a erva dos lavandeiros. E sentar-se-á como um homem que se senta para fundir e refinar* (Ml 3,2s.). Logo mais o próprio Salvador dirá: *Então me aproximarei de vós para exercer o juízo e serei uma testemunha pronta contra os feiticeiros, contra as adúlteras e contra os que juram falsamente em meu nome...* (Ml 3,5). Por este motivo, Paulo nos previne, dizendo: *Se sobre este fundamento alguém edifica ouro, prata, pedras preciosas ou madeira, feno, palha, sua obra ficará manifesta (pois em seu dia o fogo o revelará* (1Cor 3,12s.)). Já Paulo insinua aquelas duas vindas, escrevendo a Tito: *Apareceu a graça de Deus salutífera a todos os homens, educando-nos a renunciar à impiedade e aos desejos mundanos, para que vivamos sóbria, justa e piedosamente neste século, aguardando a bem-aventurada esperança e vinda gloriosa do grande Deus e Salvador nosso Jesus Cristo* (Tt 2,11-13). Como vês, Paulo fala das duas vindas: de uma ele rende graças, e a outra [a segunda] nós esperamos. Portanto, instruimo-vos pela entrega do símbolo da fé a crer no que subiu aos céus e está sentado à direita do Pai. E virá em glória a julgar os vivos e os mortos. E seu reino não terá fim.

3. Nosso Senhor Jesus Cristo virá, pois, dos céus. Virá pela consumação do mundo com glória, no último dia. Pois este mundo terá fim e o mundo criado será renovado. Uma vez que corrupção, furto, adultério, toda sorte de pecados se derramou sobre o mundo e se tem vertido sangue sobre sangue (Os 4,1), para que este domicílio admirável não continue repleto de iniquidade, passará este mundo a fim de dar lugar a um mais belo. Queres ter a comprovação da Sagrada Escritura? Escuta Isaías a dizer: E os céus se enrolarão como um livro e todos os astros cairão como cai a folha da vinha e da figueira (Is 34,4). E o Evangelho diz: O sol se escurecerá e a lua não dará a sua luz; as estrelas cairão do céu (Mt 24,29). Não nos entristeçamos, pois, como se morrêssemos sozinhos. Também as estrelas perecem e talvez de novo ressuscitem. O Senhor enrolará os céus, não para os destruir, mas para refazê-los mais belos. Escuta o Profeta Davi a dizer: No princípio, Senhor, fundaste a terra, e os céus são obra de tuas mãos; eles perecerão, mas Tu permanecerás (Sl 101,26s.). Objetará alguém: Vês que se diz expressamente que perecerão. Escuta como *perecerão* se elucida com o que segue: E todos eles envelhecerão como um vestido e como roupa os mudarás e serão mudados (Sl 101,27s.). Como do homem se diz que perece, conforme a sentença: Vede como o justo perece e não há quem o considere no coração (Is 57,1), mas mesmo assim se espera a sua ressurreição, assim também esperamos uma ressurreição dos céus. O sol converter-se-á em trevas e a lua em sangue (Jl 2,31; At 2,1). Tomem nota disto os convertidos do maniqueísmo e não atribuam aos luminares a divindade. Não creiam impiamente ser Cristo este sol que um dia será obscurecido. Escuta esta outra palavra do Senhor: O céu e a terra passarão, porém, minhas palavras não passarão (Mt 24,25). O que foi criado não se compara com as palavras do Senhor.

4. Passam as coisas que aparecem e virão as que esperamos, muito mais belas. Mas ninguém investigue com curiosidade a época. Pois a vós não compete, diz [o Senhor], conhecer os tempos nem os momentos que o Pai fixou em virtude de seu próprio poder (At 1,7). Não tenhas, pois, a coragem de definir quando estas coisas vão acontecer, nem tampouco durmas descuidosamente. Vigiai, pois, exclama, porque na hora em que menos pensardes virá o Filho do Homem (Mt 24,42.44). No entanto, como convinha que tivéssemos conhecimento dos sinais da consumação e como esperamos a vinda de Cristo, a fim de não morrermos decepcionados e sermos levados pelo anticristo falaz ao erro, os apóstolos, movidos por divina inspiração e por desígnio divino, se aproximam do Mestre da verdade e perguntam: Dize-nos, quando será tudo isto? Qual o sinal de tua vinda e da consumação do mundo? (Mt 24,3). Estamos na expectação de tua vinda, mas satanás se disfarça em anjo da luz (2Cor 11,14). Dá-nos, portanto, certeza, a fim de que não adoremos em teu lugar um outro. Ele, então, abriu sua divina e bem-aventurada boca e disse: Tomai cuidado de que ninguém vos engane (Mt 24,4). Também vós, meus ouvintes, que o avistais com os olhos do espírito, escutai como vos dirige as mesmas palavras: Tomai cuidado de que ninguém vos engane. Estas palavras vos admoestam a todos que presteis atenção ao que se vai dizer. Não é o relato de acontecimentos passados, mas sim futuros. É, sem dúvida, profecia de futuros eventos. Profecias que não provêm de nós (pois somos indignos), mas lembramos o que está escrito e explicamos os sinais. Observa o que já se realizou, o que falta ainda e previne-te.

5. Tomai cuidado de que ninguém vos engane. Porque virão muitos em meu nome e dirão: Eu sou o Cristo (Mt 24,4s.). Estas coisas já se realizaram em parte. Pois assim afirma Simão Mago, Menandro e outros ímpios heresiarcas. E outros dirão em nossos dias e depois de nós ainda outros.

6. Segundo sinal: Ouvireis falar de guerras e rumores bélicos (Mt 24,6s.). No momento presente, os persas estão em guerra com os romanos por causa da

Mesopotâmia, ou não é assim? Levantar-se-á nação contra nação e reino contra reino... E haverá fomes e pestes e terremotos em diversos lugares. Tudo isto já se realizou. E ainda: Coisas espantosas e grandes tempestades (Lc 21,11). Vigiai, pois, diz o Senhor, porque não sabeis o dia em que o nosso Senhor vai chegar (Mt 24,42).

7. Mas estamos à procura de um sinal próprio a nós para a vinda de Cristo. Nós, os eclesiásticos, buscamos um sinal eclesiástico. Ora, o Salvador diz: Então se escandalizarão muitos e uns aos outros se trairão e se odiarão (Mt 24,10). Não te espantes se ouvires que bispos contra bispos, clérigos contra clérigos e leigos contra leigos lutam até o sangue. Está escrito. Fixa tua atenção não no que está acontecendo, e sim no que está escrito. Mesmo que eu que te ensino me perca, tu deves me acompanhar. É possível que o ouvinte se torne melhor que o mestre e o último se faça o primeiro (Mt 20,16), assim como o Senhor recebe os que vêm pela hora undécima (Mt 20,6s.). Se entre os apóstolos houve um traidor, admiras-te de que bispos nutram ódio entre irmãos? Mas o sinal não só se verifica entre os príncipes, mas também entre os leigos. O Mestre diz: E porque a iniquidade vai transbordar, a caridade de muitos esfriará (Mt 24,12). Algum dos presentes se gloriará de ter uma sincera e desafetada caridade para com o próximo? Porventura muitas vezes os lábios não beijam, o rosto sorri, alegres são os olhos, enquanto o peito maquina o dolo e prepara o mal, falando coisas de paz? (Sl 27,3).

8. Tens ainda este sinal: Pregar-se-á em todo o mundo este Evangelho do reino, testemunho para todas as nações. E então virá o fim (Mt 24,14). E quase o mundo inteiro, como podes ver, está cheio da doutrina de Cristo.

9. E o que acontecerá depois disto? Diz o Senhor em seguida: Quando virdes, pois, no lugar santo, a abominação da desolação, predita pelo Profeta Daniel, quem o ler entenda (Mt 24,15). E ainda: Então, se alguém vos disser: Aqui está o Cristo ou: Ei-lo acolá, não lhe deis crédito (Mt 24,23). O ódio entre irmãos prepara o campo para o anticristo. O diabo realiza cismas entre os povos, para ser mais facilmente recebido quando aparecer. Queira Deus que nenhum dos presentes, nem dos servos de Cristo que estão em outros lugares se bandeie para o lado do inimigo. Escrevendo sobre isto o Apóstolo Paulo deu este sinal evidente, dizendo: Porque antes há de vir a apostasia e há de manifestar-se o homem da iniquidade, o filho da perdição, o adversário que se levanta contra tudo o que se diz Deus ou divindade, até sentar-se no templo de Deus, ostentando-se a si mesmo como se fora Deus. Não vos lembrais de que, estando entre vós, eu já vos dizia isto? E agora sabeis o que o detém de se manifestar a seu tempo. Porque já está em ação o mistério da iniquidade. Só falta que aquele que o detém seja afastado. Então se manifestará o iníquo, a quem o Senhor Jesus matará com o hálito de sua boca, destruindo-o com a manifestação de sua vinda. A vinda do iníquo será acompanhada do poder de satanás, de todo o gênero de milagres, sinais e prodígios falazes e de seduções de iniquidade para os destinados à perdição (2Ts 3,5). Até aqui fala Paulo. A apostasia já se difunde. Os homens se afastaram da reta fé. Uns anunciam a filho-paternidade, outros têm a ousadia de afirmar que Cristo foi chamado do nada à existência. Antigamente os hereges eram visíveis, mas agora a Igreja está cheia de hereges ocultos. Apostataram os homens da verdade, levados pelo prurido de ouvir (2Tm 4,3s.). Trata-se de prática artificiosamente urdida? Todos com gosto a ouvem. Trata-se de sermão preparado para converter? Todos se afastam [com enfado]. Muitíssimos se afastaram da doutrina reta e preferem escolher o mal a optar pelo hem. É esta, pois, a apostasia e é preciso esperar o inimigo. Já começou a enviar precursores, a fim de vir depois para a presa preparada. Cuida-te, pois, ó homem, e põe-te em seguro. Conjura-te agora a Igreja diante de Deus vivo (1Tm 6,13) e te anuncia de antemão as coisas referentes ao anticristo. Se elas se realizam, ao teu tempo ou posteriormente, não o sabemos. Mas é bom saber disso e acautelar-se.

10. O Cristo verdadeiro Filho unigênito de Deus, já não virá da terra. Se alguém aparecer no deserto com prestidigitações, não saias (Mt 24,26). Se vos disserem: Eis aqui o Cristo ou: Ei-lo ali, não creiais (Mc 13,21). Para o futuro, não voltes teu olhar para baixo, sobre a terra, pois o Soberano virá dos céus. Virá não desacompanhado como na primeira vez, mas com grande séquito, escoltado do exército de miríades de anjos (Jd 14,14); não escondido, como a chuva na relva (Sl 71,6), mas como o relâmpago (Lc 22,24) que reluz à vista de todos. O próprio Senhor o disse: Qual o relâmpago que sai do Oriente e brilha até o Ocidente, assim será a vinda do Filho do Homem (Mt 24,27). E de novo: E verão o Filho do Homem vir sobre as nuvens do céu com grande poder e majestade. E Ele enviará seus anjos com poderoso som de trombetas... (Mt 24,30ss.).

11. Quando a seu tempo Jesus quis humanar-se e quando se esperava que Deus nascesse de uma Virgem, o diabo caluniou o fato, difundindo com perversa vontade, entre os adoradores de falsos deuses, engendradores e engendrados de mulheres. Quis com isso, assim o imaginava, que, tendo a mentira se propalado, não se desse crédito à verdade. Assim, ao aparecer pela segunda vez o verdadeiro Cristo, o adversário, tomando por pretexto a expectativa dos mais simples e especialmente dos circuncisos, fará surgir um homem que é mago e perito na péssima arte de venefícios e encantamentos. Usurpará a dominação do Império Romano e falsamente se denominará Cristo. Com a denominação de Cristo, enganará os judeus que ainda esperam com suas prestidigitações mágicas o Ungido ou o Messias e Cristo e arrastará consigo os fiéis provindos da gentilidade.

12. Aparecerá o anticristo quando se cumprirem os tempos do Império Romano e estiver próximo o fim do mundo. Surgirão dez imperadores romanos ao mesmo tempo, talvez om lugares diversos, mas imperando no mesmo tempo. Depois deles como undécimo virá o anticristo, usurpando com suas encantações mágicas o poder dos romanos (Dn 7,24). Humilhará três dos que reinaram antes dele e sujeitará os restantes sete. Primeiro, como se fosse sábio e prudente, fingidamente dará mostras de clemência, moderação e benignidade. Enganará os judeus com sinais e falsos prodígios, realizados por artes falazes de magia, como se fosse o Cristo esperado por eles. Depois ultrapassará todos os injustos e ímpios que viveram antes dele com suas desumanidades e vícios (Dn 7,24). Mostrará ânimo sanguinário e duríssimo, despiedoso e versátil contra todos, especialmente contra nós cristãos. Mas somente durante três anos e seis meses praticará tais crimes. Será destruído pela vinda gloriosa do Filho unigênito dos céus, nosso Senhor e Salvador Jesus Cristo, o veraz. Ele matará o anticristo com o hálito de sua boca (2Ts 2,8) e entregá--lo-á ao fogo da geena.

13. Isto ensinamos, não como bons faladores, mas haurindo das Divinas Escrituras recebidas pela Igreja, e de modo especial da profecia de Daniel, lida há pouco, conforme o Arcanjo Gabriel o explicou com estas palavras: O quarto animal é um quarto reino terrestre que ultrapassará todos os reinos (Dn 7,23). Que isto seja o Império Romano os exegetas da Igreja no-lo transmitiram. Pois o primeiro império que se tornou ilustre foi o dos assírios; o segundo, o dos persas e dos medos; depois destes, o terceiro, o dos macedônios; o quarto é, no momento, o dos romanos. No que se segue, o Arcanjo Gabriel dá a seguinte interpretação: Os dez chifres são dez reis que se levantam. Depois deles surgirá outro rei que superará em malícia todos os anteriores (Dn 7,24). Não só os dez, assim o afirma, mas todos os que o precederam. Destronará três reis (Dn 7,24), como é sabido dos dez anteriores. Sendo que, destronando três dos dez, reinará como oitavo. Proferirá insultos contra o Altíssimo (Ap 17,9): homem blasfemo e desprezador das leis, que não recebe o império dos pais, mas usurpa o poder com arte mágica.

14. Quem é aquele e no poder de quem faz a sua aparição? Sê nosso intérprete, ó Paulo. Diz Paulo: Sua vinda será acompanhada do poder de satanás, de todo gênero de milagres, sinais e prodígios falazes (2Ts 2,9). Com isto insinua que satanás usará do anticristo como seu instrumento; pessoalmente opera por ele, pois de resto está ciente de que não haverá dilação de seu julgamento. Fará a guerra, não como lhe é costume através de seus satélites, mas, abertamente, por si mesmo. Com todos os sinais e prodígios falazes: sendo pai da mentira (Jo 8,44), ostentará as obras da mentira sob espécies fingidas, de modo que as multidões cheguem a crer que veem um morto ressuscitado, mesmo onde não há ressurreição; e cegos vendo, coxos andando, mesmo onde não existem tais milagres.

15. Continua Paulo: O Adversário se levanta contra tudo que se diz Deus ou divindade, contra todas as coisas divinas. O anticristo odiará os ídolos, até sentar-se no templo de Deus (2Ts 2,4). Qual templo? Insinua Paulo o templo destruído dos judeus. De jeito algum deve-se entender por Ele a Igreja em que estamos. Por que dizemos isto? Para que não se pense que fazemos questão de honrarias. Se [o anticristo] vem aos judeus como Cristo e quer ser adorado pelos judeus, para induzi-los em maior engano, mostrará máximo zelo pelo templo; espalhará a fama de que é da casa de Davi, que reparará o templo construído por Salomão. Virá o anticristo no exato momento quando no templo dos judeus não ficará pedra sobre pedra, conforme a predição do Salvador (Mt 24,2). Quando, pela injúria do tempo ou com pretexto de obras ou outra qualquer razão, a demolição atingir as últimas pedras – não penso no muro exterior, mas o interior do templo onde estavam os querubins –, então virá ele com todo gênero de sinais e prodígios falazes, levantando-se contra todos os ídolos, fingindo benignidade no início, mas depois demonstrando ferocidade, máxime contra os santos de Deus. Olhei e esse chifre fazia guerra contra os Santos (Dn 7,21). E ainda em outro lugar: Será uma época de tal desolação como jamais houvera igual desde que as nações existem sobre a terra, até aquele momento (Dn 12,1). Terrível é a fera, o grande dragão insuperável para os homens, preparado para devorar. Ainda que tenhamos a seu respeito muitas coisas hauridas das Divinas Escrituras para dizer, queremos impor-nos uma medida e contentar-nos por ora com o que foi dito.

16. Conhecendo a violência do adversário, dando aos piedosos certa liberdade, diz o Senhor: Então os que estiverem na Judeia fujam para os montes (Mt 24,16). Mas se alguém presume que tem bastante força para resistir a satanás, persevere (pois tenho plena confiança na fidelidade da Igreja). Diga: Quem nos arrebatará do amor de Cristo?... (Rm 8,35). Sendo tímidos, nos cuidemos; corajosos, resistamos. Porque haverá, então, uma tamanha tribulação como jamais houve desde o princípio do mundo até agora, nem haverá para o futuro (Mt 24,21). Mas, graças a Deus, a gravidade da tribulação é circunscrita a alguns dias! Pois diz: Mas, por amor dos eleitos, abreviar-se-ão aqueles dias (Mt 24,22). O anticristo reinará só por três anos e meio. Isto concluímos, não dos apócrifos, mas de Daniel. Afirma ele: E será entregue a seu poder durante um tempo, dois tempos e metade de um tempo (Dn 7,25). O tempo é um ano em que o advento de satanás se revela em maior poder; os tempos são os outros dois anos de impiedade, de que ao todo se contam três anos; e metade do tempo é o meio ano que sobra. Alhures diz Daniel o mesmo: E jurou por quem vive eternamente: será num tempo, tempos, e metade de um tempo (Dn 12,5). No mesmo sentido entendem alguns o seguinte trecho: Mil duzentos e noventa dias; e isto: Feliz quem esperar e alcançar mil trezentos e trinta e cinco dias (Dn 12,11s.). Por este motivo é mister esconder-se e fugir. Talvez não acabaremos as cidades de Israel antes que o Filho do Homem venha (Mt 10,23).

17. Quem é, então, o bem-aventurado que poderá por amor de Cristo sujeitar-se ao martírio? Afirmo: os mártires de então sobrepujarão todos os mártires. Os que sofreram antes, só lutaram contra homens. Os do tempo do anticristo lutarão contra satanás em pessoa. Os imperadores, perseguidores dos tempos anteriores, matavam só o corpo, mas não simulavam ressuscitar os mortos, nem ostentavam sinais e portentos fantasiosos.

Mas aqui a péssima tentação opera, anda unida à intimidação e à fraude, para induzir em erro, se possível fora, os próprios eleitos (Mt 24,24). Não se levante no coração dos que então viverem a cogitação: O que Cristo realizou foi maior do que isto? Que poder é o em que este [anticristo] opera tais coisas? Só porque Deus o quer assim é que o permite. O Apóstolo te previne e te diz com antecedência: Por isso Deus lhes envia um poder enganoso (2Ts 2,10s.). (*Envia* está em lugar de: Ele permite que aconteça.) [Envia-lhes aquele poder] não para que se defendam, mas para que sejam condenados. Mas por quê? Porque não creram na verdade, isto é, no verdadeiro Cristo e se comprazeram na iniquidade, isto é, no anticristo. Tais manifestações do poder inimigo, Deus as permite tanto nas perseguições que de tempos em tempos se suscitam, como também naquele tempo [do anticristo], não porque as não possa impedir, mas porque costuma querer coroar seus lutadores pela paciência provada, assim como fez com os profetas e apóstolos. Depois de breve tempo de tribulação deverão herdar o reino eterno dos céus, conforme Daniel diz: Então será salvo o teu povo, todo aquele que se achar inscrito no livro (naturalmente no livro da vida). Muitos daqueles que dormem no pó da terra despertarão, uns para a vida eterna, outros para a ignomínia, a infâmia eterna. Os que tiverem sido inteligentes, fulgirão como o brilho do firmamento e muitos justos luzirão como as estrelas pelos séculos e além (Dn 12,1.3).

18. Previne-te, portanto, ó homem. Tens diante de ti os sinais do anticristo. Não te lembres deles para ti somente, mas sem inveja comunica aos outros (Sb 7,13). Se tens um filho segundo a carne, instrui-o a respeito. Se pela catequese geraste alguém, também dele cuida que não receba o falso [Cristo], como se fosse o verdadeiro, pois o mistério da iniquidade já está em ação (2Ts 2,7). Aterrorizam-me as guerras dos gentios, atemorizam-me os cismas das igrejas, terrifica-me o ódio entre irmãos. Devo confessá-lo. Com isto não se diz que a promessa já se realiza em nossos dias. Mas acautelemo-nos. Isto seja dito sobre o anticristo.

19. Vivamos numa expectativa ansiosa do Senhor que virá dos céus sobre as nuvens. Trombetas angélicas então soarão. Os mortos em Cristo ressuscitarão primeiro. Os piedosos que ainda estiverem vivos serão arrebatados nas nuvens. Receberão o prêmio dos seus trabalhos, para serem honrados sobre-humanamente os que sobre-humanamente lutaram. Assim escreve Paulo: Pois o próprio Senhor, a uma ordem, à voz do arcanjo, ao som da trombeta de Deus, descerá dos céus e os mortos em Cristo ressuscitarão primeiro. Depois nós, os vivos, os que ficamos, juntamente com eles seremos arrebatados nas nuvens, ao encontro do Senhor nos ares; e assim estaremos para sempre com o Senhor (1Ts 4,15).

20. Viu esta parusia do Senhor o Eclesiastes, dizendo: Regozija-te, pois, ó jovem, na tua mocidade (Ecl 11,9s.; 12,1ss.). E a seguir: E lança fora do teu coração a ira e afasta da tua carne a malícia... e lembra-te do teu Criador... antes que venha o tempo da aflição e antes que escureça o sol, a luz, a lua e as estrelas... e as que veem pelas janelas principiarem a cobrir-se de trevas (indicando a faculdade de ver), antes que se quebre o cordão de prata (insinua aqui o complexo de astros, pois a sua vista se parece com a prata), antes que se pise a camomila dourada (pensa-se no sol que se assemelha ao ouro; a camomila, planta conhecida, possui uma coroa de numerosas pétalas que se espraiam como raios). Levantar-se-ão com o cantar do pardal e olharão do alto e haverá terrores na estrada. Que verão? Então verão o Filho do Homem vir sobre as nuvens do céu (Mt 24,30) e lamentar-se-ão tribos contra tribos (Zc 12,12). Que acontecerá ao vir o Senhor? A amendoeira florescerá, o gafanhoto engordará e a alcaparra se abrirá (Ecl 12,5). Conforme dizem os exegetas, a amendoeira em flor indica o fim do inverno. Nossos corpos, então, depois do inverno, florescerão como flores do céu. O gafanhoto engordará (a alma alada se revestirá do corpo) e a alcaparra se abrirá (os pecadores espinhosos rebentarão).

21. Como podes ver, todos predizem a vinda do Senhor. Vês como conhecem a voz do pardal. Veremos que voz seja esta: Pois o próprio Senhor, a uma ordem, à voz do arcanjo, ao som da trombeta de Deus, descerá do céu (1Ts 4,16). O arcanjo proclamará e dirá a todos: Levantai e saí ao encontro do Senhor (Mt 25,6s.; Ef 5,14). E terrível é a descida do Senhor. Diz Davi: Deus virá manifestamente, Ele o nosso Deus, e não guardará silêncio. O fogo se inflamará na sua presença e uma tempestade violenta o cercará... (Sl 49,3). Quando for ao Pai, conforme o trecho da Escritura recém-lido, o Filho do Homem (Dn 7,13) sobre as nuvens do céu fará descer um rio de fogo que provará os homens. Se alguém tiver as obras de ouro, será mais brilhante; se alguém as tiver de palha e sem subsistência, será consumido pelo fogo (1Cor 3,12.14.15). E o Pai sentar-se-á. Sua veste é branca como a neve, os cabelos de sua cabeça como a pura lá (Dn 7,9). Isto se diz a modo humano. Por quê? Porque o Senhor é rei dos que não se mancharam com o pecado. Pois branqueio – diz Ele – os vossos pecados como a neve e como a lá (Is 1,18). Isso é sinal dos pecados ou condenados ou não admitidos. Virá o Senhor do céu sobre nuvens, assim como sobre nuvens subiu (At 1,9s.), pois Ele próprio disse: E verão o Filho do Homem vir sobre as nuvens do céu com grande poder e glória (Mt 24,30).

22. Mas qual será o sinal do Filho do Homem para que o poder adversário não ouse imitá-lo? Então, diz, aparecerá no céu o sinal do Filho do Homem (Mt 24,30). Ora, o sinal próprio e verdadeiro de Cristo é a cruz. O sinal da cruz luminosa precederá o rei, a fim de manifestar o que fora anteriormente crucificado. Era preciso que os judeus, que o haviam transpassado e o rodearam de suas insídias, chorassem-no de tribo em tribo (Zc 12,10-12; Jo 19,37; Ap 1,7; Mt 24,30), dizendo: é este que recebeu bofetadas na face e a quem cuspiram na face; é este a quem prenderam com correntes; é este a quem crucificaram depois de terem-no ludibriado. Aonde, dirão, fugiremos da face de tua ira? (Ap 6,16; Na 1,6). Rodeados de exércitos angélicos, não poderão fugir para parte alguma. O sinal da cruz será um sinal de terror para os inimigos e de alegria para os amigos que nele creram, que o anunciaram ou por Ele sofreram. Quem será, então, o bem-aventurado que foi achado digno de Cristo? Não despreza seus próprios servos o tão glorioso Rei, que é acompanhado de fileiras de anjos e está sentado com o Pai no mesmo trono. Para que os eleitos não sejam confundidos com os inimigos, enviará seus anjos com poderoso som de trombetas e eles reunirão dos quatro ventos os seus eleitos (Mt 24,31). Se Deus não desprezou a Jó, que era um só, como poderia desprezar a muitos justos? Vinde, benditos de meu Pai

(Mt 25,34), dirá àqueles que então, reunidos pelos anjos, forem arrebatados em carros de nuvens.

23. No entanto, dirá alguém dos presentes: Sou pobre e naquele tempo talvez me encontre doente e acamado (Lc 17,34); ou eu, como mulher, serei surpreendida num moinho (Lc 17,35). Seremos por isso desprezados? Tem confiança, ó homem, o Juiz não faz acepção de pessoas. Não julgará pelo que se manifesta exteriormente, nem condenará somente pelo que ouve dizer (Is 11,3). Não prefere os sábios aos ignorantes, nem os ricos aos pobres. Mesmo que estiveres no campo (Mt 24,40), os anjos te buscarão. Não creias que receberá os donos das terras, e a ti, o camponês, abandonará. Ainda que sejas escravo, ou pobre, não te aflijas; quem tomou a forma de servo (Fl 2,7) não despreza os servos. Ainda que doente estejas prostrado num leito, está escrito: Então estarão dois numa mesma cama e um será arrebatado e outro deixado (Lc 17,34). Se, por necessidade, homem ou mulher, fores obrigado ao trabalho de moinho e embora tenhas filhos, ou mesmo que acorrentado estiveres trabalhando no moinho, não te preterirá aquele que põe em liberdade os cativos com seu poder (Sl 67,7). Quem promoveu José da escravidão e do cárcere para o reino, também a ti livrará das tribulações para o Reino dos Céus. Tem confiança: trabalha, luta duramente. Nada se perde para ti. Toda tua oração e salmodia estão escritas, escrita toda esmola, escrito todo jejum, escrito todo matrimônio vivido castamente, escrita toda continência [viuvez] suportada por amor de Deus. A primazia das coroas está destinada à integridade virginal, e brilhará como anjo. Mas como com prazer escutas o que te alegra, escuta também com firmeza o contrário: escrita está toda a tua avareza, escrita está toda a tua impureza, escritos estão todo o teu perjúrio, blasfêmia, venefício, roubo e assassínio. Se, agora, depois do batismo, cometeres os mesmos pecados, todos eles serão escritos, pois os anteriores foram apagados.

24. Quando o Filho do Homem, se diz, vier em sua glória e todos os anjos com Ele... (Mt 25,31). Considera, ó homem, na presença de quantos estarás no juízo. Todo o gênero humano, então, estará presente. Imagina o número da nação dos romanos; avalia quantos são os bárbaros que agora vivem e quantos morreram nos últimos cem anos; concebe quantos foram sepultados durante mil anos. Conjetura quantos viveram desde Adão até agora. A multidão é ingente, mas ainda pequena, pois mais são os anjos: eles são as noventa e nove ovelhas (Mt 18,12; Lc 15,4) e a humanidade a única [ovelha]. A soma dos moradores deve ser calculada pelo tamanho de todos os lugares. A terra habitada é como um ponto no meio de um só céu. Se ela contém um tal número de habitantes, que multidão, pois, deve conter o céu que circunda esta terra? Não será incomparavelmente grande o número que cabe nos céus dos céus? Eram milhares de milhares os que o serviam e dez mil miríades os que o assistiam (Dn 7,10). Isto, não que a multidão se limite a este número, mas o profeta não soube exprimir um número maior. Presente está Deus Pai de todos, estando sentado com Ele no trono Jesus Cristo. E com Ele está presente o Espírito Santo. Uma trombeta angélica convocará a todos nós carregados com o que praticamos. Não devemos desde já estar temerosos? Não creias, ó homem, que será uma pena módica quando, antes de seres sujeitado ao castigo, fores condenado na presença de tal multidão. Não seria preferível morrer mil vezes a ser condenado pelos amigos?

25. Sejamos, portanto, solícitos, irmãos, para que Deus não nos condene. Não tem Ele necessidade de inquirir ou argumentar antes da condenação. Não digas: Forniquei ou fiz mágicas de noite ou outros pecados e não estava presente nenhum homem! Serás julgado à base de tua consciência: As sentenças com que entre si se acusam ou escusam, no dia em que Deus julgará as ações secretas do homem (Rm 2,15s.). O rosto terrível do Juiz obrigar-te-á a dizer a verdade, ou antes, mesmo que não a disseres, te arguirá. Ressuscitado serás, revestido de teus pecados ou de tuas obras justas. E isto revelou o próprio Juiz (Cristo é o juiz que diz: Pois o Pai não julga a ninguém, mas entregou ao Filho todo o poder de julgar (Jo 5,22), não que se tivesse privado do poder, mas

Ele julga através do Filho. O Filho, portanto, julga (Cat. 11,16), conforme a vontade do Pai, pois a vontade do Pai não é uma e a vontade do Filho outra, mas sim é uma e a mesma). O que dirá o Juiz a respeito de tuas obras, se as revestirás ou não? E reunirão em sua presença todas as nações (Mt 25,32). Ora, é preciso que diante de Cristo se dobre todo o joelho de quantos há nos céus, na terra e nos abismos (Rm 10,10; Fl 2,10). E Ele separará uns dos outros, como o pastor separa as ovelhas dos cabritos (Mt 25,32). O pastor como é que separa? Pesquisando num livro, quem é ovelha ou quem é bode? Ou julga à base da observação? Não manifesta a ovelha a lã e o bode o pelo áspero e a natureza teimosa? Assim, ao seres logo mais purificado dos pecados, terás para o futuro as ações brancas como a lã pura (Is 1,18) e tua veste ficará imaculada e dirás sempre: Despojei-me de minha túnica, e hei de vesti-la de novo? (Ct 5,3). Assim pelo que vestires serás reconhecido como ovelha. Se fores peludo como Esaú, coberto de pelo áspero e cheio de ânimo ruim (Gn 25,25), que perdeu a primogenitura por uns alimentos e vendeu as prerrogativas (Hb 12,16), pertences àqueles que estarão à esquerda (Mt 25,33). Deus nos guarde que algum dos presentes perca a graça e seja encontrado, em vista de seus pecados, à esquerda, entre os pecadores.

26. Realmente, terrível será o juízo e com razão se treme em vista do que se anuncia. Promete-se o Reino dos Céus e é preparado o fogo eterno (Mt 25,41). Como, pois, dirá algum, fugiremos do fogo? e como entraremos no Reino dos Céus? Tive fome, disse Jesus, e me destes de comer (Mt 25,35). Aprendeste o caminho. Não há necessidade de uma alegoria, mas que traduzamos na prática o que se disse: Tive fome e me destes de comer; tive sede e me destes de beber; fui peregrino e me acolhestes; estava nu e me vestistes; enfermo e me visitastes; preso e me viestes ver (Mt 25,35s.). Se isto fizeres, terás parte no reino. Se não o fizeres serás condenado. Desde já começa a praticar estas coisas e conserva a fé para que não sejas excluído como as virgens tolas enquanto foram comprar o azeite (Mt 25,10-12). Não te enchas com confiança por estares com a lâmpada nas mãos, mas cuida que ela arda (Mt 5,16). Brilhe a luz das boas obras diante dos homens, para que Cristo não seja blasfemado por tua causa (Rm 2,24). Trarás a veste da incorrupção (1Cor 15,53), brilhando em boas obras (1Tm 2,10). Administra corretamente os negócios de que Deus te encarregou (Mt 25,14.30; Lc 12,42). Foram-te confiados dinheiros? Administra-os bem. Foste encarregado de ensinar? (2Tm 2,15). Desempenha bem esta tarefa. Podes levar à fé as almas dos ouvintes? (At 2,42). Faze-o com zelo. Muitas são as portas para um bom administrador, contanto que nenhum de nós seja rejeitado como proscrito. Com coragem vamos ao encontro do Rei eterno. Cristo, que reina pelos séculos. Realmente reina pelos séculos o que julga os vivos e os mortos, que morreu pelos vivos e mortos. E como Paulo disse: Com efeito, foi por isto que Cristo morreu e ressuscitou, para dominar sobre mortos e vivos (Rm 14,9).

27. Se por acaso ouvires alguém afirmar que o Reino de Cristo tem fim, aborrece tal heresia: é a segunda cabeça do dragão (Ap 12,3) que ultimamente cresceu na Galácia[44]. Alguém se atreveu a ensinar que Cristo, após o fim do mundo, não reina mais; e teve o descaramento de afirmar que o Logos que procedeu do Pai se dissolveu de novo no Pai e já não existe. Quem tais coisas pronuncia atrai sobre si a maldição. Não escutou o Senhor que disse: O Filho permanece para sempre (Jo 8,35). Não escutou Gabriel dizendo: E Ele reinará na casa de Jacó pelos séculos e seu reino não terá fim (Lc 1,32). Vê o que se diz: agora, homens hereges ensinam contra Cristo. O Arcanjo Gabriel, porém, ensinou a permanência eterna do Salvador. A quem dar mais crédito? Acaso não a Gabriel? Escuta o testemunho de Daniel que está à nossa frente: Eu estava observando estas coisas durante a visão noturna, e eis que um que parecia o Filho do Homem vinha com as nuvens do céu e chegou até o Ancião dos dias. E foram-lhe dados o poder, a honra e o reino. Servi-lo-ão

---

44. Cirilo refere-se aqui a Marcelo de Ancira, condenado em 335 no Concílio de Jerusalém.

356

todos os povos, tribos e línguas. Seu poder é um poder eterno que não passará e seu reino não será destruído (Dn 7,13s.). A isto com preferência te apega; nisto crê. Afasta de ti as palavras heréticas, porquanto ouviste os claríssimos testemunhos sobre o reino infindo de Cristo.

28. Coisa semelhante te ensina a pedra que se desprendeu dum monte sem intervenção de mãos humanas, que é Cristo, segundo a carne: E seu reino não passará a outro povo (Dn 2,34). E Davi outrora afirmou: O teu trono, ó Deus, subsistirá por todos os séculos (Sl 44,6). E alhures: No princípio. Senhor, lançaste os fundamentos da terra... Eles perecerão, mas tu permanecerás... Tu, porém, és sempre o mesmo e teus anos não terão fim (Sl 101,26-28). Paulo aplica todas estas palavras ao Filho (Hb 1,8-10).

29. Queres saber de como chegaram a tal demência os que ensinam o contrário? Leram mal o que o Apóstolo escreveu retamente: Pois é preciso que Ele reine até pôr todos os seus inimigos debaixo de seus pés (1Cor 15,25). Dizem: quando os inimigos forem postos debaixo de seus pés, já não reinará mais. Interpretação errada e insensata! Quem é rei antes de debelar os inimigos, não o será muito mais depois de tê-los superado?

30. Tiveram ainda a ousadia de afirmar que aquela sentença: Quando todas as coisas lhe ficarem submetidas, então o próprio Filho se sujeitará àquele que a Ele submeteu tudo (1Cor 15,28): [esta frase] manifesta que o Filho se dissolveria no Pai. Ora, vós, de todos os mais ímpios, continuareis a ser obra de Cristo. No entanto, Cristo, por quem vós e todas as coisas foram feitas (Jo 1,3), perecerá? Grande blasfêmia! De que modo tudo lhe será submetido? A perecer ou a permanecer? Portanto, tudo que for submetido ao Filho permanecerá. E o Filho que se sujeitará ao Pai não subsistirá? No entanto, sujeitar-se-á, não como se começasse agora a obedecer ao Pai (desde a eternidade faz sempre o que é de seu agrado (Jo 8,29)) porque ainda então, obedecerá, não prestando uma obediência coagida, mas sim um obséquio voluntário. Não é servo, para se sujeitar por necessidade. É Filho para obedecer por própria vontade e amor.

31. Perguntemos aos nossos adversários: o que significa aquele "até que" ou "até quando"? Para refutar o seu erro uso a mesma expressão que eles. Se eles tiveram a coragem de dizer que com as palavras: Até pôr seus inimigos debaixo de seus pés (1Cor 15,25), se insinua seu fim e se circunscreve a eterna realeza de Cristo e se anuncia o termo de seu poder interminável, leiamos coisas semelhantes no Apóstolo: Porém, diz, a morte reinou desde Adão até Moisés (Rm 5,14). Ora, até então morriam os homens. Depois de Moisés ninguém mais morreu ou depois de Moisés não houve mais mortes de homens? Como vês a partícula "até" não indica fim do tempo; pelo contrário, Paulo quer insinuar que, ainda que Moisés fosse justo e admirável, mesmo assim a sentença de morte pronunciada contra Adão se estendeu a ele e aos seus sucessores. E isto, apesar de não terem cometido pecado como Adão, degustando do lenho proibido.

32. No mesmo sentido encontras ainda outro trecho: Até o dia de hoje, sempre que eles leem Moisés, o véu persiste estendido sobre seus corações. Aquele "até o dia de hoje" (2Cor 3,14) será que ia só até Paulo? Não vai até o presente e não irá até a consumação? Mas se Paulo disse aos coríntios: Mas de fato chegamos até vós a pregar o Evangelho; nutrimos a esperança de que, ao crescer vossa fé, levaremos o Evangelho também para além de vossas fronteiras (2Cor 10,14), vês claramente que aquele "até" não indica um termo, mas antes implica algo que se segue. Como, pois, deves entender aquelas palavras "até que ponha os inimigos"? Assim como Paulo alhures diz: Exortai-vos mutuamente cada dia, enquanto perdura o hoje (Hb 3,13), isto é, sempre e continuamente. Como não se pode falar de um princípio dos dias de Cristo (Hb 7,3), assim não permitas que alguém fale do fim de seu reino. Pois o seu reino é um reino eterno, conforme está escrito (Dn 3,100).

33. Teria ainda outros testemunhos tirados das Divinas Escrituras sobre o reinado eterno e interminável de Cristo. Mas, pela hora avançada, contento-me com o que referi acima. E tu, ouvinte, adora unicamente aquele Rei, fugindo de todo o engano herético. Deus querendo, as restantes verdades da fé vos serão expostas a seu tempo. O Deus do universo vos guarde a todos, lembrados dos sinais da consumação e invictos na luta contra o anticristo. Conheces os sinais do enganador que virá. Conheces os indícios do verdadeiro Cristo que virá manifestamente dos céus. Foge do pseudocristo. Espera o Cristo verdadeiro. Aprendeste o caminho de como, ao seres julgado, te encontrares à direita. Guarda o depósito a respeito de Cristo (1Tm 6,20) sobressaindo com obras boas (1Tm 2,10) a fim de que com confiança te apresentes ao Juiz e entres no Reino dos Céus. Por Ele e com Ele se dê glória a Deus, com o Espírito Santo, pelos séculos dos séculos. Amém.

Catequese 16
Sobre o Espírito Santo no AT

Feita em Jerusalém de improviso sobre as palavras: E em um só Espírito Santo Paráclito, que falou pelos profetas. Leitura da Primeira Epístola aos Coríntios: Não quero, irmãos, no que diz respeito aos dons espirituais, que estejais na ignorância... e mais adiante: Há diversidade de dons, porém um mesmo é o espírito... (1Cor 12,1-4).

1. É verdadeiramente necessária a graça do Espírito para tratar do Espírito Santo. Isto não para que falemos do tema como merece, pois é impossível, mas para que discorramos sem perigo sobre o que dizem as Divinas Escrituras. Infunde grande temor o que está escrito nos Evangelhos quando Cristo diz com toda clareza: Quem falar uma palavra contra o Espírito Santo não será perdoado nem neste século nem no futuro (Mt 12,32). E é muitas vezes de temer que alguém, ou por ignorância ou por pretensa piedade, fale dele o que não devia e, assim, atraia sobre si a condenação. Jesus Cristo, juiz dos vivos e dos mortos, afirmou que quem assim age não tem perdão. Se alguém, portanto, tropeça, que esperança poderá alimentar?

2. É, pois, mister Jesus Cristo conceder-nos a nós a graça de falarmos sem erro e a vós de escutardes com compreensão. Há necessidade de inteligência, não só no que fala, mas também nos ouvintes para que não escutem uma coisa e erroneamente concebam outra na mente. Falemos, portanto, do Espírito Santo só o que está escrito. Se alguma coisa não está escrita, não nos demos a curiosas buscas. O próprio Espírito Santo falou nas Escrituras. Ele próprio falou de si mesmo o que quis ou que éramos capazes de compreender. Diga-se, pois, o que Ele ensinou, já que o que Ele não ensinou também não nos atrevemos fazê-lo.

3. Um só é o Espírito Santo, o Paráclito. Como um é o Deus Pai, e não há outro Pai; como um é o Unigênito Filho e Verbo de Deus, e não tem irmão, assim um só é o Espírito Santo e não há outro Espírito que se lhe iguale em honra (1Cor 8,6). É, portanto, o

Espírito Santo sumo poder, algo divino e imperscrutável. Vive e é dotado de razão. Santifica todas as coisas que Deus criou por Jesus Cristo. Ilumina as almas dos justos. Operou nos profetas e nos apóstolos do Novo Testamento. Sejam abominados os que têm a ousadia de separar a operação do Espírito Santo. Um é Deus, o Pai, Senhor do Antigo e Novo Testamento. Um é o Senhor, Jesus Cristo, profetizado no Antigo e presente no Novo. Um é o Espírito Santo, que através dos profetas pregou sobre Cristo. Descendo depois da vinda de Cristo (Mt 3,16), deu testemunho dele.

4. Ninguém, pois, separe o Antigo do Novo Testamento. Ninguém diga que um é o Espírito lá e outro aqui. Caso contrário, ofende ao Espírito Santo que com o Pai e o Filho é glorificado e compreendido na Santa Trindade no tempo do santo batismo. Expressamente o unigênito Filho ordena aos apóstolos: Ide, fazei discípulos meus todos os povos, batizando-os em nome do Pai, e do Filho e do Espírito Santo (Mt 28,19). A nossa esperança está no Pai, no Filho e no Espírito Santo. Não anunciamos três deuses; calem-se os marcionitas. Proclamamos com o Espírito Santo, através do único Filho, um único Deus. Indivisa é a fé, inseparável a piedade. Não fazemos separação na Santíssima Trindade, como alguns, nem confusão, como Sabélio. Mas com piedade conhecemos um Pai que enviou o Filho como redentor. Conhecemos um Filho que prometeu mandar-nos do Pai o Paráclito (Jo 15,26). Conhecemos o Espírito Santo que falou pelos profetas e desceu em línguas de fogo sobre os apóstolos no dia de Pentecostes (At 1,1-3), aqui em Jerusalém, no andar superior da Igreja dos apóstolos. Todas as graças recebemos. Aqui, Cristo desceu dos céus. Aqui desceu o Espírito Santo dos céus. Seria conveniente que assim como pregamos sobre Cristo e o Gólgota aqui no Gólgota, falássemos sobre o Espírito Santo no andar superior daquela igreja. No entanto, como é partícipe da glória de quem aqui foi crucificado aquele que lá desceu, fazemos a prática sobre quem lá desceu cá neste lugar. Nossa piedade não admite divisão.

5. Queremos falar algo sobre o Espírito Santo. Isto não para explicar com exatidão sua substância, pois seria impossível. Nossa intenção é estigmatizar alguns erros que dizem respeito a Ele, a fim de não cairmos neles pelo fato de os ignorarmos. Queremos fechar os caminhos do erro para só andarmos na via régia [da verdade]. Se, para segurança, expomos agora algum dito herético, recaia isto sobre a cabeça dos hereges. Nós, tanto o pregador quanto os ouvintes, queremos estar imunes [contra o erro].

6. Os hereges, extremamente ímpios em tudo, também contra o Espírito Santo aguçaram a língua

(Sl 139,4) e tiveram a ousadia de dizer contra Ele coisas infandas, conforme o autor Ireneu escreveu em seu Tratado contra as Heresias. Uns têm a coragem de chamar a si mesmos de Espírito Santo. O primeiro deles foi Simão Mago de quem tratam os Atos dos Apóstolos (8,9). Excluído [da Igreja] teve a ousadia de tal coisa ensinar. Os que se dizem gnósticos, mas na realidade são ímpios, estabeleceram outras heresias contra o Espírito e os valentinianos criminosos ainda outras. O ímpio Manés leve a audácia de dizer que ele próprio era o Paráclito enviado por Cristo. Ainda outros afirmam que é um nos profetas e outro no Novo Testamento. Múltiplo é seu erro, mais a sua blasfêmia. Abomina e foge dos que blasfemam contra o Espírito Santo. Não têm perdão. Que comunhão tens com os destituídos de toda a esperança, tu que agora serás batizado no Espírito Santo? Se quem se torna cúmplice de ladrão (Sl 49,18) está sujeito ao castigo, que esperança terá aquele que se rebela contra o Espírito Santo?

7. Sejam abominados também os marcionitas que eliminaram do Novo Testamento as palavras do Antigo Testamento. O impiíssimo Marcião, que como primeiro estabeleceu a doutrina dos três deuses, outrossim como primeiro cortou – cônscio de que no Antigo Testamento estão contidos os testemunhos proféticos sobre Cristo – os testemunhos veterotestamentários, a fim de faltarem ao Rei as testemunhas. Deve-se odiar os gnósticos acima descritos, pois são [sábios] só pelo nome. Na realidade são cheios de ignorância. Atrevem-se a dizer do Espírito Santo o que eu nem tenho coragem de citar.

8. Sejam abominados ainda os catafrígios e Montano, autor dos malefícios, com suas duas pretensas profetisas Maximila e Priscila. Este Montano, louco varrido (pois tal não diria se não fosse doido), teve o atrevimento de dizer ser ele mesmo o Espírito Santo. Era homem abjeto, cheio de impureza e luxúria. Contentamo-nos aqui em esboçá-lo, pelo respeito que devemos às mulheres presentes. Montano tomou conta de Pepuza, minúscula aldeia da Frígia, e denominou-a falsamente de Jerusalém. Sob pretexto do que chamam de mistérios, julgava desgraçados os meninos das mulheres e os trinchava para suas ceias infames (por esse motivo, nós, até há pouco, enquanto ferviam as perseguições, éramos suspeitos de praticar tais infâmias, porque os montanistas falsamente usavam o mesmo nome de cristãos). Este Montano teve a audácia de se chamar Espírito Santo, ele, que estava cheio de impiedade e desumanidade, inexoravelmente entregue à condenação.

9. A este combate associou-se, como se disse anteriormente, o mui ímpio Manés, no qual se reúnem os erros de todas as heresias. Sendo o mais fundo pélago de perdição, coligindo os erros de todas as heresias, elaborou e ensinou ainda um novo erro. Teve a coragem de dizer que ele era o Paráclito que Cristo prometera enviar. Ora, o Salvador, ao prometê-lo, disse aos apóstolos: Mas vós haveis de permanecer na cidade de Jerusalém até revestir-des a força do alto (Lc 24,49). Que direi, pois? Será que os apóstolos, mortos há duzentos anos, esperavam por Manés, até se revestirem da força? Ousará alguém negar que desde então estavam cheios do Espírito Santo? Está escrito: Então impuseram-lhes as mãos e eles receberam o Espírito Santo (At 8,17). Ora, isto não aconteceu antes de Manés e antes de muitos anos, quando desceu o Espírito Santo no dia de Pentecostes?

10. Por que foi Simão Mago condenado? Não foi porque se aproximou dos apóstolos e disse: Dai-me também a mim este poder, de modo que, impondo as mãos a alguém, receba o Espírito Santo? (At 8,19). Não disse; Dai-me a comunhão do Espírito Santo, mas sim o poder para vender a outros o que não se vende e que ele próprio não recebera. Ofereceu dinheiro a homens que não o cobiçavam (At 8,18). Isto fazia à vista dos que traziam o preço do que tinham vendido e o depositavam aos pés dos apóstolos (At 4,34s.). Não ponderava que os homens que depositavam aos pés os bens oferecidos a favor dos pobres, não dariam o poder do Espírito Santo em troca de dinheiro. O que dizem eles a Simão? Que teu dinheiro seja para ti perdição, porque julgaste poder comprar com dinheiro o dom de Deus (At 8,20). És um segundo Judas que pretendia vender a graça do Espírito Santo por dinheiro. Se, pois, Simão que por preço quis receber o poder se perdeu, Manés, que se proclamou ser ele mesmo o Espírito Santo, não será réu de impiedade? Abominemos os que merecem ódio; afastemo-nos de quem Deus se afasta. Digamos aberta e confiantemente a Deus sobre todos os hereges: Porventura não odiei eu, Senhor, os que te odiavam? E não me consumia por causa dos teus inimigos? (Sl 138,21). Existe uma inimizade louvável, como está escrito: Porei inimizade entre ti e a descendência dela (Gn 3,15). A amizade com a serpente produz inimizade com Deus e gera a morte (Tg 4,4).

11. Isto baste sobre os que foram excluídos [da Igreja]. Voltemos às Sagradas Escrituras e bebamos água de nossos vasos [os Santos Padres] e das fontes de nossos poços (Pr 5,15), bebamos da água viva que jorra para a vida eterna (Jo 4,14; 7,38). Isso disse o Salvador sobre o Espírito, o qual haviam de receber os que nele cressem (Jo 7,39). Considera o que Ele diz: Aquele que crer em mim, não pura e simplesmente, mas: segundo diz a Escritura (remete ao Antigo Testamento), rios de água viva hão de manar-lhe do seio (Jo 7,38). Não rios no sentido perceptível, que simplesmente irrigam a terra e a fazem produzir espinhos e árvores, mas sim rios que iluminam as almas. Em outro lugar diz [Jesus]: A água que eu lhe der tornar-se-á nele uma fonte a jorrar para a vida eterna (Jo 4,14). É uma nova espécie de água que vive e jorra, jorra sobre os que são dignos.

12. Por que chamou [Cristo] a graça espiritual de água? Porque à água se deve a consistência de todas as coisas. A água produz plantas e animais; porque a água das chuvas desce dos céus; porque, ainda que desça uniformemente, opera de diversos modos. Uma fonte irriga todo o paraíso. Uma e a mesma chuva cai no mundo inteiro e se torna branca no lírio, vermelha na rosa, roxa nos goivos e jacintos, e nas mais diferentes criaturas toma os mais variegados e cambiantes matizes: uma na palmeira, outra na videira, sendo tudo em todas as coisas. Sendo uniforme, não se diferencia de si mesma (Jo 2,10). A chuva não se transforma, descendo ora de um, ora de outro modo. Acomoda-se aos que a recebem, tornando-se para cada um o que lhe convém. Assim também o Espírito Santo, sendo um, uniforme e indivisível, distribui a cada um a graça conforme quer (1Cor 12,11). E assim como a árvore ressequida, ao receber a água, lança brotos, assim também a alma que vivera em pecados, tornando-se digna, pela penitência, de receber o Espírito Santo, produz uvas de justiça. Sendo uniforme, pela vontade de Deus e em nome de Cristo opera as mais variadas virtudes. De um usa da língua para a sabedoria, de outro ilumina a alma para a profecia, a um terceiro concede o poder de expulsar demônios, a outro ainda a faculdade de interpretar as Escrituras. De um fortalece a temperança [ou castidade], a outro ensina como desprezar as comodidades do corpo: a este prepara para o martírio. Em um opera assim, em outro de modo diverso, embora permaneça sempre o mesmo. Pois está escrito: A cada um é outorgada a manifestação do Espírito para utilidade comum. A um é dada pelo Espírito a palavra da sabedoria; a outro, a palavra de ciência, segundo o mesmo Espírito; a outro, a fé, no mesmo Espírito; a outro, o dom de curas, no mesmo Espírito; a outro, operações de milagres; a outro a profecia; a outro o discernimento de espíritos; a outro, gêneros de línguas; a outro a interpretação de línguas. Todas estas coisas opera o único e mesmo Espírito que distribui a cada um conforme quer (1Cor 12,7-11).

13. Sendo que as Divinas Escrituras referem muitas e variadas coisas sobre o espírito, há o perigo de alguém se confundir, não sabendo a que espírito atribuir o que está escrito. É de obrigação assinalar certas notas que digam qual é o espírito que a Escritura chama de Santo. Assim como Aarão é chamado cristo (Lv 4,5) [ungido], Davi (Sl 131,10), Saul (1Sm 24,7) e outros são apelidados cristos, mas um só é o verdadeiro Cristo, assim também a denominação "espírito" é referida às mais diversas realidades. É bom, pois, ver qual é propriamente o que se chama Espírito Santo. Muitas coisas são as que levam o nome de espírito. Também o anjo é chamado espírito. E uma grande virtude é chamada espírito. Uma ação má é chamada espírito. O demônio, nosso adversário, é chamado espírito. Cuida-te, pois, que, ao ouvires todas estas coisas, pela semelhança dos nomes não tomes uma pela outra. Sobre a nossa alma diz a Escritura: Quando se lhe for o espírito, voltará ao pó (Sl 145,4). Da mesma alma diz alhures: ele forma o sopro [espírito] que o homem tem em si (Zc 12,1). Dos anjos se diz nos salmos: Faz dos espíritos [ventos] os seus mensageiros e dos flamejantes relâmpagos seus ministros (Sl 103,4). E do vento diz: Com espírito [vento] impetuoso despedaças as naus de Társis (Sl 47,8). E ainda: Como as árvores das florestas agitadas pelos espíritos [ventos] (Is 8,2). E: Fogo e granizo, neve e gelo, espírito [vendaval] proceloso (Sl 148,8). A respeito da boa doutrina o próprio Senhor diz: As palavras que eu vos tenho falado são espírito e vida (Jo 6,64); isto é, são espirituais. O Espírito Santo não é expresso pela língua; mas é vivo, dá a faculdade de falar com sapiência. É Ele que fala e comunica.

14. Queres saber o que Ele fala e comunica? Filipe, por revelação de um anjo, desceu à estrada que leva a Gaza, pela qual o eunuco andava. E disse o Espírito a

Filipe: Aproxima-te e achega-te a este carro (At 8,29). Vês o Espírito falar a quem o escutava? E Ezequiel diz assim: Então veio sobre mim o Espírito do Senhor e me disse: Isto diz o Senhor (Ez 11,5). E ainda: Disse o Espírito Santo aos apóstolos em Antioquia: Segregai-me Barnabé e Saulo para a obra a que os chamei (At 13,2). Enxergas o Espírito que vive, segrega, chama e envia com autoridade. E Paulo diz: Em todas as cidades o Espírito Santo me adverte, dizendo que me esperam cadeias e tribulações (At 20,23). O Espírito Santo Paráclito é o bom santificador, auxiliador e mestre da Igreja. Sobre Ele disse o Salvador: Ele vos ensinará tudo. Não só disse: "ensinará", mas também: Vos trará à memória tudo quanto vos disse (Jo 14,26). Na verdade, os ensinamentos de Cristo não são uns e os do Espírito Santo outros. Ambos são idênticos. [Este Espírito] preanunciou a Paulo a sua sorte (At 20,23), a fim de que a presciência o tornasse mais corajoso. Estes comentários vos fiz em vista do que acima citei: As palavras que eu vos tenho falado são espírito (Jo 6,24). Aqui deves entender a palavra espírito, como sã doutrina e não como fala dos lábios.

15. Também o pecado é chamado espírito, como já o dissemos. Aqui espírito é tomado em outro sentido, oposto, como quando se diz: O espírito de infidelidade os perde (Os 4,12). É outrossim chamado espírito o espírito impuro, o demônio (Lc 11,24), mas com o adjetivo "impuro". A cada espírito se junta o apelido que o caracteriza. Falando-se da alma do homem, diz-se espírito com a adição do homem (1Cor 2,11); do vento se diz espírito de tempestade (Sl 106,25). Pensando-se no pecado, diz-se espírito de fornicação; conotando o demônio, diz-se espírito impuro, a fim de que saibamos de que se trata e não creias que se fala do Espírito Santo. Deus nos livre! Pois a palavra espírito é uma palavra ambígua. Tudo o que não tem corpo espesso, comumente é chamado espírito. E uma vez que os demônios não possuem tais corpos, são chamados espíritos. Grande é a diferença. O demônio imundo, ao entrar na alma de um homem (preserve Deus disto toda alma dos ouvintes e ainda a dos ausentes que hão de vir) como o lobo sanguinário, pronto a devorar, se precipita sobre a ovelha. Ferocíssima é sua presença, terrível sua percepção. A alma é obscurecida pelas trevas. Ataca injustamente e se apossa do que não é seu. Na sua violência se serve de corpo estranho e instrumento alheio como se fossem próprios (Mc 9,17.19). Abate a quem está de pé (pois é familiar daquele que se precipitou do céu (Lc 10,18)), confunde a linguagem, faz os lábios se moverem convulsivamente. O homem se afunda na escuridão e, tendo os olhos abertos, não enxerga por eles a alma. Palpita e treme o pobre homem diante da morte. Na verdade, são inimigos do homem os demônios, que os maltratam sem dó nem piedade.

16. Não é assim o Espírito Santo. Deus nos livre! Pelo contrário, toda a sua atuação é para o bem e salvação. Em primeiro lugar sua chegada é suave. Aonde chega, se espalha aroma. Mui leve é seu jugo. Raios de luz e ciência antecedem sua chegada. Vem como leal protetor, pois vem para salvar, sarar, ensinar, admoestar, fortalecer, consolar, iluminar a mente: primeiro a daquele que o recebe e, através dele, também a dos outros. Como alguém que está nas trevas e de repente enxerga o sol, pela iluminação do olho corporal, vê claramente o que antes não via, assim quem se torna digno de receber o Espírito Santo terá a alma iluminada e de modo sobre-humano vê o que não sabia. Embora o corpo esteja na terra, a alma, como em espelho, contempla as coisas do céu. Vê, como Isaías, o Senhor sentado num trono alto e elevado (Is 6,1). E vê, como Ezequiel, aquele que está sobre os querubins (Ez 10,1). Vê, como Daniel, dez mil miríades e mil milhares (Dn 3,10). O homem, pequenino que é, considera o começo do mundo e seu fim, o meio dos tempos e a sucessão dos reis. Essas coisas ele não aprendeu, pois nele está presente o verdadeiro lucífero. O homem está fechado dentro de paredes, mas o poder de seu conhecimento vai longe, de modo que sabe até o que os outros fazem.

17. Pedro não estava presente quando Ananias e Safira venderam suas propriedades. Mas pelo Espírito estava presente. Por que, diz Pedro, satanás se apoderou do teu coração, para mentires ao Espírito Santo? (At 5,3). Não havia acusador nem testemunha; donde, pois, sabia do acontecido? Acaso sem vendê-lo não o tinhas para ti e, vendido, não ficava à tua disposição o preço? Por que em teu coração deliberaste fazer tal coisa? (At 5,4). Pedro, homem sem letras, aprendera pela graça do Espírito Santo aquilo que nem os sábios dos gregos conheciam. Tens um exemplo semelhante em Eliseu. Curando-o gratuitamente a lepra de Naamã, recebeu Giezi o pagamento. Fez-se pagar pelo bem que um outro tinha feito. Recebeu de Naamã o dinheiro e o escondeu em lugar trevoso. Mas as trevas não existem para os santos (Sl 138,12). E Eliseu perguntou-lhe, ao voltar, à semelhança do que Pedro dissera: Dize-me: por quanto vendeste o campo? (At 5,8). Eliseu indaga: Donde vens, Giezi? (2Rs 5,25) não porque ignorasse, mas porque fora tocado de tristeza faz a pergunta: De onde? Vens das trevas e para as trevas irás. Recebeste o preço da cura do leproso e terás como herança a lepra. Executei, diz Ele, a ordem de quem me disse: De graça recebestes, dai-o de graça (Mt 10,8). Mas tu vendeste a graça. Recebe o resultado de tua ação. Mas o que Eliseu lhe disse? Não estava porventura presente meu espírito? (2Rs 5,26). Aqui estava eu segundo o corpo; mas o espírito que Deus me deu enxergou de longe e me mostrou o que aconteceu em outro lugar. Vês, portanto, que não só tira a ignorância, mas em lugar dela dá o conhecimento. Vês como o Espírito Santo ilumina as almas.

18. Isaías viveu há mais ou menos mil anos. Viu Sião como uma tenda. A cidade ainda estava em pé, adornada com praças e revestida de glória. Mesmo assim diz: Sião será como um campo lavrado (Mq 3,12), predizendo o que em nosso tempo aconteceu. E vê a exatidão da profecia, pois afirma: A filha de Sião está solitária, como tenda numa vinha, como choça num pepinal (Is 1,8). E, na realidade, agora o local está cheio de pepinos. Percebes como o Espírito Santo ilumina os santos? Não te deixes enganar pela semelhança da palavra, mas atém-te ao que está exatamente definido.

19. Se, por acaso, ao estares aqui sentado, veio-te a ideia da castidade e virgindade, quem te ensinou foi o Espírito Santo. Quantas vezes uma moça, que estava perto do tálamo nupcial, fugiu, sendo que Ele a instruía a respeito da virgindade? Quantas vezes, um homem ilustre nos palácios desprezou a riqueza e dignidade, ensinado pelo Espírito Santo? Quantas vezes um jovem, à vista de uma beleza, não fechou os olhos e evitou fixar os olhares, escapando assim de manchar-se? Donde vem isto, perguntas? O Espírito Santo ensinou a alma do jovem. Há tanta avareza no mundo e os cristãos vivem em pobreza. Por quê? Pela íntima iluminação do Espírito.

Na verdade, o Espírito Santo é algo precioso, bom. É com razão que somos batizados em nome do Pai, do Filho e do Espírito Santo (Mt 28,19). O homem, ainda revestido do corpo, luta com demônios ferocíssimos. E muitas vezes o demônio que não pode ser segurado com correntes de ferro, foi por Ele retido com orações, pelo poder do Espírito Santo que nele habita. Um simples sopro do exorcista se torna para o [inimigo] invisível como o fogo. Temos, portanto, da parte de Deus um poderoso auxiliar e protetor, um grande doutor da Igreja, um grande defensor. Não temamos os demônios nem o diabo. Pois maior é aquele que está de nosso lado no combate. Basta que lhe abramos as portas, pois ele roda à procura dos dignos (Sb 6,17), buscando a quem distribuir seus dons.

20. O Espírito Santo é chamado Paráclito [consolador], porque consola, anima e ampara nossa fraqueza: Porque não sabemos pedir o que nos convém, o próprio Espírito advoga por nós com gemidos inefáveis (Rm 8,26); isto é, diante de Deus, como é manifesto. Muitas vezes alguém, por amor de Cristo, é injuriado e desonrado: suporta tormentos de todos os lados, fogo, espada, feras e precipícios. Mas o Espírito Santo o anima, dizendo: Espera no Senhor (Sl 26,14), ó homem. Pouco é o que sofres, grande o que te é oferecido. Por pouco tempo te cansas, para estares eternamente com os anjos. Os padecimentos do tempo presente nada são em comparação com a glória que há de se manifestar em nós (Rm 8,18). O Espírito Santo pinta diante do homem o Reino dos Céus e mostra-lhe o paraíso das delícias (Gn 2,15). Embora os mártires fixassem os olhares corporais – porque não era possível fazer outra coisa – nos juízes, sua alma estava no paraíso e por isso não consideravam os tormentos terrenos.

21. Queres saber por que, pela força do Espírito Santo, os mártires dão testemunho? Diz o Salvador aos discípulos: Quando vos levarem às sinagogas, perante os magistrados e as autoridades, não vos preocupeis de como ou com o que haveis de responder ou dizer, porque o Espírito Santo vos ensinará naquela hora o que haveis de dizer (Lc 12,11s.). É impossível alguém sofrer o martírio por Cristo se não for levado pelo Espírito Santo. Pois se ninguém pode dizer: Jesus é Senhor, a não ser no Espírito Santo (1Cor 12,3), como poderia alguém sacrificar a vida por Jesus senão no Espírito Santo?

22. Grande, onipotente em seus dons e admirável é o Espírito Santo. Faze uma ideia de quantos estão presentes, quantas almas somos. Em cada um opera o que lhe convém. Estando no meio de nós, vê a atitude de cada um, vê os pensamentos e a consciência de cada um, o que falamos e o que raciocinamos. É, na verdade, grande o que acabo de dizer, mas ainda é pouco.

Imagina com a mente iluminada por Ele quantos são os cristãos de toda esta paróquia [diocese] e quantos de toda a província da Palestina. Estende o teu olhar desta província a todo o Império Romano; e deste ao universo inteiro: às tribos dos persas, às nações dos hindus, aos godos e sármatas, galos e hispanos e mouros, aos líbios e etíopes e aos outros, cujo nome até ignoramos, pois os nomes de muitos povos nem chegaram ao nosso conhecimento. Imagina de cada povo os bispos, os presbíteros e diáconos, os monges e virgens e mais o exército de leigos. Depois lembra-te como o grande guia e doador dos carismas em todo o universo inspira a um o voto de castidade, a outro o de virgindade, a este a prontidão em dar esmolas, a um o estímulo da pobreza e a outro o poder de expulsar espíritos adversários. E como a luz com a emissão de um só raio tudo ilumina, assim o Espírito Santo ilumina os que têm olhos. Se alguém está cego e não é achado digno da graça, culpe a própria infidelidade, mas não o Espírito.

23. Depois de teres considerado o poder do Espírito Santo, no universo, não fiques sobre a terra. Sobe àquilo que está no alto. Em espírito sobe ao primeiro céu e considera lá as miríades de incontáveis anjos. Em pensamento sobe, se podes, às regiões superiores; vê os arcanjos, vê os espíritos, vê as virtudes, vê as potestades, vê os principados, vê os tronos, vê as dominações. Sobre todos eles o Paráclito foi constituído por Deus como mestre e santificador. Têm necessidade dele Elias, Eliseu, Isaías, entre os homens; têm necessidade dele Miguel e Gabriel entre os anjos. Nenhuma criatura se lhe compara em honra, pois as ordens dos anjos e todos os exércitos reunidos não se igualam em poder e bondade ao Paráclito. Diante da bondade todo-poderosa, todos eles se ofuscam. Eles são enviados como espíritos ministradores (Hb 1,14.), pois o Espírito esquadrinha tudo, até as profundezas de Deus, como diz o Apóstolo: O Espírito esquadrinha tudo, até as profundezas de Deus. Quem dos homens conhece o que há no homem senão o espírito do homem, que nele está? Assim também as coisas de Deus ninguém as conhece senão o Espírito de Deus (1Cor 2,10ss.).

24. O Espírito de Deus, mediante os profetas, anunciou Cristo. Operou nos apóstolos. Ele, até hoje, no batismo sela as almas. E o Pai o dá ao Filho e o Filho comunica-o ao Espírito Santo. Pois é o próprio Jesus e não eu que o digo: Tudo me foi entregue por meu Pai (Mt 11,27). E sobre o Espírito diz: Quando vier aquele, o Espírito da verdade... Ele me glorificará, porque tomará do que é meu e vo-lo dará a conhecer (Jo 16,13s.). O Pai, através do Filho, com o Espírito Santo, concede todas as graças. Não são uns os dons do Pai, outros os do Filho e outros ainda os do Espírito Santo: uma é a salvação, um o poder, uma a fé (Ef 4,5). Um é Deus, o Pai; um o Senhor (1Cor 8,6), seu unigênito Filho; um o Espírito Santo, o Paráclito. Saber isto nos baste. Sobre a natureza e a substância não indagues curiosamente, pois se estas coisas estivessem escritas nós as anunciaríamos. Uma vez que não estão escritas, não temos coragem de anunciá--las. Chega saber o que se refere à salvação: que o Pai, o Filho e o Espírito Santo existem.

25. Este Espírito desceu sobre setenta anciãos nos tempos de Moisés (mas a prolixidade de nosso sermão não vos canse, queridos. O mesmo de quem falamos dê a todos, tanto a nós que falamos como a vós que me ouvis, a força necessária). Este Espírito, como já dissemos, desceu sobre os anciãos nos tempos de Moisés. Isto te digo para que saibas que o Espírito tudo sabe e opera como quer. Foram escolhidos os setenta anciãos, e o Senhor, na nuvem, tomou uma parte do espírito que animava Moisés e o pôs sobre os setenta anciãos (11,24s.). Não que dividisse o Espírito, mas a graça foi dividida, conforme a força de cada um e a capacidade de cada um receber. No entanto, sessenta e oito estavam presentes e profetizaram. Heldade, porém, e Modade estavam ausentes. Mas para demonstrar que não era Moisés que distribuía, mas o Espírito quem operava, Heldade e Modade que, chamados, estavam ausentes, mesmo assim profetizaram.

26. Josué, filho de Nave e sucessor de Moisés, ficou admirado e, aproximando-se, disse a Moisés: Ouviste que Heldade e Modade profetizam? Foram chamados e não vieram. Moisés, meu senhor, impede-os (Nm 11,28). Mas ele: não posso impedi-los, pois a graça vem do céu. Tenho tanto horror de proibi-los porque eu próprio o possuo pela graça. Ora, suponho que não disseste isto levado pela inveja. Não sejas tão zeloso por mim, porque eles profetizaram. Tu ainda não profetizas. Espera o tempo oportuno. Prouvera a Deus que todo o povo do Senhor profetizasse e que o Senhor lhe desse o seu Espírito (Nm 11,29). Profeticamente acrescentou: Quando o Senhor desse... Até agora não o distribuiu a vós; ainda não o recebestes. Não o teriam recebido Abraão, Isaac, Jacó e José? Não o teriam recebido os homens que viveram antes de Moisés? É manifesto que "o Senhor desse" significa "a todos". Então a distribuição era restrita; agora a doação é completa. Insinuava o que iria acontecer no dia de Pentecostes entre nós. Foi o Espírito que desceu sobre nós. Desceu anteriormente sobre muitos, pois está escrito: Josué, filho de Nave, foi cheio do Espírito de sabedoria, porque Moisés lhe tinha imposto suas mãos (Dt 24,9). Em toda parte vês a figura [da imposição das mãos], tanto no Antigo como no Novo Testamento. Nos tempos de Moisés, pela imposição das mãos, foi distribuído o Espírito e Pedro, pela imposição das mãos, deu o Espírito (At 8,17). Também sobre ti virá a graça, ao seres batizado. Como, não o digo, pois não quero antecipar-me ao tempo próprio.

27. O Espírito Santo desceu sobre todos os justos e profetas, a saber: Enoc, Noé e os outros, Abraão, Isaac e Jacó. Que José tinha em si o Espírito de Deus (Gn 41,38), o próprio Faraó o reconheceu. Sobre Moisés e as maravilhas operadas por ele na força do Espírito já ouviste muitas vezes. Possuía-o o heroico Jó e todos os santos, embora não possamos declinar o nome de todos. Ele também foi enviado na construção do tabernáculo, enchendo de sabedoria Beseleel e seus companheiros (Ex 31,2-3.6; 36,1).

28. Na virtude deste Espírito, conforme lemos no Livro dos Juízes, Otoniel julgou (Jz 3,10), Gedeão se fortificou (Jz 6,3), venceu Jefté (Jz 11,29), Débora, a mulher, guerreou (Jz 4,4ss.) e Sansão, enquanto agiu com justiça e não entristeceu o Espírito, operou coisas sobre-humanas (Jz 13,25; 14,6.19). Sobre Samuel e Davi temos os claros relatos dos Livros de Samuel de como profetizavam no Espírito Santo e como foram os guias dos profetas. Samuel era apelidado: o Vidente (1Sm 9,9.11). Davi diz expressamente: O Espírito do Senhor falou sobre mim (2Sm 23,2). E nos salmos: Não me priveis de vosso Santo Espírito (Sl 50,13). E ainda: Vosso Espírito de bondade me conduza pelo caminho reto (Sl 142,11).

Conforme lemos no Livro das Crônicas, receberam o Espírito Santo: Azarias nos tempos do Rei Asafe (2Cr 15,1) e Oziel nos tempos de Josafá (2Cr 20,14) e ainda um segundo Azarias, que foi apedrejado (2Cr 24,20s.). Esdras, porém, diz: Destes-lhes do vosso bom Espírito, para torná-los prudentes (Ne 9,20). Quanto a Elias, que foi elevado ao céu, e Eliseu, destes homens espirituais e taumaturgos é sabido, ainda que não o mencionássemos, que estavam cheios do Espírito Santo.

29. Se alguém folheasse todos os profetas, tanto os doze quanto os outros, encontraria inúmeros testemunhos sobre o Espírito Santo. Miqueias, na pessoa de Deus, diz: Se eu não o encher da força do Espírito do Senhor... (Mq 3,8). E Joel exclama: Depois disto acontecerá, diz o Senhor, que derramarei o meu Espírito sobre toda a carne... (Jl 2,28). E Ageu afirma: Por isto estou convosco, diz o Senhor todo-poderoso, e meu Espírito habitará no meio de vós (Ag 2,5ss.). E Zacarias igualmente: Recebei, porém, minhas palavras e minhas ordens que eu anuncio pelos meus servos, os profetas, no Espírito Santo... (Zc 1,6).

30. Isaías, o eloquentíssimo arauto, diz: Sobre Ele repousará o Espírito do Senhor, Espírito de sabedoria e de entendimento, Espírito de conselho e de fortaleza, Espírito de ciência e piedade, enchendo-o do Espírito de temor de Deus (Is 11,2s.). Quer dizer com isto que

Ele é um e indivisível, mas diversas as suas operações. E ainda: Jacó, meu servo... (Is 42,1) fiz repousar sobre Ele meu Espírito (Is 42,1). E de novo: Derramarei o meu Espírito sobre a tua descendência (Is 44,3). E ainda: E agora o Senhor Deus, todo-poderoso, com seu Espírito me envia (Is 48,16). E mais: Eis minha aliança com eles, diz o Senhor: meu Espírito que sobre ti repousa (Is 59,21). E adiante: O Espírito do Senhor repousa sobre mim... (Is 61,1). E ainda o que contra os judeus proclama: Mas eles se rebelaram e ofenderam seu Santo Espírito (Is 63,10). E: Onde está aquele que pôs neles seu Santo Espírito? (Is 63,11). Tens ainda em Ezequiel (se de resto não te cansas de continuar a ouvir) o que já se comemorou: E o Espírito se apoderou de mim e me disse: Fala: isto diz o Senhor (Ez 11,5). O "que se apoderou de mim" deve ser entendido corretamente; isto é, em sentido amigável, assim como o relato: quando Jacó se encontrou com José, jogou-se ao seu pescoço (Gn 46,29); ou como nos Evangelhos o pai carinhoso, ao ver o filho que voltava da terra estranha, se compadeceu, correu e se lhe lançou ao pescoço e o beijou (Lc 15,20). E de novo Ezequiel: E conduziu-me à terra dos caldeus, junto dos exilados, em visão, pelo Espírito de Deus (Ez 11,24). E já anteriormente nestas catequeses batismais ouviste esta citação: Derramarei sobre vós águas puras... Eu vos darei um coração novo e em vós porei um espírito novo (Ez 36,25s.). E logo adiante: Dentro de vós meterei meu Espírito (Ez 36,27). E de novo: E a mão do Senhor desceu sobre mim e arrebatou-me no Espírito do Senhor (Ez 37,1).

31. O mesmo Espírito tornou a alma de Daniel sábia, de modo que um jovem se fez juiz dos anciãos. Susana, a casta, fora condenada por motivo de uma falta contra a castidade. Não havia ninguém que intercedesse por ela; quem a salvaria das mãos dos juízes? Era levada à morte; já estava nas mãos dos carrascos (Dn 13,41-45). Mas estava presente o auxiliador, o Paráclito, o Espírito que santifica toda natureza racional. Vem, ó jovem, diz a Daniel, acusa os anciãos, contagiados por pecados de juventude, pois está escrito: Deus suscitou o Espírito Santo num adolescente (Dn 13,45). E para dizê-lo numa palavra: com a defesa de Daniel ficou salva a mulher casta. Recordamos tudo isto para testemunho, pois não é tempo de exegese. Também Nabucodonosor reconhecera que em Daniel estava o Espírito Santo, pois lhe disse: Baltasar, chefe dos encantadores, sei que reside em ti o Espírito Santo de Deus (Dn 4,6). Uma coisa das que disse estava certa; a outra era falsa. Que tinha o Espírito Santo, estava certo; mas que era encantador não, pois não era mago e sim sábio pelo Espírito. Já anteriormente lhe interpretara o sonho sobre a estátua, do qual, no entanto, não se lembrava. Conta-me, disse-lhe, a visão (Dn 2,31s.), da qual eu que a vi não me lembro mais. Vês aí o poder do Espírito Santo? Aquilo que os que veem não sabem, os que não veem conhecem e interpretam.

32. Seria possível mencionar ainda muitos outros testemunhos do Antigo Testamento referentes ao Espírito Santo, para explanar mais largamente a doutrina sobre Ele. Mas curto é o tempo e o pregador deve saber manter a medida. Portanto, vamos contentar-nos com o que mencionamos do Antigo Testamento e, Deus querendo, na próxima catequese trataremos do que está no Novo Testamento. O Deus da paz, por nosso Senhor Jesus Cristo e pela caridade do Espírito (Rm 15,30), vos torne dignos de todos os dons espirituais e celestes. A Ele a glória e o império pelos séculos dos séculos. Amém.

Catequese 17
Sobre o Espírito Santo no NT

Feita em Jerusalém de improviso sobre o Espírito Santo (continuação). Leitura da Primeira Epístola aos Coríntios: A um é dada pelo Espírito a palavra de sabedoria (1Cor 12,8) etc.

1. Na catequese anterior, na medida de nossas forças, propusemos aos ouvidos de vossa caridade pequena parte dos testemunhos sobre o Espírito. Na presente catequese. Deus querendo, e o quanto pudermos, atacaremos os testemunhos que devem ser citados do Novo Testamento. Pois lá, para não excedermos a medida do sermão, pusemos termo (pois inexausto é o tema sobre o Espírito Santo) para agora relembrar a mínima parte do que ainda falta dizer. Com toda simplicidade confessamos: o muito que está escrito supera nossa fraqueza. Também hoje nos servimos, não de expediente humano (pois não teria valor probatório), mas somente das Divinas Escrituras (que são o caminho mais seguro, conforme diz São Paulo: Deles [dos dons] vos falamos e não com estudadas palavras de humana sabedoria, mas com palavras aprendidas do Espírito, adaptando aos espirituais os ensinamentos espirituais (1Cor 2,13)). Procedamos à semelhança de viajantes e navegantes que, embora procurem com grande zelo alcançar o termo da viagem, pela fraqueza humana costumam parar em várias cidades e portos.

2. Embora falemos em práticas separadas sobre o Espírito Santo, Ele próprio é indiviso: é um e o mesmo. Assim como ao falarmos do Pai, tratamos de sua unidade, depois como é chamado Pai ou Onipotente, a seguir de como é o criador do universo, com a divisão das catequeses não fizemos uma divisão da fé, pois um foi e é o termo da piedade, assim também ao tratarmos do Filho unigênito de Deus, uma vez falamos da divindade e outra da humanidade. Nas muitas conferências que fizemos sobre nosso Senhor Jesus Cristo, dividindo tudo por temas, anunciamos a fé no mesmo Senhor. Também agora, dividindo as catequeses sobre o Espírito Santo, anunciamos a fé indivisa nele. Um e o mesmo é o

Espírito que distribui os dons a cada um conforme quer (1Cor 12,12). Mas Ele continua indiviso. Não é outro o Paráclito, ao lado do Espírito Santo; mas um e o mesmo, designado por nomes diversos: que vive e subsiste, que fala e opera, que santifica todas as criaturas racionais, feitas pelo Pai em Cristo, tanto homens como anjos.

3. Mas para que alguns não se deixem enganar pelas muitas denominações do Espírito Santo, crendo por ignorância que estes espíritos são diversos, e não um e o mesmo, a Igreja Católica, solícita de tua segurança, pela profissão da fé, te ensinou a crer em um Espírito Santo, o Paráclito que falou pelos profetas. Deves saber que muitas são as denominações, mas um só o Espírito Santo. Destas muitas denominações agora vamos explicar algumas.

4. É denominado Espírito, segundo o que foi lido há pouco: A um é dada pelo Espírito a palavra de sabedoria (1Cor 12,8). É chamado Espírito de verdade, conforme diz o Salvador: Quando vier aquele, o Espírito da verdade (Jo 16,13). É designado ainda Paráclito, conforme diz o mesmo: Se eu não me for, não virá a vós o Paráclito (Jo 16,7). Que Ele seja o mesmo, apesar dos vários nomes, aparecerá do que vou dizer logo mais. Que o Espírito Santo seja idêntico ao Paráclito está dito: o Paráclito, o Espírito Santo... (Jo 14,26). Que o Paráclito seja idêntico ao Espírito da verdade, se deduz de: E eu vos darei outro Paráclito que estará convosco para sempre: o Espírito da verdade (Jo 14,16). E ainda: Quando vier o Paráclito que eu vos enviarei da parte do Pai, o Espírito da verdade (Jo 15,26). É chamado Espírito de Deus, conforme está escrito: E eu vi o Espírito de Deus descer (Jo 1,32). E ainda: Porque os que são movidos pelo Espírito de Deus, esses são filhos de Deus (Rm 8,14). É ainda chamado Espírito do Pai, como diz o Salvador: Não sereis vós que falareis, mas sim o Espírito de vosso Pai que falará em vós (Mt 10,20). E de novo Paulo: Por isto dobro meus joelhos ante o Pai (Ef 3,14), e logo adiante: Para que vos conceda o serdes poderosamente fortalecidos por seu Espírito (Ef 3,16). É designado ainda Espírito do Senhor, conforme Pedro diz: Por que combinastes em tentar o Espírito do Senhor? (At 5,9). É chamado Espírito de Deus e de Cristo, conforme escreve Paulo: Porém, vós não viveis segundo a carne, mas no espírito, se é que de verdade o Espírito de Deus habita em vós... Mas se alguém não possui o Espírito de Cristo, este não é de Cristo (Rm 8,9). É denominado ainda Espírito do Filho de Deus, conforme se descreve: E como prova de que sois filhos, Deus enviou o Espírito de seu Filho (Gl 4,6). Intitula-se ainda Espírito de Cristo, como está escrito: Em que e qual tempo o Espírito de Cristo neles morava... (1Pd 1,11). E de novo: ...por vossas orações e pela assistência do Espírito de Jesus Cristo (Fl 1,19).

5. Além destas, encontrarás muitas designações do Espírito Santo. É chamado Espírito de Santidade, como está escrito: Segundo o Espírito de santidade (Rm 1,4). É denominado Espírito de adoção, como Paulo escreve: Pois não recebestes o espírito de servos para recairdes no temor, antes recebestes o Espírito de adoção, pelo qual chamamos: Abba, Pai (Rm 8,15). É ainda chamado Espírito de revelação, conforme está escrito: Conceda-vos o Espírito de sabedoria e revelação no conhecimento dele (Ef 1,17). É nomeado também Espírito de promessa, como diz o mesmo [Paulo]: Nele [no Evangelho] crestes e fostes selados com o selo do Espírito Santo prometido (Ef 1,13). É ainda cognominado Espírito da graça, como quando de novo diz: E insulta o Espírito da graça (Hb 10,29). É outrossim designado com muitos outros títulos semelhantes. Ouviste claramente na catequese anterior que nos salmos às vezes é chamado bom (Sl 142,11), às vezes generoso (Sl 50,14) e em Isaías [Espírito] de sabedoria e entendimento, de conselho e fortaleza, de ciência e de piedade e de temor de Deus (Is 11,2s.). De tudo que se disse anteriormente e agora se infere que são muitos os nomes [do Espírito Santo], mas que um e o mesmo é o Espírito: eterno, pessoal, eternamente presente ao Pai e ao Filho. É espírito que sai não da boca ou dos lábios do Pai ou do Filho. Não é tampouco expirado. Não se difunde no ar. É pessoa, é quem fala, quem opera, quem reparte graças, quem santifica. A operação salutífera que procede do Pai e do Filho e do Espírito Santo a nosso respeito é naturalmente inseparável, concorde e única, como já temos exposto anteriormente. Portanto, quero que vos lembreis das coisas há pouco ditas e saibais cabalmente: não foi um Espírito que falou na lei e nos profetas e outro nos evangelhos e apóstolos. Mas é um e o mesmo Espírito Santo que no Antigo e Novo Testamento ditou as Divinas Escrituras.

6. Foi este Espírito Santo que desceu sobre a santa Virgem Maria. Por conseguinte, Cristo era o Unigênito que devia nascer. A força do Altíssimo a cobriu com sua virtude e o Espírito Santo desceu sobre ela (Lc 1,35) e a santificou para que pudesse conceber aquele por quem tudo foi criado (Jo 1,3). Não preciso usar de muitas palavras para te ensinar que o parto foi sem mancha e puro, pois tu sabes como Gabriel lhe disse: Eu sou o arauto das coisas que hão de acontecer, mas não o cooperador; embora seja arcanjo, conheço minha posição. Eu te trago a Boa-nova da alegria; mas como hás de dar à luz não depende de minha graça: O Espírito Santo virá sobre ti e a virtude do Altíssimo cobrir-te-á com sua sombra e por isso o Santo gerado [de ti] será chamado Filho de Deus (Lc 1,35).

7. Este mesmo Espírito Santo operou em Isabel. Conhece não só virgens, mas também cônjuges cujo matrimônio é legítimo. E encheu-se Isabel do Espírito Santo (Lc 1,41). De seu Senhor profetizou a boa serva: De onde me vem a dita que chegue a mim a Mãe de meu Senhor? (Lc 1,43). E Isabel achou-se bem-aventurada. Cheio do mesmo Espírito Santo também Zacarias, o pai de João (Lc 1,43), profetizou, dizendo de quantos bens o Unigênito seria o autor, e que João, pelo batismo, seria seu precursor. Pelo mesmo Espírito Santo fora revelado ao justo Simeão que não veria a morte antes de ver o Cristo do Senhor; tomando-o nos braços no templo deu publicamente testemunho do que se referia a Ele (Lc 2,26ss.).

8. João, que desde o seio de sua mãe estava cheio do Espírito Santo (Lc 1,15), foi santificado para que batizasse o Senhor. Não outorgou o Espírito, mas anunciou aquele que daria o Espírito. Pois disse: Eu vos batizo em água para a conversão... Ele vos batizará no Espírito Santo e no fogo (Mt 3,11). Mas para que com fogo? Porque a descida do Espírito Santo se fez em línguas de fogo (At 2,3). Exultante o Senhor falou disto: Eu vim lançar fogo à terra e o que quero, se ele já se acendeu? (Lc 12,49).

9. Este Espírito Santo desceu ao ser batizado o Senhor (Mt 3,16), para que a dignidade de quem era batizado não ficasse escondida, conforme João diz: Mas aquele que me enviou a batizar em água me disse: Aquele sobre quem vires descer o Espírito e pousar sobre Ele, este é o que batiza no Espírito Santo (Jo 1,33). Repara no que diz o Evangelho: Abriram-se os céus. Abriram-se pela dignidade de quem desceria. Eis que se abriram os céus, diz, e viu o Espírito de Deus descer como pomba e vir sobre Ele (Mt 3,16). Naturalmente a sua descida foi espontânea. Era mister, como interpretam alguns, que as primícias e os primeiros frutos do Espírito Santo, distribuídos aos batizados, fossem outorgados à humanidade do Salvador que nos deu tamanha graça. Talvez desceu em forma de pomba, como dizem alguns, para simbolizar a pomba pura, inocente e simples, que com suas orações opera a regeneração dos filhos e a purificação dos pecados. Fora predito enigmaticamente que os olhos de Cristo lembram a pomba. No Cântico dos Cânticos se diz do esposo: Teus olhos são como pombas à beira do regato (Ct 5,12).

10. Esta pomba foi parcialmente, conforme alguns autores, prefigurada pela arca de Noé. Como no seu tempo pelo lenho e pela água se realizou a salvação para eles e uma nova geração se iniciou, voltando pela tarde a pomba a Ele (Gn 8,8-10) com um ramo de oliva (Gn 8,11), assim, dizem, o Espírito Santo desceu sobre o verdadeiro Noé, o autor da segunda geração que une em concórdia os diversos povos – prefigurados pelos diversos gêneros de animais na arca – que com seu advento levou ao mesmo pasto os lobos e as ovelhas racionais e que na sua Igreja mantém na mesma pastagem bezerro, touro e leão (Is 11,6; 65,26): até ao dia de hoje vemos os príncipes serem conduzidos e ensinados pelos eclesiásticos. Desceu, portanto, como interpretam alguns, a pomba espiritual por ocasião do batismo, para mostrar que é o mesmo quem pelo lenho da cruz salva os crentes e pela tarde com sua morte outorga a salvação.

11. Sem dúvida, outras interpretações são possíveis. Mas agora ouçamos o que o próprio Salvador disse do Espírito Santo. Diz: Se alguém não nascer da água e do Espírito não entrará no Reino de Deus (Jo 3,5). E que a graça vem do Pai, exprime-o assim: Quanto mais o Pai celestial dará o Espírito Santo aos que lhe pedirem (Lc 11,13). E que é mister adorar a Deus em espírito afirma-o: Chegou, porém, o momento, e é agora, em que os verdadeiros adoradores adorarão o Pai em espírito e verdade, pois tais são os adoradores que o Pai procura. Deus é Espírito e os que o adoram devem adorá-lo em espírito e verdade (Jo 4,23s.). E de novo: Mas, se eu expulso os demônios pelo Espírito de Deus... E logo em seguida: Por isso vos digo: todo pecado e blasfêmia serão perdoados aos homens, porém a blasfêmia contra o Espírito não lhes será perdoada. Quem falar contra o Filho do Homem será perdoado, mas quem falar contra o Espírito Santo não será perdoado, nem neste século nem no futuro (Mt 12,28.31.32). E ainda declara: E eu rogarei ao Pai e Ele vos dará outro Paráclito que estará convosco para sempre, o Espírito da verdade, que o mundo não pode receber, porque não o vê nem o conhece; mas vós o conheceis, porque Ele permanece convosco e está em vós (Jo 14,16s.). E outra vez fala: Disse-vos estas coisas enquanto permaneço entre vós. Mas o Paráclito, o Espírito Santo que o Pai enviará em meu nome, este vos ensinará tudo e vos trará à memória tudo quanto eu vos disse (Jo 14,25s.). E mais uma vez: Quando vier o Paráclito que eu vos enviarei da parte do Pai, o Espírito da verdade que procede do Pai, Ele dará testemunho de mim (Jo 15,26). E ainda insiste o Salvador: Porque, se eu não me for, não virá a vós o Paráclito; mas se eu me for, vo-lo enviarei. E, vindo este, arguirá o mundo de pecado, de justiça e de juízo (Jo 16,7s.). E logo em seguida: Muitas coisas ainda tenho a vos dizer, mas não as podeis suportar agora; mas quando vier aquele, o Espírito da verdade, guiar-vos-á para a verdade completa, porque não falará de si mesmo, mas falará o que ouvir, e vos comunicará as coisas futuras. Ele me glorificará, porque tomará do que é meu e vo-lo dará a conhecer. Tudo quanto o Pai tem é meu, por isso eu vos disse: Ele tomará do que é meu e vo-lo dará a conhecer (Jo 16,12-15). Acabo de ler para ti as palavras do Unigênito, para não atenderes a palavras humanas.

12. A comunicação deste Espírito Santo foi concedida aos apóstolos. Está escrito: Dizendo isto, soprou e lhes disse: Recebei o Espírito Santo; a quem perdoardes os pecados, ser-lhes-ão perdoados; a quem os retiverdes, ser-lhes-ão retidos (Jo 20,22). Esta é a segunda insuflação, pois a primeira (Gn 2,7) foi obscurecida por pecados voluntários, para que se cumprisse o que está escrito: Subiu, assoprando no teu rosto, liberando-te da aflição (Na 2,1). Mas subiu de onde? Do reino dos mortos. Pois assim relata o Evangelho: Depois da ressurreição soprou sobre eles. Mas a graça que concede agora será dada em muito maior abundância, pois diz aos apóstolos: Estou pronto a dar, mas o vaso ainda não tem capacidade. Por enquanto recebei a graça que vos cabe, mas ficai à espera de graças maiores. Ficai na cidade de Jerusalém até vos revestirdes da força do alto (Lc 24,49). Agora recebei por parte; então levareis em abundância. Quem recebe muitas vezes tem em parte o que é dado; quem é revestido de todos os lados é coberto pela veste. Não temais, diz com isto, as armas e dardos do diabo. Sereis portadores da força do Espírito Santo (não esqueças do que ensinei há pouco: não o Espírito, mas a graça por Ele distribuída é divisível).

13. Jesus subiu, portanto, aos céus e cumpriu a promessa. Dissera-lhes: Eu rogarei ao Pai e Ele vos dará um outro Paráclito (Jo 14,16). Ficaram assim em Jerusalém na expectativa da vinda do Espírito Santo: Quando se cumpriram os dias de Pentecostes... (At 2,2) aqui, nesta cidade de Jerusalém. Também isto é privilégio nosso e falamos dos benefícios [extraordinários] não concedidos a outros, mas a nós. Quando veio o dia de Pentecostes, estavam eles sentados e desceu o Paráclito do céu: o guarda e santificador da Igreja, o guia das almas, o timoneiro na tempestade, o iluminador dos errantes, o árbitro dos combatentes, o coroador dos vitoriosos.

14. O Espírito Santo desceu para revestir os apóstolos da força e batizá-los. Diz o Senhor: Vós, porém, passados não muitos dias, sereis batizados no Espírito Santo (At 1,5). Não foi a graça dada pela metade, mas a força foi concedida cabalmente, por inteiro. Como quem é imerso na água e batizado é rodeado de água de todos os lados, assim foram os apóstolos plenamente batizados pelo Espírito. Ora, a água exteriormente envolve o corpo; mas o Espírito banha a alma interiormente sem interrupção. E de que te admiras? Terás um exemplo do mundo corporal, simples e despretensioso, mas útil aos menos instruídos. O fogo, ao penetrar o interior do ferro, torna toda a massa em fogo, e o que antes era frio se esquenta e o que era escuro se torna luminoso; se o fogo, sendo ele próprio um corpo, penetrando no corpo do ferro opera sem obstáculo, como te admiras se o Espírito Santo penetra o íntimo da alma?

15. Mas, para que a grandeza de tamanha graça que descia do céu fosse reconhecida, ressoou uma trombeta celestial. E produziu-se de repente do céu um ruído como de um vento impetuoso (At 2,2) que indicava o advento daquele que dá aos homens a graça de com violência arrebatarem o Reino de Deus (Mt 11,12). Os olhos deviam ver as línguas de fogo e os ouvidos ouvir o ruído. E encheu toda a casa em que estavam sentados (At 2,2). A casa se fez o receptáculo da água espiritual. Os discípulos estavam sentados na casa e toda ela se encheu. Conforme a promessa, foram batizados e imersos por completo (At 1,5). Foram revestidos no corpo e na alma com a veste divina e salvadora. E apareceram-lhes repartidas línguas como de fogo que pousaram sobre cada um deles e ficaram todos cheios do Espírito Santo (At 2,3s.). Eles receberam fogo, não fogo que queimasse, mas fogo salvífico que destruísse os espinhos dos pecados, que iluminasse a alma. Esse fogo descerá também sobre vós, tirará e destruirá os pecados espinhentos e fará luzir o tesouro precioso de vossa alma, dando-vos a sua graça, pois a concedeu então também aos apóstolos. Na figura de línguas de fogo pousou sobre eles, para terem um novo gênero de coroas espirituais, com as línguas de fogo sobre a cabeça. Uma espada de fogo outrora fechou as portas do paraíso (Gn 3,24); uma língua de fogo, benéfica, nos restituiu a graça.

16. E começaram a falar em línguas estranhas, conforme o Espírito lhes dava (At 2,4). Os galileus Pedro e André falavam pérsico ou médio. João e os demais apóstolos falavam em qualquer língua às multidões provindas de várias nações, pois como em nosso tempo, já então, as massas afluíam de todas as partes. Onde se encontraria um tal mestre que, sem ter aprendido, de repente começasse a ensinar? Tantos anos se gastam para, através da gramática e outras artes, se aprender a falar corretamente o grego. Mas nem todos falam igualmente bem; talvez o mestre de retórica consiga falar corretamente; o gramático nem sempre o consegue. E quem conhece a gramática não conhece a filosofia. O Espírito Santo ensina ao mesmo tempo muitas línguas, desconhecidas dos apóstolos durante toda a vida. Isto é, na verdade, grande sabedoria; isto é poder divino. Que comparação pode ser feita entre a ignorância dos apóstolos de tanto tempo e o conhecimento repentino, múltiplo e inaudito de línguas?

17. Houve na multidão dos ouvintes uma confusão (At 2,6), uma segunda confusão, oposta àquela confusão maléfica que se produziu em Babilônia (Gn 11,7-9). Naquela confusão de línguas existiu uma divisão das almas e das vontades, pois o intento concebido fora antidivino. Aqui as opiniões das almas foram restabelecidas e unidas, porque o desígnio era de piedade. Pelos mesmos meios que provocaram a queda, veio a volta. Esta é a razão da maravilha, dizendo eles: Como é que nós os ouvimos falar? (At 2,8). Não é de admirar se o ignorais, pois também Nicodemos desconheceu o advento do Espírito Santo e a ele foi dito: O vento sopra onde quer, e lhe ouves a voz, mas não sabes de onde vem nem para onde vai (Jo 3,8). Se e quando lhe ouço a voz, não sei donde vem, o que é segundo sua substância, como poderei explicá-lo?

18. Outros, zombando, diziam: estão cheios de vinho (At 2,13). Dizem a verdade, mas ironicamente: novo na verdade era o vinho, a graça do Novo Testamento. Mas este vinho novo (Mt 9,17) provinha da vide espiritual, que muitas vezes já dera fruto nos profetas e lançava brotos no Novo Testamento. Para ficar com o exemplo visível, a videira é sempre a mesma e segundo os tempos dá novos frutos; assim também o mesmo Espírito, ficando o que é, muitas vezes já operou nos profetas e agora produz algo novo e admirável. Já sobre os Patriarcas descera a graça, mas agora ela aparece em superabundância; lá recebiam a comunicação do Espírito Santo, mas aqui são totalmente imersos nele.

19. Pedro que tinha o Espírito Santo e estava plenamente ciente do que possuía, disse: Varões de Israel – que anunciais Joel, mas não entendeis o que está escrito – estes não estão ébrios como supondes (At 2,14-15).

Estão ébrios não como vós credes, mas como está escrito: serão embriagados pela abundância de tua casa e das torrentes lhes darás de beber (Sl 35,9). Estão ébrios, em sóbria ebriedade, que mata o pecado e vivifica o coração, o oposto da ebriedade corporal. Pois esta causa o esquecimento das coisas que sabíamos, mas aquela produz o conhecimento de coisas incógnitas. Estão ébrios, tendo bebido o vinho da vide espiritual que diz: Eu sou a videira e vós sois os ramos (Jo 15,15). Se não credes em mim, compreendei o dito pela hora do dia. Pois é apenas a terceira hora do dia (At 2,15). Quem foi crucificado à hora terceira (Mc 15,25), conforme diz Marcos, na hora terceira envia do alto a graça. Não é uma a graça daquele e outra a deste. Mas quem foi então crucificado e fez sua promessa, cumpriu o que prometera. Se, portanto, quereis aceitar o testemunho, prestai atenção: Mas isto é o que foi dito pelo Profeta Joel: E sucederá depois disto, diz Deus, que derramarei meu Espírito (At 2,16s.; Jl 2,28). A expressão "derramarei" insinua a copiosa doação: Pois Deus não dá o Espírito com parcimônia. O Pai ama o Filho e em sua mão pôs todas as coisas (Jo 3,34s.). Atribuiu-lhe a autoridade de conferir a graça do santíssimo Espírito a quem o quisesse. Derramarei de meu Espírito sobre toda a carne e profetizarão vossos filhos e vossas filhas; e logo em seguida: E sobre meus servos e sobre minhas servas derramarei do meu

Espírito, e profetizarão (At 2,17s.; Jl 2,28s.). O Espírito Santo não fez acepção de pessoas; não olha as dignidades, mas a piedade da alma. Os ricos não se tornem soberbos e os pobres não percam a confiança. Cada qual se preocupe unicamente em receber a graça celeste.

20. Vasto é o material por nós tratado hoje e talvez já estejais cansados de ouvir. Mas mais vasto é o que ainda falta tratar. Para absolver toda a doutrina sobre o Espírito Santo seria necessária uma terceira catequese e mesmo mais outras. Um e outro se nos escuse, já que, aproximando-se a santa festa da Páscoa, a nossa prática de hoje se prolonga além da medida. Mesmo assim não foi possível comentar todos os testemunhos do Novo Testamento, como fora necessário. Faltam muitos deles dos Atos dos Apóstolos, nos quais a graça do Espírito Santo, em Pedro e nos outros apóstolos, operou poderosamente. Sobram muitos trechos das epístolas católicas e das catorze de Paulo. Deles agora, como de um grande prado, colheremos um pequeno ramalhete como lembrança.

21. Na força do Espírito Santo e na vontade do Pai e do Filho, Pedro, de pé, com os onze, elevando a voz (At 2,14s.) (conforme o dito: Eleva com força a voz, tu que anuncias a Boa-nova a Jerusalém (Is 40,9)) prendeu na rede espiritual de seu discurso umas três mil almas. Tão poderosamente operava em todos os apóstolos a graça, que dentre os judeus, dos que tinham crucificado a Cristo, tantos creram, foram batizados em nome de Cristo e perseveraram na doutrina dos apóstolos e na oração (At 2,42). Ainda na força do mesmo Espírito Santo, subindo ao templo na hora nona da oração, Pedro e João, junto à porta chamada Formosa, curaram o entrevado desde o seio de sua mãe, há quarenta anos (At 3,1ss.) (cumpriu-se assim o que foi dito: Então o coxo saltará como um cervo (Is 35,6)). Capturaram, então, na rede espiritual da doutrina cinco mil almas que abraçaram a fé. E arguiram os príncipes do povo e os sumos sacerdotes de erro, não com própria sabedoria (pois eram homens sem letras e plebeus), mas com a força do Espírito. Está escrito: Então Pedro, cheio do Espírito Santo, lhes disse... (At 4,8ss.). Tão poderosamente operava pelos doze apóstolos a graça do Espírito Santo, que tinham um só coração e uma só alma e o uso dos bens se tornou comum. Os donos dos campos traziam religiosamente o preço dos bens vendidos e não havia pobres entre eles. Ananias e Safira, que tentaram enganar o Espírito Santo, receberam o castigo merecido.

22. Muitos eram os milagres e prodígios que se realizavam no seio do povo por mãos dos apóstolos (At 5,12ss.). A graça do Espírito rodeava os apóstolos de tal modo que os tornou temidos, embora fossem mansos (pois ninguém dos outros ousava unir-se a eles, mas o povo os tinha em grande estima). Cresciam cada vez mais os que aceitavam a fé: homens e mulheres. Enchiam as ruas, os catres e as camas dos doentes a fim de que, chegando Pedro, ao menos sua sombra cobrisse algum deles. Também a multidão afluía das cidades vizinhas a esta santa Jerusalém, trazendo enfermos e atormentados pelos espíritos impuros; e todos eram curados na força do Espírito Santo.

23. Os doze apóstolos, por pregarem a Cristo, foram metidos pelos sumos sacerdotes na cadeia. Mas inopinadamente foram libertados por um anjo. Em seguida, levados do templo diante de seu tribunal, intrépidos no que diziam de Jesus Cristo, os increparam. Retrucaram: Deus outorgou o Espírito Santo aos que lhe obedecem (At 5,32ss.). Depois de açoitados, se retiraram, satisfeitos, mas não cessaram de ensinar e anunciar a Cristo Jesus.

24. A graça do Espírito Santo não era só eficaz nos doze apóstolos, mas também nos filhos primogênitos desta Igreja, outrora estéril, digo os sete diáconos. Estes, conforme diz a Escritura, cheios do Espírito Santo e de sabedoria, foram eleitos (At 6,3ss.). Entre eles o que com direito é chamado Estêvão, primícias dos mártires, homem cheio de fé e do Espírito Santo, fazia grandes prodígios e sinais no meio do povo. Venceu facilmente os que discutiam com ele, pois não puderam resistir à sabedoria e ao Espírito com que ele falava. Caluniado e arrastado diante do tribunal, emitia um brilho angelical (pois, fitando os olhos nele os que estavam sentados no sinédrio, viram seu rosto como o rosto de um anjo). Tendo refutado em discurso brilhante de defesa os judeus duros de cerviz e incircuncisos de coração e de ouvidos, que sempre resistiram ao Espírito Santo, viu abertos os céus e o Filho do Homem, em pé, à direita de Deus. Viu, não por própria força, mas como diz a Escritura divina: Estando cheio do Espírito Santo, olhou o céu e viu a glória de Deus e Jesus, em pé, à direita de Deus.

25. Nesta mesma força do Espírito Santo e em nome de Cristo, Filipe, depois, expulsava na cidade de Samaria os espíritos impuros que gritavam em altas vozes; curava os paralíticos e os coxos. Com isto, grande multidão de crentes foi levada a aderir a Cristo. Para eles desceram Pedro e João e, com a oração e a imposição das mãos, comunicaram-lhes a força do Espírito Santo. Só Simão Mago não a recebeu – e com razão, como se mostrou depois. Outra vez, o anjo do Senhor chamou Filipe para a estrada a acudir ao piedosíssimo eunuco etíope. O próprio Espírito falou claramente a ele: Aproxima-te e achega-te a este carro (At 8,29ss.). Filipe instruiu o etíope, batizou-o e o enviou à Etiópia como arauto de Cristo, conforme o que está escrito: A Etiópia se adiantará a estender suas mãos para o Senhor

(Sl 67,32). Arrebatado pelo anjo, Filipe pregava o Evangelho a todas as cidades.

26. Do mesmo Espírito Santo Paulo ficou cheio, depois de ser chamado por nosso Senhor Jesus Cristo. E testemunha destas realidades nos seja o piedoso Ananias, que vivia em Damasco e disse a Paulo: O Senhor Jesus, que te apareceu no caminho que seguias, enviou-me para que recuperes a vista e sejas cheio do Espírito Santo (At 9,17ss.). O Espírito operou imediatamente, restituiu aos olhos cegados de Paulo a visão. À alma imprimiu o selo. Fê-lo vaso de eleição, para levar o nome do Senhor que lhe aparecera perante os reis e os filhos de Israel. Tomou-se assim, o que outrora fora perseguidor, arauto e bom servidor. Paulo, desde Jerusalém até a Ilíria, realizou a pregação do Evangelho, instruiu a cidade imperial de Roma e estendeu até à Espanha a sua vontade de anunciar a Boa-nova (Rm 15,19ss.). Suportou mil trabalhos, realizou milagres e sinais prodigiosos. Mas sobre Paulo chegue o que se disse.

27. Na força do mesmo Espírito Santo, Pedro, o príncipe dos apóstolos e chaveiro do Reino dos Céus, em Lida, que agora se chama Dióspolis, em nome de Cristo sarou o entrevado Eneias. Em Jope ressuscitou dos mortos a Tabita, a benfeitora dos pobres (At 9,32ss.). No terraço da casa, em êxtase, viu o céu abrir-se claramente, aparecendo um lençol à semelhança de um vaso, cheio de animais das mais diferentes espécies. Aprendeu que não devia chamar nenhum homem, mesmo que fosse gentio, de impuro ou manchado. E, chamado por Cornélio, ouviu do próprio Espírito Santo de modo nítido: Aí estão uns homens que te procuram. Levanta-te, desce e vai ter com eles, sem vacilar; fui eu que os enviei (At 10,20ss.). Para que ficasse manifesto que também os crentes provindos dos gentios seriam participantes da graça do Espírito Santo, quando Pedro chegou a Cesareia e transmitiu a doutrina referente a Cristo, a Escritura diz de Cornélio e dos que estavam com ele reunidos: Ainda estava Pedro dizendo estas palavras, quando desceu o Espírito Santo sobre todos os que ouviam a prática, de modo que os fiéis da circuncisão que tinham vindo com Pedro se admiraram e, pasmados, diziam: O dom do Espírito Santo também se derramou sobre os gentios.

28. Quando em Antioquia, a cidade mais importante da Síria, a pregação sobre Cristo começou a produzir efeito, daqui [de Jerusalém] foi enviado à Antioquia, como colaborador na boa obra, Barnabé, homem bom e cheio do Espírito Santo e de fé (At 11,24). Quando ele viu a grande messe dos crentes em Cristo, foi a Tarso buscar Paulo para Antioquia como companheiro de luta. Foram por eles instruídos e reunidos na Igreja muitos cidadãos, tanto que em Antioquia os discípulos começaram a chamar-se cristãos. O Espírito Santo, creio eu, foi quem deu aos crentes o nome novo (Is 65,15), pronunciado pelo Senhor. Sendo que Deus em Antioquia difundia ricamente a graça espiritual, havia lá profetas e doutores, entre eles Ágabo (At 11,28). Enquanto celebravam a liturgia em honra do Senhor e guardavam jejum, disse o Espírito Santo: Segregai-me Paulo e Barnabé para a obra a que os chamo (At 13,2). Tendo sido impostas as mãos sobre eles, foram enviados pelo Espírito Santo. É manifesto que o Espírito que fala e envia, é vivo, pessoal e operoso, como já o afirmamos.

29. Este Espírito Santo, ao fundar em harmonia com o Pai e o Filho a Nova Aliança através da Igreja Católica, tem nos libertado das insuportáveis obrigações da Lei: das prescrições sobre o puro e o impuro, dos sábados e novilúnios, dos alimentos, da circuncisão, das aspersões e dos sacrifícios (Rm 8,2; Hb 9,10). Dadas que foram [essas leis] para certas épocas, tendo apenas uma sombra dos futuros bens (Hb 10,1), aparecendo a verdade, foram abolidas com razão. Por causa da controvérsia que se originou em Antioquia pelos que afirmavam que era preciso circuncidar-se e observar os costumes mosaicos, foram Paulo e Barnabé enviados, e os apóstolos reunidos aqui em Jerusalém libertaram todo o orbe de todas as práticas legais e típicas, e isto por escrito, numa carta. Mas, na verdade, não se arrogaram a si mesmos a autoridade de decidir sobre matéria de tanta importância. Antes, explicam no documento transmitido por escrito: Porque ao Espírito Santo e a nós pareceu bem não vos impor outros encargos do que estes necessários: Que vos abstenhais das carnes imoladas aos ídolos, de sangue e das carnes sufocadas e da fornicação (At 15,28ss.). Pelo que escreveram, insinuam abertamente que, ainda que o que se escrevera provinha dos apóstolos como homens, foi do Espírito Santo que veio o preceito para o universo. Neste sentido Paulo e Barnabé e seus companheiros o compreenderam e levaram para toda parte.

30. Chegado a este ponto do sermão, peço perdão à vossa caridade, antes ao Espírito que habita em Paulo, se não posso tratar de tudo, em razão de minha fraqueza e de vosso cansaço, ouvintes. Quando poderia eu explicar dignamente os fatos maravilhosos realizados por ele na força do Espírito Santo em nome de Cristo? Como explicar o que fez em Chipre contra o mago Élimas (At 13,5-13) em Listra a cura do paralítico (At 14,7-11), na Cilícia os milagres realizados (At 15,41), na Frígia, na Galácia (At 16,6), na Mísia (At 16,7), na Macedônia? (At 16,9-11). Como explicar o que fez em Filipos? (At 16,12ss.). Penso na sua pregação, na expulsão de Pitão em nome de Cristo e na salvação concedida ao carcereiro com toda a sua casa, pelo batismo, no meio da noite, depois do terremoto (At 17,1ss.). Como explicar os milagres realizados em Tessalônica e o seu discurso em meio aos atenienses, no Areópago; sua atividade de doutrinação em Corinto e em toda a Acaia? (At 18,1ss.). Como poderia dignamente relatar sua atividade desenvolvida em Éfeso, sob o impulso do Espírito Santo? Sua existência certos homens que se achavam ali desconheciam, mas aprenderam pela doutrina de Paulo. Impondo-lhes Paulo as mãos, desceu sobre eles o Espírito Santo e eles falavam em línguas e profetizavam (At 19,1ss.). Tanta foi a graça espiritual nele que não só seu contato curava, mas até os lenços e aventais que haviam tocado seu corpo curavam as doenças e expeliam os espíritos impuros; mesmo os que haviam praticado as artes mágicas traziam os livros e os queimavam diante de todos.

31. Omito o milagre realizado em Trôade com Êutico que, vencido pelo sono e caindo do terceiro andar e levantado morto, foi salvo por Paulo (At 20,7-12). Omito a profecia feita aos presbíteros convocados para Mileto. Disse-lhes claramente: Em todas as cidades o Espírito Santo me adverte, dizendo que... (At 20,23ss.). Com as palavras "em todas as cidades" quis Paulo insinuar que as maravilhas que em cada cidade fez foram realizadas por obra do Espírito Santo, por beneplácito de Deus e em nome de Cristo que nele falava. Impelido pelo Espírito Santo, apressou-se a chegar a esta santa cidade de Jerusalém, ainda que Ágabo, no Espírito, lhe anunciasse o que lhe haveria de acontecer (At 21,10). Falou [em Jerusalém] abertamente sobre Cristo ao povo. Levado a Cesareia (At 23,33), diante dos tribunais dos juízes, uma vez diante de Félix (At 24,10-27), outra diante do Procurador Festo (At 25,7-11) e do Rei Agripa (At 26,2-29), recebeu do Espírito Santo a graça de falar com tanto vigor e sabedoria que o próprio Agripa, rei dos judeus, disse: Um pouco mais e me persuades a me fazer cristão (At 26,28). O mesmo Espírito Santo concedeu a Paulo a graça na ilha de Malta de, mordido por uma víbora, nada sofrer e realizar diversas curas de doentes (At 28,1-9). O mesmo Espírito Santo conduziu ao perseguidor de outrora, e agora arauto de Cristo, até a cidade imperial de Roma. Lá levou muitos judeus à fé em Cristo; aos que lhe contradiziam disse abertamente: Bem falou o Espírito Santo pelo Profeta Isaías a nossos pais... (At 28,25).

32. Que Paulo estivesse cheio do mesmo Espírito Santo e à semelhança dele todos os apóstolos e todos os que depois deles creem no Pai e no Filho e no Espírito Santo [consubstancial], aprende-o cabalmente do que Paulo escreveu em suas epístolas: E minha palavra e minha pregação não se revelou em discursos persuasivos de sabedoria humana, mas na manifestação e no poder do Espírito (1Cor 2,4). E mais: Deus que nos selou e depositou como primeiro sinal em nós o Espírito... (2Cor 1,22). E ainda: Quem ressuscitou Jesus dos mortos também dará vida aos vossos corpos mortais, por virtude de seu Espírito, que habita em vós (Rm 8,11). E finalmente, escrevendo a Timóteo: Guarda o bom depósito pela virtude do Espírito Santo que nos foi dado (2Tm 1,14).

33. Que o Espírito Santo subsiste, vive, fala e prenuncia, foi várias vezes por nós provado no que dissemos acima. Paulo escreve expressamente a Timóteo: Mas o Espírito claramente diz que nos últimos tempos alguns apostatarão da fé (1Tm 4,1). O que vemos realizado não só nos tempos anteriores a nós, mas também nos movimentos heréticos de nossos dias: pois variegado e múltiplo é o erro dos hereges. E de novo ele diz: O que não foi dado a conhecer às gerações passadas, aos filhos dos homens, como agora, pelo Espírito, foi revelado aos seus santos apóstolos e profetas... (Ef 3,5). E de novo: Pelo que, segundo diz o Espírito... (Hb 3,7). E ainda: Atesta-nos também o Espírito Santo (Hb 10,15). E outra vez anima os combatentes da justiça: Tomai o elmo da salvação e a espada do Espírito que é a Palavra de Deus, com toda a oração e súplica (Ef 6,17s.). E mais uma vez: E não vos embriagueis de vinho, no qual está a devassidão. Ao contrário, enchei-vos do Espírito, entretendo-vos com salmos, hinos e cânticos espirituais (Ef 5,18s.). E finalmente: A graça do Senhor Jesus, a caridade de Deus e a comunhão do Espírito Santo estejam com todos vós (2Cor 13,13).

34. De tudo que se disse e do que foi omitido, toda pessoa inteligente tira a conclusão de que o Espírito Santo é força pessoal, santificadora e operante. O tempo me faltaria, se quisesse dizer tudo que se refere ao Espírito Santo nas catorze cartas de Paulo, em que se acham disseminadas doutrinas várias, profundas e sublimes. Queira perdoar-nos a graça do Espírito Santo se por dispormos só de alguns dias passamos por alto tanta matéria. A vós, ouvintes, queira Ele conceder o conhecimento do que omitimos, uma vez que os mais zelosos entre vós terão ocasião de aprendê-lo pela leitura mais frequente das Divinas Escrituras. Em nossas presentes catequeses e nas conferências anteriormente feitas é de se esperar que tenham conformado a sua fé em um só Deus Pai todo-poderoso, em nosso Senhor Jesus Cristo, seu Filho Unigênito, e no Espírito Santo Paráclito. Mas como a palavra espírito é usada nas Escrituras indistintamente (pois se diz do Pai: Deus é Espírito (Jo 4,24), como está no Evangelho de João; e também do Filho: O Espírito [sopro] de nossa boca, o Cristo [Ungido] Senhor, como diz Jeremias (Lm 4,20); e ainda do Espírito Santo: O Paráclito, o Espírito Santo (Jo 14,26) – como já foi citado), é preciso manter a reta e piedosa inteligência da fé, que afasta o erro de Sabélio[45]. Mas passemos ao que é de primeira necessidade e utilidade para vós.

35. Cuida que não te aproximes do ministro do batismo a exemplo de Simão, simulado, sem que teu coração procure a verdade. Nossa obrigação é chamar a atenção e a vossa a de vos cuidardes. Se estiveres firme na fé, serás feliz; se tiveres caído na descrença, atira a descrença para longe de ti, ainda hoje, e firma-te na fé. Na hora do batismo, quando te aproximares dos bispos ou dos presbíteros ou dos diáconos (pois em todos os lugares se distribui a graça, quer nas aldeias, quer nas cidades, tanto a iletrados quanto a eruditos, a servos e a livres, uma vez que esta graça não vem dos homens, mas é um presente de Deus através de homens), aproxima-te do ministro. Aproxima-te, mas atende não ao rosto que aparece, mas lembra-te do Espírito Santo, sobre o qual agora falamos. E Ele te dará o selo celeste e divino diante do qual tremem os demônios, segundo a Escritura: *Nele, ao crerdes, fostes selados com o selo do Espírito Santo prometido* (Ef 1,13).

---

45. O erro dos sabelianos consistia na afirmação de que na Santíssima Trindade a única diferenciação era uma mera sucessão de modos ou alterações: é a mesma pessoa divina que ora se manifesta como Pai, como Filho e como Espírito Santo.

36. Antes, porém, prova a alma. Não atires as péro-las diante dos porcos (Mt 7,6). Se fingido te aproximas, homens te batizam, mas o Espírito não te batizará. Se te deixas levar pelo Espírito, os homens, na verdade, reali-zarão as cerimônias visíveis. O Espírito Santo dá a graça invisível. Chegas a um exame importante, a um recru-tamento vital, que dura uma hora. Se deixas passar esta hora inaproveitada, sofres um dano irreparável. Mas, se fores achado digno da graça, a tua alma será iluminada e receberás um vigor que não possuías. Adquires armas, diante das quais os demônios, espavoridos, fugirão. E, se não lançares de ti as armas, se guardares o selo na alma, o demônio não se aproximará. Tomado de horror fugirá, pois é pelo Espírito de Deus que se expulsam os demônios (Mt 12,28).

37. Se tens fé, não só recebes o perdão dos peca-dos, mas também realizarás coisas que superam as for-ças humanas. Que tu te tornes digno do carisma pro-fético. Receberás tantas graças de quantas fores capaz, e não somente o que eu digo. Pois pode acontecer que eu diga pouco e tu recebas grandes dons porque a fé é um campo vasto. Será teu guarda permanente o Parácli-to. Será solícito de ti como de próprio soldado, de tua entrada e de tua saída (Sl 120,8) e também dos que te insidiam. Dar-te-á carismas de toda espécie, se não o contristares pelo pecado, pois está escrito: Guardai-vos de entristecer o Espírito Santo de Deus, no qual fostes selados para o dia da redenção (Ef 4,30). O que significa, pois, caríssimos, guardar a graça? Preparai-vos para recebê-la e, depois de recebida, não a desperdiceis.

38. O Deus do universo, que falou através dos profetas no Espírito Santo, que o enviou sobre os apóstolos no Dia de Pentecostes aqui [em Jerusalém], queira emiti-lo agora sobre vós. Proteja Ele também a nós todos e nos dê a graça de fazer o bem e dar por toda a parte os frutos do Espírito Santo: caridade, alegria, paz, longanimidade, afabilidade, bondade, fidelidade, mansidão, continência (Gl 5,22-23), em Cristo Jesus nosso Senhor, por quem e com quem, com o Espírito Santo, se dê glória ao Pai agora e sempre e pelos séculos dos séculos. Amém.

Catequese 18
Sobre a Igreja una, santa, católica; sobre a ressurreição da carne e a vida eterna

Eleita em Jerusalém de improviso sobre as palavras: Creio na Igreja una, santa, católica, e na ressurreição da carne e na vida eterna. Leitura do Profeta Ezequiel: Desceu sobre mim a mão do Senhor e arrebatou-me no Espírito do Senhor e me colocou no meio da planície; esta estava coberta de ossos de homens... (Ez 37,1ss.).

1. Raiz de toda a boa ação é a esperança na ressurreição, porquanto a expectativa do prêmio fortalece a alma na prática das boas obras, pois todo operário está pronto a suportar as canseiras dos trabalhos se tem diante dos olhos o prêmio dos trabalhos. Os que trabalham sem receber a recompensa por seus trabalhos sucumbem física e psiquicamente. O soldado, na expectativa do galardão, está pronto para a guerra; quem está a serviço de um rei imprudente (que não paga a remuneração dos trabalhos) não está disposto a se expor à morte. Assim também toda alma que crê na ressurreição sabe com razão respeitar-se; mas quem não crê na ressurreição, entrega-se espontaneamente à ruína. Quem crê que o corpo fica para a ressurreição, respeita esta veste e não a contamina com impudicícias; quem descrê da ressurreição, entrega-se às fornicações, abusando do próprio corpo como se fosse algo estranho. Grande coisa, portanto, é este anúncio e ensino da Igreja Católica: a fé na ressurreição dos mortos. Grande e absolutamente necessário ainda que contradito por muitos, mas comprovado pela verdade. Contradizem os gregos; descreem os samaritanos; debocham dele os hereges. Variegada é a contradição, mas simples a verdade.

2. Objetam-nos gregos e samaritanos: Quando o homem morre corrompe-se, apodrece e é todo consumido pelos vermes que também morrem. Tamanha podridão e corrupção tomou conta do corpo. Como, pois, poderia ressurgir? Aos náufragos devoraram os peixes e estes, por sua vez, foram devorados por outros. Aos que lutam com as feras, os ursos e leões até trituram os ossos e os consomem. As águias e os corvos comem os corpos dos que caem no campo e os levam em todas as direções.

Como seria recomposto o corpo? É bem possível que das aves que o devoraram uma morra na Índia, outra na Pérsia, e aquela na terra dos godos. De outros que foram consumidos pelo fogo até as cinzas foram carregadas pela chuva e pelo vento. Como seria recomposto este corpo?

3. Para ti, homúnculo acanhado e fraco, a índia fica longe da terra dos godos e a Espanha da Pérsia; mas para Deus, que segura toda a terra na palma da mão (Is 40,12), tudo está próximo. Não acuses a Deus de impotência, medindo-o segundo sua fraqueza. Antes, pelo contrário, atende à sua potência. Se o sol, pequena obra de Deus, com um único feixe de seus raios aquece todo o universo; se o ar, criatura de Deus, envolve tudo no mundo: então Deus, criador do sol e do ar, estaria longe do mundo? Uma vez que ainda és fraco na fé, quero dar-te exemplos bem simples. Supõe que as mais variadas sementes estejam misturadas e estas sementes estejam na tua mão. É para ti coisa difícil ou fácil discriminar o que tens na mão e ajuntar as sementes segundo sua natureza e seu gênero? Se, pois, tu sabes discernir o que seguras na mão, Deus não discriminaria o que tem na palma da mão e poria em ordem? Considera o que foi dito e dize-me se não é ímpio negar [a ressurreição]?

4. Atende também à própria razão da justiça, e reflete sobre ti mesmo. Possuis diversos criados; uns são honestos, outros insolentes. É natural que honres os honestos e batas nos insolentes. E ainda mais; se fores juiz, louvas os bons e castigas os transgressores da lei. Se, portanto, tu que és homem mortal, salvaguardas a equidade, Deus que é rei de todas as coisas, que não tem substituto, não daria a paga justa para todos? Seria ímpio negá-lo. Escuta, pois, o que vou dizer-te. Muitos assassinos morreram impunes em seus leitos; onde, pois, a justiça de Deus? Muitas vezes um matador, réu de cinquenta mortes, é degolado só uma vez. Onde pagará o castigo dos quarenta e nove assassínios? Se não houvesse juízo e retribuição depois desta vida, com razão culparias a Deus de injustiça. Mas não te admires da demora do juízo. Todo o que tem parte numa luta como atleta, depois de terminada a luta, é ou coroado ou vaiado; e nunca o árbitro coroa os que ainda lutam, mas espera o fim de todas as competições. Terminado o certame, com justiça distribui os prêmios da vitória e as coroas. Assim também Deus, enquanto neste mundo se realiza o certame, acode aos justos com seu auxílio; mas depois paga cabalmente o galardão.

5. Se na tua opinião não há ressurreição dos mortos, por que condenas os violadores de sepulcros? Pois se o corpo se corrompe por inteiro e não existe esperança de ressurreição, por que razão o violador de sepulcros seria castigado? Vês, ainda que com os lábios o negues, que subsiste em ti a consciência indelével da ressurreição.

6. E ainda mais: uma árvore cortada refloresce; o homem morto não reviveria? O resultado da semeadura e colheita é recolhido aos armazéns; o homem colhido neste mundo não seria levado ao celeiro? (Mt 3,12). Os ramos da videira e de outras árvores inteiramente cortados e replantados revivem e dão frutos; o homem, por amor do qual elas existem, lançado à terra, não ressuscitaria? Para confrontar as dificuldades: o que é mais difícil: fazer uma estátua que não existia desde início, ou refundir uma que se quebrara? Deus, que nos fez do nada, porventura não seria capaz de ressuscitar os que somos e caímos [na morte]? Descrês das coisas escritas sobre a ressurreição porque és grego [gentio]. A história natural te abra os olhos. A experiência cotidiana te ilumine a inteligência. Digamos que se semeie trigo ou qualquer outro cereal. A semente que cai na terra morre e apodrece e se torna imprestável ao uso. Ainda que apodrecida surge verdejante, e mesmo que pequena ao cair, surge viçosa (Jo 12,24; 1Cor 15,36). O trigo, no entanto, foi criado por nossa causa; pois para o nosso uso o trigo e os outros cereais foram criados. Se, o que foi feito por nossa causa, depois de morto torna a viver, nós, por causa de quem tudo aquilo foi feito, depois de mortos não ressuscitaríamos?

7. É tempo de inverno, como podes ver. As árvores estão aí como mortas. Onde estão as folhas das figueiras? Onde as uvas da videira? Mas o que no inverno está morto, na primavera reverdeja; e quando vier o tempo [da primavera], da morte surge nova vida. Conhecendo Deus tua infidelidade, ano após ano demonstra nas coisas visíveis a ressurreição, a fim de que, vendo-a nas coisas inanimadas, creias também na ressurreição dos seres racionais. Ainda mais: moscas e abelhas muitas vezes afogadas, depois de horas, revivem; há uma espécie de marmotas que durante o inverno ficam imóveis e no verão de novo se mexem (semelhantes exemplos de coisas vis te são dados, pois não cogitas senão nas coisas vis e baixas). Quem, pois, dá aos seres irracionais e desprezíveis o viver que vai além da natureza, o mesmo não no-lo daria a nós por amor de quem aqueles foram criados?

8. Mas os gregos [gentios] estão à procura de uma ressurreição de mortos manifesta. Dizem que, ainda que ressurjam as coisas acima enumeradas, não foram vítimas de completa decomposição. Fazem questão de encontrar claramente um animal totalmente podre que reviveu. Conhecia Deus a incredulidade dos homens e, portanto, criou uma ave chamada fênix. Esta, conforme escreve Clemente e narram muitos outros, sendo única no seu gênero, aparece no Egito em cada quinhentos anos e mostra a ressurreição, não nalgum lugar escuso, para que a maravilha não fique escondida, mas aparece numa cidade importante, a fim de que o incrível possa ser palpado com as mãos. Faz para si um ninho de incenso, mirra e outros aromas. Nele se instala ao completar os anos; morre à vista de todo mundo e se decompõe. Depois, da carne apodrecida da morta nasce um verme; este, crescendo, se transforma em ave (não podes descrer desta realidade, pois também vês as crias das abelhas surgirem de vermes e do líquido dos ovos vês surgirem penas, ossos e nervos). Em seguida no [novo] fênix crescem as penas. Perfeito como fora anteriormente, a fênix se levanta para os ares – o mesmo que morrera depois de ter provado aos homens, com evidência, a ressurreição. A fênix é uma ave admirável, mas uma ave irracional que nunca cantou salmos a Deus. Voa pelos ares, mas não conhece o Filho unigênito de Deus. Se a um animal irracional que não conhece seu Criador foi dada a ressurreição dos mortos, a nós, que glorificamos a Deus e guardamos os seus mandamentos, seria ela negada?

9. Uma vez que com o exemplo da fênix, distante e bastante rara, ainda não se crê, terás provas das experiências de cada dia. Há cem ou duzentos anos onde estávamos todos nós, tanto os que falamos quanto os que escutais? Não ignoramos os primórdios de nossa existência corporal? Não sabes que nos desenvolvemos duma substância fraca, informe e simples? Ora, desta substância simples e fraca se forma o homem vivo. A substância fraca se torna carne e se transmuda em nervos vigorosos, em olhos que luzem, em olfato que cheira, em ouvido que percebe os sons, em língua que fala, em coração que palpita, em mãos que trabalham, em pés que andam, em membros de toda a espécie. E aquela fraca substância se transforma em engenheiro naval, em construtor de casas e arquiteto e homens de todas as profissões: soldado, príncipe, legislador, rei. Deus que nos fez de princípios tão vis não seria capaz de ressuscitar o decomposto? Aquele que de uma substância mínima forma o corpo tão perfeito, não seria capaz de refazer o corpo que morreu? Quem criou o que não era não poderia levantar o que era e morrera?

10. Terás mais uma prova manifesta para a ressurreição dos mortos: o céu e as estrelas testemunham-na mês por mês. O corpo da lua desaparece por completo, de modo que nada mais dela se enxerga, mas de novo se faz cheia, e é restaurada no que era antes. Para reforçar a prova, a lua depois, de certos períodos de anos se eclipsa e manifestamente é mudada em sangue, mas logo retoma sua lúcida aparência. Com isto Deus queria significar que tu, homem feito de sangue, não deves descrer da ressurreição dos mortos; mas o que vês na lua, acredita ser possível a teu respeito. Usa destas provas contra os gregos, pois contra os que não aceitam as Escrituras deves lutar com armas que te fornecem, não as Escrituras, mas a razão e a natureza. Eles não conhecem nem Moisés, nem Isaías, nem os Evangelhos, nem Paulo.

11. Volta-te agora contra os samaritanos que só aceitam a Lei, mas não admitem os profetas. A eles parece sem sentido a leitura tirada de Ezequiel, pois como já foi dito, rejeitam os profetas. Como, então, convenceremos os samaritanos? Venhamos aos escritos da Lei. Diz Deus a Moisés: Eu sou o Deus de Abraão, de Isaac e de Jacó (Ex 3,6). Manifestamente eles vivem e subsistem. Pois se Abraão tivesse morrido, como também Isaac e Jacó, Deus seria um Deus dos mortos. Como pode um rei chamar-se rei de soldados, se não possui soldados? Poderá algum mostrar as riquezas que não tem? Para que Deus seja Deus de vivos, devem viver Abraão, Isaac e Jacó. Deus não disse: Eu fui..., mas sim: Eu sou (Ex 3,6). Mas que haverá um juízo se confirma pelo que Abraão diz ao Senhor: Não exerceria a justiça quem julga toda a terra? (Gn 18,25).

12. Contradizem a isso os insensatos samaritanos, afirmando: Não repugna que as almas de Abraão, Isaac e Jacó sobrevivam, mas sim que os corpos ressurjam. Pois se a vara do justo Moisés pode transmudar-se em serpente (Ex 4,3), os corpos dos justos não poderão reviver e ressuscitar? Se uma coisa pode acontecer contra a natureza, por que esta, que é conforme a natureza, não poderia realizar-se? Também a vara de Aarão, cortada e seca, sem o odor da água, refloriu (Nm 17,8); ainda que fechada debaixo de teto, revigorou como se estivesse em campo aberto, e ainda que estivesse em terra ressequida, brotou numa noite como plantas regadas anos a fio, produzindo frutos. A vara de Aarão como que ressurgiu dos mortos e o próprio Aarão não ressurgiria? E para lhe garantir o sumo sacerdócio, Deus realizou um milagre numa planta; negaria Deus a ressurreição ao próprio Aarão? E uma mulher contra a natureza se tornou sal, transformando-se em sal também sua carne (Gn 19,26). Não poderia de novo a carne tornar-se carne? E fazendo-se a mulher de Ló coluna de sal, a mulher de Abraão com isto não ressurgiria? Que poder transformou a mão de Moisés, que dentro de uma hora se tornou branca como a neve e logo lhe foi restituída como antes fora? (Ex 4,6s.). Certamente o poder de Deus. O que, então, foi possível ao poder [de Deus], hoje já não o seria?

13. Ó samaritanos, de todos os homens os mais insensatos, de que no início foi formado o homem? Tomai o primeiro livro da Escritura que também vós aceitais. E formou Deus o homem do pó da terra (Gn 2,7). Se, pois, pó é transformado em carne, a carne não poderia ser restaurada em carne? Devemos ainda perguntar-nos donde vêm os céus, a terra e os mares? Donde o sol, a lua e as estrelas? Como saíram das águas as aves e os peixes? Como da terra surgiram todos os animais? (Gn 1,1ss.). Se tantas miríades de seres saíram do nada para a existência, nós homens, que temos impressa a sua imagem, não ressurgiríamos? Deveras, completa incredulidade! Castigo rigoroso cairá sobre os ímpios, pois Araão diz ao Senhor: Tu julgas a terra inteira (Gn 18,25). Mesmo assim conhecendo a lei, continuam incrédulos. E continuam incrédulos, ainda que leiam a palavra da Escritura: da terra foi feito o homem (Gn 1,20; 3,19).

14. Estas doutrinas [da Lei] se destinam aos [samaritanos] incrédulos. As que se tomam dos profetas valem para nós que cremos. Uma vez que alguns que se servem dos profetas descreem do que está escrito e citam contra nós: Não surgirão os ímpios no juízo (Sl 1,5), e: Quando o homem desce ao hades, nunca tornará a subir (Jo 7,9), e ainda: Os mortos não vos louvarão, ó Senhor (Sl 113,17) (pois usam mal o que foi escrito com retidão), ocupar-nos-emos, na medida do possível, ainda que rapidamente, em refutá-los. Quando se diz: Não surgirão os ímpios no juízo, isto quer dizer: ressurgirão, não para o juízo, mas para a condenação. Deus não precisa de muita investigação, pois no instante da ressurreição são castigados. E quando diz: Os mortos não vos louvarão, ó Senhor, isto mostra que demarcado está para esta vida o espaço de penitência e remissão. Quem o aproveita vos louvará; enquanto aqueles que morrem no pecado, depois da morte, como nada de bom fizeram, não louvarão, mas só chorarão: o louvor será, pois, dos que dão graças; o choro dos que são castigados. Os justos então louvarão e os que morrem no pecado já não disporão de tempo para confessar os pecados.

15. Sobre o texto: quando o homem descer ao hades, nunca mais tornará a subir (Jó 7,9), vê o que segue, pois está escrito: Nunca mais tornará a subir, nem voltará à sua casa (Jó 7,10). Uma vez que o mundo inteiro passará e toda casa será destruída, como poderia voltar à própria casa, mesmo que se crie uma nova terra? (2Pd 3,13). Deveriam escutar a Jó, que diz: Porque ainda para a árvore há alguma esperança de que, sendo cortada, ainda se renovará e seus rebentos não cessarão. Se sua raiz envelhecer na terra e seu tronco se amortecer na pedra, ao cheiro da água, brotará e dará fruto como uma recém-plantada. Porém, desfalecendo, o homem desvaneceu; e, caindo, o mortal já não existe? (Jó 14,7-10) (as palavras "já não existe" devem ser lidas como pergunta). Como a censurar e sem se envergonhar diz: será que, se a árvore cai e mesmo assim reverdece, o homem, por amor do qual as árvores foram criadas, não ressurgiria? Mas para não pensares que eu force o sentido do texto, lê o que se segue, depois da pergunta: o mortal, ao cair, já não existe? diz: Morrendo o homem, porventura tornará a viver? E acrescenta logo: Espero até que de novo me soergam (Jó 14,14). E alhures ainda: Ele reviverá na terra minha pele que suportou estes trabalhos (Jó 19,25s.). O Profeta Isaías diz: Os mortos reviverão e despertarão os que jazem nas sepulturas (Is 26,19). Com grande clareza diz o Profeta Ezequiel: Eis que abro os vossos sepulcros e vos farei sair deles (Ez 37,12). E Daniel: Muitos daqueles que dormem no pó da terra despertarão: uns para a vida eterna, outros para a ignomínia eterna (Dn 12,2).

16. Muitas palavras das Escrituras atestam a ressurreição dos mortos: existem muitas opiniões e ditos sobre o assunto. Agora, pois, para refrescar a memória, lembremos brevemente a ressurreição de Lázaro depois de quatro dias (Jo 11,39-44) e ainda, por causa da brevidade do tempo, a ressurreição do filho da viúva [de Naim] (Lc 7,15s.). Só façamos menção, rapidamente, da filha do príncipe da sinagoga (Mt 9,25). Digamos ainda que se fenderam as rochas e abriram-se os sepulcros e muitos corpos dos santos falecidos ressuscitaram (Mt 27,51-53). Antes de tudo, porém, seja relembrado que Cristo ressuscitou dos mortos (1Rs 17,19ss.). Passei por alto Elias e o filho da viúva por Ele ressuscitado; e Eliseu, que realizou duas ressurreições: uma enquanto vivo e outra depois de morto (2Rs 4,32ss.). Enquanto vivo, operou a ressurreição pela [força da própria] alma; mas a fim de que não só as almas dos justos fossem honradas, mas se cresse que nos corpos dos justos mora uma força, o morto atirado à sepultura de Eliseu, ao tocar o corpo morto do profeta, reviveu (2Rs 13,24). O cadáver do profeta realizou o que era só possível à alma: o que jazia morto na sepultura restituiu a vida ao morto e mesmo dando a vida continuou morto no sepulcro. Por quê? Para não atribuir só à alma de Eliseu, se ele tivesse ressuscitado, todo o fato. Ficou assim demonstrado que, embora não estando presente a alma, reside certa força no corpo dos santos, em virtude da alma justa que durante tantos anos viveu nele e usou-o como instrumento. E não neguemos fé a estes fatos, em nossa ignorância, como se não fossem realidade, pois se até os lenços e aventais – usados só extremamente – aplicados aos corpos dos enfermos curavam os doentes (At 19,12), quanto mais o próprio corpo do profeta ressuscitaria o defunto?

17. Haveria ainda muito assunto nesta matéria, se quiséssemos tratar de tudo pormenorizadamente. Mas, uma vez que já estais cansados pelo jejum rigoroso da sexta-feira e pela vigília, aquilo que precedeu seja dito rapidamente – como numa semeadura rápida, para que vós, como terra boa, recebais a semente a fim de que, desenvolvendo-a, deis fruto riquíssimo (At 9,36-42). Lembrai-vos ainda que também os apóstolos ressuscitaram mortos. Pedro, em Jope, a Tabita; Paulo, em Trôade, a Êutico (At 20,7-12), e todos os demais apóstolos, ainda que nem todas as obras maravilhosas realizadas por cada um nos tenham sido transmitidas. Lembrai-vos de tudo que está escrito na Primeira Epístola aos Coríntios, coisas que Paulo escreveu aos que perguntavam: Como ressuscitam os mortos? com que corpo voltam à vida? (1Cor 15,35ss.). E ainda é sua palavra: Se os mortos não ressuscitam, também Cristo não ressuscitou (1Cor 15,16). Chamou de tolos os que não creem. Lembrai-vos de toda a doutrina sobre a ressurreição dos mortos exposta neste contexto [capítulo 15 de 1Cor] e recapitulada assim na [Primeira] Epístola aos Tessalonicenses: Não queremos, irmãos, que ignoreis o que concerne à sorte dos mortos, para que não vos aflijais como os demais que carecem de esperança, e tudo o que segue e especialmente este dito: E os mortos em Cristo ressuscitarão primeiro (1Ts 4,12-15).

18. Antes de tudo, toma nota do que Paulo diz, mostrando como que com o dedo: Porque é preciso que este [corpo] corruptível se revista da incorrupção e que este ser mortal se revista da imortalidade (1Cor 15,53). Porque este corpo ressuscita, não fraco como é, mas ressurgirá ele próprio. Revestindo a incorruptibilidade, será transfigurado, assim como o ferro posto no fogo se torna fogo ou antes, para melhor dizer, como o sabe Deus que o ressuscita.

Ressuscita, pois, este corpo; mas não permanece tal qual é. Toma-se um corpo eterno. Não terá necessidade de alimentos para a vida, nem de escadas para subir. Torna-se espiritual (1Cor 15,44), algo maravilhoso e que somos incapazes de expor dignamente. Então os justos – se diz na Escritura – brilharão como o sol e a lua e como o brilho do firmamento (Mt 13,43; Dn 12,3). E Deus, que de antemão conhece a incredulidade dos homens, concedeu a miudíssimos vermes que no verão emitissem raios luminosos dos corpos, a fim de que, do que observamos, cheguemos à fé do que esperamos. Quem deu uma parte pode também dar o todo. E quem a vermes outorgou a faculdade de emitir luz, muito mais fará brilhar o justo.

19. Ressurgiremos, portanto, tendo todos o corpo imortal, mas nem todos iguais. Se alguém é justo, receberá um corpo celestial, para que possa estar dignamente com os anjos. Se alguém é pecador, terá um corpo eterno, capaz de sofrer o castigo do pecado para que, queimando no fogo eterno, nunca se consuma. E com justiça Deus a ambas as classes retribui assim. Nada praticamos sem o corpo. Blasfemamos com a língua, rezamos com a boca; com o corpo nos prostituímos, com o corpo guardamos a castidade; roubamos com a mão, damos esmolas com a mesma mão e assim por diante. Se, portanto, o corpo serviu para tudo, no futuro terá que sofrer as consequências.

20. Irmãos, cuidemos, pois, de nossos corpos e não abusemos deles como se fossem estranhos a nós. Não digamos com os hereges: O corpo é uma roupa estranha; antes respeitemo-lo, pois é nosso. Deveremos prestar conta ao Senhor de tudo o que tivermos praticado com o corpo (2Cor 5,10). Não digas: Ninguém me vê (Eclo 23,28; Is 29,15s.), nem creias que não exista uma testemunha do que fazes. Um homem, muitas vezes, não é testemunha infalível, mas quem nos plasmou é nos céus testemunha fiel (Sl 88,38) e vê o que se faz. Também as manchas dos pecados ficam no corpo. Assim como, ao receber algum ferimento no corpo, mesmo que se aplique o curativo necessário, continua a cicatriz, também o pecado marca a alma e o corpo e continuam as marcas das cicatrizes nos dois. Só são abolidas nos que receberem o banho [do batismo]. Portanto, se Deus cura as feridas da alma e do corpo pelo batismo, para o futuro nos cuidemos todos em comum de guardarmos limpa a veste do corpo e não perdermos a salvação celeste por alguma impureza ou lascívia ou algum outro pecado: queremos herdar o reino eterno de Deus. Para tanto, queira a vós todos conceder a sua graça.

21. Chegue o que se disse sobre a ressurreição dos mortos. A profissão de fé que agora vos pronunciamos vós a repetireis palavra por palavra com todo o cuidado e imprimi-la-eis em vossa memória[46].

22. A profissão de fé que acabais de pronunciar contém ainda as palavras: e num batismo de penitência para o perdão dos pecados e na Igreja santa, católica e na ressurreição da carne e na vida eterna. Sobre o batismo e a penitência temos tratado nas catequeses anteriores. Igualmente o tema da ressurreição dos mortos foi tratado há pouco, ao falarmos sobre as palavras: E na ressurreição da carne. Falta, portanto, falar sobre o inciso: Na Igreja una, santa e católica. Seria possível alegar muitas coisas sobre o tema, mas queremos dar somente um resumo breve.

23. É ela chamada católica [ou universal], porque se estende sobre todo o orbe, de uma extremidade à outra; porque universalmente e sem interrupção ensina os dogmas dos quais o homem deve ter conhecimento, tanto das coisas visíveis como das invisíveis, tanto das celestes como das terrestres. E ainda porque intenta levar ao culto de Deus toda a humanidade, superiores e súditos, doutos e indoutos. E, finalmente, porque trata e cura toda a espécie de pecados, quer cometidos pelo corpo, quer pela alma; possui em si toda sorte de virtudes, em obras e palavras ou em qualquer carisma espiritual.

---

46. Chegados a este ponto, os iluminandos repetem de cor o Símbolo da Fé.

24. A Igreja (*ekklesia*) tem este nome com toda a propriedade, porque a todos convoca e reúne, conforme diz o Senhor no Levítico: Convoca toda a assembleia à entrada da tenda de reunião (Lv 8,3). É de notar que a palavra "convoca" (*ekklesíason*) é usada pela primeira vez na Escritura, quando o Senhor estabeleceu Aarão como sumo sacerdote. E no Deuteronômio Deus diz a Moisés; Ajunta-me (*ekklesíason*) o povo, para que ouça a minha palavra e aprenda a temer-me (Dt 4,10). Mais uma vez a palavra Igreja é usada ao se tratar das tábuas [da Lei]: Sobre as quais estavam gravadas todas as palavras que o Senhor vos tinha dirigido sobre o monte, do meio do fogo, no dia da assembleia [*ekklesia*] (Dt 4,10). Com outras palavras, queria dizer: no dia em que fostes chamados e reunidos por Deus. Ainda o salmista diz: Assim te louvarei na grande congregação [ekklesia], entre muitíssimo povo te louvarei (Sl 34,18).

25. Antes, já o salmista cantara: Na congregação celebrai o Senhor Deus, os que sois manancial de Israel (Sl 67,27). Mas depois que insidiaram o Salvador, foram rejeitados os judeus, e o Salvador construiu a segunda Igreja, convocada dos gentios, nossa santa Igreja dos cristãos, sobre a qual disse a Pedro: E sobre esta pedra edificarei a minha Igreja e as portas do inferno não prevalecerão contra ela (Mt 16,18). Profetizando sobre ambas, sabiamente disse Davi sobre a primeira que foi rejeitada: Detesto a assembleia dos malfeitores (Sl 25,5). Sobre a segunda, já construída, declara no mesmo salmo: Senhor, amei a beleza de vossa casa (Sl 25,8); e logo em seguida: Nas assembleias vos louvarei, Senhor (Sl 25,12). Rejeitada a igreja judaica, se multiplicam no orbe universo as Igrejas de Cristo, sobre as quais se diz nos salmos: Cantai ao Senhor um cântico novo, ressoe seu louvor na assembleia dos santos (Sl 149,1). Com o que combina di-lo o profeta aos judeus: Não tenho nenhuma complacência convosco, diz o Senhor todo-poderoso (Ml 1,10). E logo acrescenta: Portanto, do nascer ao pôr do sol meu nome é glorificado entre os gentios (Ml 1,11). Da mesma Igreja santa e católica Paulo escreve a Timóteo: Verás como deves proceder na casa de Deus, que é a Igreja de Deus vivo, coluna e fundamento da verdade (1Tm 3,15).

26. A palavra ekklesia se aplica a diferentes realidades, como se escreve da multidão que se reunira no teatro de Éfeso: Dito isto, dissolveu a *ekklesia* [assembleia] (At 19,40). Própria e realmente alguém poderia dizer que a reunião dos malfeitores hereges, dos marcionitas, digo, e dos maniqueus e dos demais é uma igreja. Portanto, a profissão de fé te garante com todo o cuidado: é na Igreja una, santa e católica. Deves evitar as abomináveis assembleias dos hereges, e permanecer fielmente na santa Igreja Católica, na qual nasceste. Se um dia viajares pelas cidades, que não perguntes: Onde está a casa do Senhor [*Kyriakon*]? (pois também os ímpios hereges se atrevem chamar de "casas do Senhor" suas espeluncas). Nem perguntes simplesmente: onde se encontra a Igreja, mas: onde se encontra a Igreja Católica. Pois este é o nome específico de nossa santa Igreja, mãe de todos nós, esposa que é de nosso Senhor Jesus Cristo, Filho Unigênito de Deus (está escrito: Como Cristo amou a Igreja e se entregou por ela... (Ef 5,25)). É ela também uma imagem e imitação da Jerusalém do alto, que é livre e mãe de todos nós (Gl 4,26), sendo primeiro estéril, agora tendo muitos filhos (Gl 4,27).

27. Rejeitada a primeira, Deus, na segunda, isto é, na Igreja Católica, conforme diz Paulo, constituiu primeiro apóstolos, segundo profetas, terceiros doutores, depois o poder dos milagres; em seguida as graças de cura, de assistência, de governo, os gêneros de língua (1Cor 12,28) e toda espécie de virtude: a sabedoria e a prudência, a temperança e a justiça, a misericórdia e a benignidade e uma invencível paciência nas perseguições. Esta nossa Igreja se mostra em armas ofensivas e defensivas, em honra e desonra, em má ou boa fama (2Cor 6,7s.). Outrora, nos tempos de perseguição e tribulação, ornou os santos mártires com as coroas multicores e floridas da paciência. Agora, em tempos de paz, com a graça de Deus, recebe as devidas honras de reis e personagens constituídos em poder e de todo gênero e espécie de homens. Enquanto o poder dos reis se restringe aos limites de seus povos, possui a santa Igreja Católica – e só ela – um poder ilimitado sobre o orbe. Pois Deus, conforme está escrito, estabeleceu a paz nas suas fronteiras (Sl 147,14). Se eu quisesse ministrar toda a doutrina sobre a Igreja, gastaria com isto várias horas.

28. Se nos deixarmos instruir nesta santa Igreja Católica e nela andarmos virtuosamente, teremos o Reino dos Céus e herdaremos a vida eterna: por ela tudo suportamos a fim de consegui-la do Senhor. Nosso escopo não é alcançar coisas pequenas, mas nossa luta é a obtenção da vida eterna. Portanto, na profissão de fé, depois de: e na ressurreição da carne – isto é, dos mortos –, da qual já falamos, somos levados a crer na vida eterna, pela qual nós cristãos lutamos.

29. O Pai possui a vida por essência e verdade e, pelo Filho, no Espírito Santo, derrama seus dons celestes, como fonte, sobre todos. Em sua benignidade prometeu a nós homens verazmente os bens da vida eterna. Devemos crer que isto seja possível. Devemos crer, não olhando nossa fraqueza, mas o seu poder [de Deus] (Mt 19,26): Pois tudo é possível para Deus. Que isto seja possível e devamos esperar a vida eterna, no-lo diz Daniel: E os muitos justos luzirão como as estrelas pelos séculos e para sempre (Dn 12,3). E Paulo acrescenta: E assim estaremos sempre com o Senhor (1Ts 4,16). O estar sempre com o Senhor insinua a vida eterna. Bem claramente di-lo o Salvador nos Evangelhos: E estes irão para o suplício eterno, mas os justos para a vida eterna (Mt 25,46).

30. Há muitas provas para a vida eterna. Sendo que nós queremos alcançar esta vida eterna, as Divinas Escrituras nos mostram os caminhos que a ela conduzem. Delas aduziremos alguns tópicos, pela prolixidade que nossa prática já tomou, deixando ao vosso cuidado procurar os demais. Um caminho é a fé. Está escrito: Quem crê no Filho tem a vida eterna... (Jo 3,46). E o mesmo evangelista diz alhures: Em verdade, em verdade vos digo: aquele que escuta minha palavra e crê naquele que me enviou tem a vida eterna (Jo 5,24). Outro caminho é a pregação do Evangelho, pois a Escritura diz: O que ceifa recebe o seu salário e recolhe o fruto para a vida eterna (Jo 4,36). Um terceiro caminho é confessar Cristo pelo martírio. Está escrito: O que odeia sua alma neste mundo guardá-la-á para a vida eterna (Jo 12,25). Mais um caminho é ter Cristo em maior estima do que posses e parentes: Quem deixar irmãos e irmãs... herdará a vida eterna (Mt 19,29). Mais um caminho: a observância dos mandamentos: Não cometerás adultério, não furtarás... (Mt 19,18) respondeu o Senhor ao jovem que viera a ele e lhe perguntou: Bom

Mestre, que farei para alcançar a vida eterna? (Mt 19,16). Outro caminho ainda: deixar as obras pecaminosas e servir para sempre a Deus. Paulo diz: Porém agora, livres do pecado e servos de Deus, tendes por fruto a santificação e pôr fim a vida eterna (Rm 6,22).

31. Ainda muitos outros caminhos nos permitem encontrar a vida eterna. Mas omito-os, por serem demasiados. Sendo Deus benigno, não se satisfaz em abrir uma ou só duas portas de entrada para a vida eterna, mas muitas, a fim de que todos, o quanto dependesse dele, desimpedidamente encontrassem a vida eterna. Limito-me ao que foi dito até aqui a respeito da vida eterna, que é o coroamento e fim do que professamos na Fé. Oxalá todos nós, pregador e ouvintes, com a graça de Deus, consigamos alcançar a vida eterna.

32. De resto, caríssimos irmãos, a pregação da doutrina vos admoesta a todos a preparar a alma para a recepção dos celestes carismas. Sobre a fé santa e apostólica que vos foi entregue para que a confesseis, vos fizemos nos dias desta Quaresma, com a graça de Deus, quantas catequeses foram possíveis. Não que tivéssemos só a dizer o que dissemos. Muitas coisas passamos por alto e teriam talvez sido ditas melhor por pregadores mais eruditos. Como vossa caridade no santo dia da Páscoa que está às portas será iluminada pelo lavacro da regeneração, Deus querendo, sereis ainda instruídos sobre tudo o que é necessário, para que, ao serdes chamados, entreis com grande ordem e piedade. Sereis informados sobre a finalidade de todas as santas cerimônias do batismo e sobre a devoção e ordem com que deveis ir do batistério ao altar santo de Deus e ali degustar os espirituais e celestes mistérios. Iluminadas vossas almas pela doutrina da palavra, deve-se perceber em cada um a grandeza dos favores que Deus lhe outorgou.

33. Após o santo e salutífero dia da Páscoa, logo, a começar com a segunda-feira, cada dia da semana, depois da sinaxe [missa] sereis conduzidos ao santo lugar da ressurreição para receberdes, Deus querendo, mais catequeses. Nelas serão explicadas as razões de todas as cerimônias. Recebereis as provas do Antigo e Novo Testamento: primeiro sobre as cerimônias que precedem imediatamente o batismo; em seguida, como sereis purificados pelo Senhor com o banho de água na palavra (Ef 5,25); sobre o nome cristão de que a modo de sacerdotes sereis participantes; sobre o selo [signáculo], que vos será dado como sinal da comunhão do Espírito Santo; sobre os mistérios no altar do Novo Testamento, que aqui [no Gólgota] tiveram início; o que dele as Divinas Escrituras tradicionaram, qual sua eficácia e como se aproximar deles; sobre o tempo e o modo como devem ser recebidos. Finalmente, como devereis portar-vos no futuro, em atos e palavras, dignos da graça que ides receber, para que todos possais fruir da vida eterna. Também isto, se Deus quiser, vos será explicado.

34. De resto, irmãos, alegrai-vos sempre no Senhor, e torno a dizê-lo: alegrai-vos (Fl 3,1; 4,4). Pois a vossa redenção se aproxima (Lc 21,28). O exército celeste dos anjos está à espera de vossa redenção. E já se ouve a voz do que clama no deserto: Preparai o caminho do Senhor (Mt 3,3; Is 40,3). Exclama o profeta: Os que estais sedentos, vinde às águas (Is 55,1); e logo a seguir: Ouvi-me, comei manjares excelentes, uma suculenta comida fará vossas delícias (Is 55,2). E um pouco mais adiante ouvireis a leitura bela que diz: Sê radiosa, nova Jerusalém, porque chegou a tua luz (Is 60,1). Desta Jerusalém diz o profeta: Então te chamarão cidade da Justiça, Sião, metrópole fiel (Is 1,26s.), pois de Sião saiu a lei e a palavra do Senhor de Jerusalém (Is 2,3), que daqui como uma chuva irrigou o universo inteiro. A ela diz o profeta, referindo-se a vós: Levanta em volta os olhos e vê reunidos os teus filhos (Is 49,18). E ela responde, dizendo: Quem é que voa sobre mim como nuvens e como pombas com seus filhotes? (Is 60,8). Nuvens são chamados seus filhos pelo seu ser espiritual; pombas, pela simplicidade. E de novo: Quem jamais ouviu tal coisa, quem jamais viu fato semelhante? É possível num dia um país nascer; pode uma nação ser criada repentinamente? Sião parturejou e trouxe ao mundo os filhos

(Is 66,8). Tudo se encherá de gozo indizível pelo que o Senhor disse: Pois eis que vou criar uma Jerusalém destinada à alegria e seu povo ao júbilo (Is 65,18).

35. Seja-me permitido dizer de vós desde já: Cantai, ó céus; terra, exulta de alegria... porque o Senhor teve pena de seu povo e consolou os humildes de seu povo (Is 49,13). Isto se dará pela benignidade de Deus que vos diz: Eis que farei desaparecer tuas iniquidades como uma nuvem e teus pecados como uma neblina (Is 44,22). Vós fostes achados dignos do nome de fiéis (dos quais se diz: Meus servos receberão um nome novo que será abençoado sobre a terra (Is 65,16)). Direis, portanto, com alegria: Bendito seja o Deus e Pai de nosso Senhor Jesus Cristo, que nos abençoou com toda a bênção: que é espiritual, está no céu, em Cristo. Nele temos a redenção pela virtude do seu sangue, a remissão dos pecados, segundo a riqueza de sua graça, que derramou profusamente sobre nós... (Ef 1,3.7s.). E ainda: Deus, porém, rico em misericórdia, pelo grande amor com que nos amou, e estando nós mortos pelos nossos delitos, deu-nos vida em Cristo... (Ef 2,41). Louvai ainda o Senhor de todos os bens com as palavras: Mas quando apareceu a misericórdia e a benignidade de Deus, nosso Salvador, não movido pelas obras justas que houvéssemos feito, mas pela sua misericórdia, Ele nos salvou mediante o lavacro de regeneração e renovação do Espírito Santo que Ele abundantemente derramou sobre nós por Jesus Cristo, nosso Senhor, a fim de que, justificados por sua graça, sejamos, segundo a esperança, herdeiros da vida eterna (Tt 3,4-7). O próprio Deus e Pai de nosso Senhor Jesus Cristo, o Pai da glória, vos conceda o Espírito de sabedoria e de revelação no conhecimento dele, iluminando os olhos de vosso coração (Ef 1,17-18). Guarde-vos todo o tempo em obras, palavras e pensamentos bons. A Ele a glória, a honra e o poder por nosso Senhor Jesus Cristo, com o Espírito Santo, agora e sempre e por todos os séculos dos séculos sem fim. Amém.

Índice teológico*

Anjos
- assistirão ao juízo: 15,1.22
- não o compreendem: 6,6
- ordens de anjos: 16,23
- veem a Deus: 6,6; 7,11

Batismo
- aspersão, infusão, imersão: 3,12
- caráter: 1,3
- disposição para a recepção da graça: Cat. Prel., 2,4; 1,5
- forma: 3,3
- inserção em Cristo: 1,4
- não é repetido: Cat. Prel., 7
- necessidade: 3,10

---

* A numeração anterior à vírgula indica o número da catequese, e a que vem depois, o número de seu parágrafo.

- regeneração espiritual: 3,12
- remissão dos pecados: Cat. Prel., 16; 1,2; 2,19; 18,20
- supresso pelo martírio: 3,10

Bem-aventurança
- glória e imortalidade dos corpos: 18,18

Criação
- Deus criou todas as coisas: 4,4.18.22; 6,9; 12,9

Cruz
- eficácia: 13,36.40
- venerada nas relíquias: 10,19
- venerada no sinal da cruz: 4,10.14; 13,2

Deus trino
- Mistério da Trindade: Cat. Prel., 15; 4,7; 11,16-18; 15,24; 16,3.4.24

Deus uno
- ciência de Deus: 4,5; 6,7-8; 18.18.20
- compreende a si mesmo: 6,2
- eternidade: 4,4
- imensidade: 4,5; 6,8
- imutabilidade: 4,4.5
- incompreensibilidade: 6,2.6; 7,11
- incorporeidade: 6,8
- invisível aos olhos corporais: 9,1
- onipotência: 4,4; 6,7
- perfeitíssimo: 6,7.8
- unicidade: 4,4; 6,9
- unidade de Deus: 4,4

Fé
- consentimento intelectual: 5,10
- nos milagres: 5,10
Fim do mundo
- dotes dos corpos gloriosos: 18,18
- ressurreição dos mortos: 18,1
- sinais: 15,11

Graça atual
- é essencialmente gratuita: 1,3.4; 13,40; Cat. Prel., 5
- é uma moção interna: 16,19
- necessária: 1,3.6; 6,35; 13,8; 14,17.30; 15,33; 16,
1-2.12.16.20
Graça habitual
- dons naturais e sobrenaturais: 3,14
- na justificação o homem é renovado interiormente: 17,14
- nela habita o Espírito Santo: 3,14
- por ela somos feitos filhos adotivos de Deus: 3,14

Homem
- a alma é criada por Deus: 4,4
- a alma é imortal: 4,18-21
- Deus é autor do corpo: 4,4
- imagem de Deus: 4,18; 12,5; 14,10
- liberdade: 4,18-21
Igreja
- catolicidade: 13,40; 18,23.26-27
- fim da Igreja: 18,28
- fundada por Cristo: 18,25

- infalibilidade: 4,33.35.36; 5,12; 18,23.25.26
- primado de Pedro: 2,10; 14,23.26; 17,27
- santidade; 18,23.27
- unidade; 18,25; 17,27

Inferno
- eternidade dos castigos: 2,1; 3,7; 4,18.20.21; 18,19

Lei antiga e nova: 16,4

Matrimônio
- excelência da vida religiosa: 4,24-25
- excelência da virgindade: 12,33
- santidade: 4,25-26

Pecado original
- Adão pecou: 2,3
- em Adão todos pecamos: Cat. Prel., 5.12; 12,5.7
- morte, efeito do pecado de Adão: 13,2

Pecado pessoal
- a alma não pecou antes de vir ao mundo: 4,19
- é abandono de Deus: 2,2
- é livre: 2,1; 4,18-20
- é morte da alma: 2,1
- o diabo é autor do pecado: 2,3
- o pecado não é incurável: 2,1.5

Pessoas da Trindade
Pai
- não procede de outro: 4,4
Filho

- a criação se fez pelo Verbo: 4,4; 11,21
- é coeterno com o Pai: 3,14; 4,7; 7,15
- é consubstancial: 4,7
- é engendrado do Pai: 4,7; 7,4; 11,18
- é sabedoria de Deus: 4,7
- procede por geração intelectual: 4,7

Espírito Santo
- é Deus: 16,3.24; 4,16; 17,5; 15,24
- nomes diversos: 17,4-5
- procede do Pai e do Filho: 16,24
- santificação operada por Ele: 4,16

Sagrada Escritura
- critério de canonicidade: a tradição apostólica: 4,35
- inspirada pelo Espírito Santo: 11,12; 17,5
- na tradição apostólica se funda o Cânon do AT e do NT: 4,35

Verbo encarnado
- a santificação foi universal: 13,2
- deu-nos a graça e a imortalidade: 12,14; 13,2
- deve ser adorado como homem: 12,1
- devolveu-nos ao estado perdido por Adão: 13,2
- é corporal: 4,9
- formado da Virgem: 11,25.32.33
- julgará os vivos e os mortos: 15,27-32
- mistério da encarnação: 11
- subiu aos céus: 14,24-26
- tem corpo passível: 12,14

- união das naturezas: 4,9
- verdadeira divindade: 3,14; 4,7; 7,5; 9,11; 11,18.26; 16,4.24
- verdadeira humanidade: 14,9

Coleção CLÁSSICOS DA INICIAÇÃO CRISTÃ

- *Didaqué – Instruções dos apóstolos*
Anônimo

- *Os sacramentos e os mistérios*
Santo Ambrósio

- *Tradição apostólica de Hipólito de Roma*
Hipólito de Roma

- *A instrução dos catecúmenos*
Santo Agostinho

- *Catequeses mistagógicas*
São Cirilo de Jerusalém

- *Catequeses pré-batismais*
São Cirilo de Jerusalém